汉语文体学概论

晁 瑞 ◎ 著

西南交通大学出版社
·成 都·

图书在版编目（CIP）数据

汉语文体学概论 / 晁瑞著. —成都：西南交通大学出版社，2022.5
ISBN 978-7-5643-8692-4

Ⅰ. ①汉… Ⅱ. ①晁… Ⅲ. ①汉语–文体论 Ⅳ. ①H152

中国版本图书馆 CIP 数据核字（2022）第 081730 号

Hanyu Wentixue Gailun

汉语文体学概论

晁 瑞 著

责 任 编 辑	吴　迪
助 理 编 辑	周媛媛
封 面 设 计	原谋书装
出 版 发 行	西南交通大学出版社 （四川省成都市金牛区二环路北一段 111 号 　西南交通大学创新大厦 21 楼）
发行部电话	028-87600564　028-87600533
邮 政 编 码	610031
网　　　址	http://www.xnjdcbs.com
印　　　刷	成都勤德印务有限公司
成 品 尺 寸	170 mm × 230 mm
印　　　张	17.5
字　　　数	259 千
版　　　次	2022 年 5 月第 1 版
印　　　次	2022 年 5 月第 1 次
书　　　号	ISBN 978-7-5643-8692-4
定　　　价	68.00 元

图书如有印装质量问题　本社负责退换
版权所有　盗版必究　举报电话：028-87600562

前　言

　　中国古代创造了辉煌的文学成就，每个时代每位作家都高度重视文体学，文学批评家以及训诂学家对于每类文体的论述可谓丰富多彩。"五四"以来使用白话写作之后，文体学研究被分散在文艺理论界和隶属于语言学的写作学之中。美学学科与现当代文学、古典文学、外国文学平行，不利于产生理论与实践相结合的成果；写作学与语言学的关系不密切，也不利于将语言学理论运用于写作教学中。这种状况导致中国学术界阅读讲的文体，与写作讲的文体分裂，在阅读欣赏中称"散文"（含记叙文和议论文）、科技说明文；在写作中称记叙文、议论文、说明文。笔者主张将常见文体从写作和阅读统一为一体。这有利于从根本上提高我国中小学语文课堂教学效率：教师可以指导学生将阅读学习到的知识运用于写作实践。

　　从我国语文教学分阶段目标来看，小学三年级之前是语言知识积累阶段，包括学习汉字书写，积累书面语词汇，熟悉书面语语音节奏、词汇特点和语法规范。三年级写作片段，四年级开始写整篇文章。整个小学阶段都以记叙文为中心，所以小学生需要具有良好的叙事能力。五年级要求写作说明文，需要学生有良好的观察能力和按照顺序说明事物的能力。六年级要求写作演讲稿，需要学生具有良好的口语表达和逻辑思维能力。初中继续加深记叙文的写作能力，要求学生能使用多种语篇模式，比如夹叙夹议，甚至记叙、抒情、议论融为一体。八年级要求写作说明文，使用一定的说明顺序写出事物的特征。九年级要求写作思辨性议论文，学生要有较好的逻辑思辨能力。高中进入创意写作阶段，要求创作诗歌、小说、散文；要求学生参与家乡文化建设，写作新闻报道；要求利用逻辑知识，写作思辨类议论散文、文学批评类小论文；思维能力较强的学生还可以尝试写作其他类型的学术论文。大学本科生则要求在专业知识基础上写作学科类学术论文。

　　本书按照写作分级和文体差异设置章节。小学从记事、写人、写景、状物记叙类散文开始（第一章），初中逐步向着艺术手法复杂散文（第二章）及融合多种语篇模式的复杂散文（第四章）升级，并写作思辨类散文（第三章）。高中及高中以上阶段则向着创作型文学文体，如诗歌（第五章）、散文（第六章）、小说（第七章）、戏剧（第八章）及学术论文等实用文体（第九章）方向升级。当然学生从小学五年级就要求写作实用文体了，但不同学段的学生，逻辑思维能力和认识世界的能力不同，他们能写作的文章其复杂程度也很不相同。

　　绪论讨论了文体学的研究对象，认为文体学是从写作和阅读角度研究篇章的语言学分支。指出划分文体的标准主要有三项：语篇模式、语体特点、写作目的。综合利用各类标准，为常见文体包括文学文体、实用文体划分了下位文体类别。讨论了文体学与修辞学和逻辑学的关系，指出文体学的功用：指导阅读和写作、构建篇章语言学、深化文学理论研究。

　　第一章主要以部编教材选文为例，讨论了记事、写人、写景、状物散文如何写作。第二章以部编教材选文为例，讨论了如何使用象征手法状物，如何描写心理活动，如何富有韵致地直抒胸臆。第三章以部编教材选文为例，讨论了描述类议论散文如何运用概念、判断，表达哲理思考；阐明类议论散文如何对人物评价或者阐发事理；思辨类议论散文如何运用概念、判断、推理，说服读者。第四章以部编教材选文为例，讨论了散文中的语篇模式融合问题，涉及如何夹叙夹议、如何在记叙文中介绍事物、如何将记叙、抒情、议论三类语篇模式融为一体。第五章讨论了诗歌创作问题。第六章讨论散文创作问题，涉及如何塑造散文意境并精加工语言形成创意型散文。第七章讨论小说创作问题，涉及如何选择叙事结构、如何铺设叙事情节线索、情节如何形成复杂结构、如何刻画人物、如何形成作者艺术风格。第八章讨论戏剧创作问题，涉及如何利用戏剧冲突构思、如何形成戏剧结构、如何塑造戏剧人物。第九章讨论实用文体，涉及科技说明文、演讲稿、书信、新闻报道、学术论文的写作。

　　结语部分，笔者认为首先应该将写作看作文化活动，将写作的重要性提高到丰富和发展汉语文化的高度上来认识，写作不是为了成为作家，每个写作者都必须敬畏文化。除了总结全书主要内容，为了帮助教师理解如何提高学生写作能力，还论述了写作评价参项：主题与题材、结构、语言。最后笔者建议中小学语文教师带领学生从句群写作练习开始，逐渐扩展到整体篇章，以便于用解剖的方式使学生较快理解文章组织规则。

　　当前我国中小学生的文体意识缺失很严重。大学生在毕业论文里很不恰当地抒情和叙事。小学生作文选也是常常在记叙游览的名胜时，插入大段说明性文字，降低了文章的审美价值；而在介绍古迹建筑时，他们又常常夹杂诸多叙事内容，降低了文章的科学性、客观性。小学生也不懂状物抒情与介绍事物两类文体之间的差异：在叙事之中介绍生物或植物习性，降低了文章的文学审美意味；而在介绍习性时，又穿插抒情和叙事内容，使文章缺少说明文的科学性。

清末之后，在西学思想刺激下，我国文体学研究分裂为两派。写作方面而言，按照表现手段，即语篇模式为文章分类。1924年，由叶圣陶在《作文论》中将文章划分为记叙、议论、抒情三类文体。1926年，夏丏尊、刘薰宇《文章作法》中明确提出"议论、说明、记事、叙事四种"，同时又将"记事""叙事"两者合为"记叙文"，这样就形成记叙、议论、说明三类文体。阅读方面而言，按照文学体裁分四类：诗歌、小说、戏剧、散文。相对于中国传统始终将文体学看作写作和阅读一体化的思想而言，这种割裂两者关系的做法不能不说是一种退步。因为它导致学生从语文课堂上学习到的篇章写作技法、文章审美元素不能应用于写作，阅读变成了单纯的欣赏，好像与写作无关。

新中国成立之初，叶圣陶继续做语文教学工作，另外朱德熙、吕叔湘、张中行、张志公等诸位先生也先后加入语文教学研究队伍。他们的杰出工作，使得当时的语文教师都理解不同文体有不同审美规范，尽管那时并未形成任何成文的文体学理论体系。一直到20世纪90年代末期，我国语文教师的文体意识还非常稳固。但此后长时间大规模做题，教师的文体知识已经遭到破坏，从现在学生写作出现大面积的文体失范现象可以得知。因此我国语文教学领域必须重新建设文体学理论。

笔者不揣孤陋综合利用了语言学、文艺美学、写作学理论构建了首个汉语文体学理论体系。写作过程中，华中师范大学朱斌教授与笔者一同讨论，对本书顺利写作贡献良多。在此表示衷心感谢！由于笔者学术能力有限，真诚希望得到学界同行批评和指教，共同推进我国文体学理论建设，并进一步推动我国汉语篇章语言学研究。

作　者
2022 年 2 月 18 日

目 录

绪 论 ·· 1

第一章 记叙、描写语篇模式散文 ································· 32
    第一节 以事件为中心的抒情散文 ··························· 32
    第二节 以人物为中心的抒情散文 ··························· 42
    第三节 以风景为中心的抒情散文 ··························· 49
    第四节 以物体为中心的抒情散文 ··························· 55

第二章 描写、抒情语篇模式散文 ································· 62
    第一节 物象象征手法抒情散文 ······························ 62
    第二节 以心理为中心的抒情散文 ··························· 64
    第三节 直抒胸臆类抒情散文 ·································· 67

第三章 议论语篇模式散文 ··· 73
    第一节 议论而描述类型散文 ·································· 73
    第二节 议论而阐明类型散文 ·································· 81
    第三节 议论而思辨类型散文 ·································· 84

第四章　语篇模式融合类散文 ……98
第一节　记叙与议论相结合 ……98
第二节　记叙与说明相结合 ……103
第三节　记叙、抒情、议论融合 ……108

第五章　诗歌创作型文体 ……113
第一节　诗歌意象 ……113
第二节　诗歌意境 ……124
第三节　诗歌语言创新 ……129

第六章　散文创作型文体 ……138
第一节　刻画意象寄托情怀 ……138
第二节　形成描写及抒情意境 ……140
第三节　抒情散文语言精加工 ……145

第七章　小说创作型文体 ……153
第一节　小说构思与叙事结构 ……153
第二节　小说叙事线索类型 ……163
第三节　小说情节结构艺术 ……173

第四节　小说人物刻画艺术 …………………………………… 179
　　第五节　小说核心内容与艺术风格 …………………………… 188

第八章　戏剧创作型文体 ………………………………………… 192
　　第一节　戏剧构思与戏剧冲突 ………………………………… 192
　　第二节　戏剧叙事结构 ………………………………………… 197
　　第三节　戏剧人物形象塑造 …………………………………… 203

第九章　实用文体 ………………………………………………… 214
　　第一节　说明语篇模式的科技说明文 ………………………… 214
　　第二节　议论和抒情语篇模式的演讲稿 ……………………… 220
　　第三节　记叙、抒情语篇模式的书信 ………………………… 226
　　第四节　记叙语篇模式的新闻 ………………………………… 232
　　第五节　议论语篇模式的学术论文 …………………………… 239
结　　语 …………………………………………………………… 246
后　　记 …………………………………………………………… 267

绪 论

一、文体学的研究对象

(一) 文体学定义

文体学是从写作和阅读角度研究篇章[①]的语言学分支,中图分类号:H152。

从写作角度说,文体学服务于如何生成文本。第一,它规定组成篇章的语篇模式:记叙、描写、抒情、议论、说明,这些被文学家称为表现手段的东西,如何从语言形式角度加以区分。第二,它综合研究文体成为"体"的美学特点、语言形式特点、写作方法等因素,以便于为每一类典型文体确定规范,为边缘文体确定融合类型。每一种文体都有符合文体大类的美学因素,比如叙事文体,那就一定有要记叙的事件,事件都是人行动造成的,那么一定有参与的人物;假如文章突出事件的前因后果,那么是记事类文体,假如文章突出人物的性格特点,那么就是写人的文体。每一类文体也有符合其大类的语言特点,比如叙事文体,一定是记叙语篇模式为中心而形成,当然也允许在合适的地方使用议论语篇模式发表自己的看法,也可以在适当的地方使用抒情语篇模式以表达自己的感情,甚至还可以增加说明手段,以向读者介绍一些背景知识。再比如议论文体,一定以议论语篇模式为中心形成,可以在合适的地方使用记叙语篇模式列举事例,以形成归纳或者演绎推理论证。每一类文体还有符合文体大类的写作方法,比如记事文体,总是希望事件不是平铺直叙,那么最好事件复杂些,跌宕起伏多一些;或者倒叙吸引读者探

[①] 本书所谈的篇章均指完整文章,即按照一定文体规范形成的,有严谨结构的、至少具有一个中心思想(长篇小说等复杂文体,有可能不止一个中心思想)的文章。分析篇章按照小句、复句、句群、自然段、结构段、篇几级单位操作。自然段反映在文章中首行空两格。结构段指文章的起承转合。篇章,指文章题目和正文。本书所举文章皆为完整篇章,且为现代汉语文章,仅在不方便使用汉语文章为例子时,使用了汉语翻译作品。

寻事件发生的原因，等等。第三，它研究文体的篇章结构特点。每一类文体都有比较成熟的章法，比如议论文体，可以用不同分论点，形成横向递进式结构（一种特殊的纵贯式结构）；也可以使用提出论点、为什么要有这种观点、怎么做才能实现作者所提倡的观点，形成纵贯式结构；再比如科技说明文常使用总—分—总结构，且内部层次往往与横向式结构套用。第四，它研究文章主题与语言形式之间的关系，比如爱国主题，常常使用的词汇有自豪、骄傲、雄壮、豪迈、辽阔等。第五，它研究在不同文体前提条件下，从主题立意到结构框架再到主要内容的写作步骤，从句群到自然段至结构段再到篇章的语言组织单位，以解剖篇章的形成过程。

从阅读角度说，文体学服务于如何解读已经生成的文本。第一，它研究每一类文体有哪些审美规范，详细描述文本审美意义。比如诗歌，一定要讨论语言形式本身构筑的审美意义以及意象和意境的审美意蕴；小说一定要讨论情节发展、人物塑造艺术；戏剧一定要讨论人物语言艺术、戏剧冲突；抒情散文一定要讨论抒情方式；思辨性散文一定要讨论论证方法、说理过程；说明文一定要讨论所介绍事物的特点以及说明方法；新闻一定要讨论传递了何种信息；演讲稿一定要讨论作者与听众交流了何种信息；等等。当然因为作家的创造性劳动，任何一类文体的篇章都有独特的艺术特点，因此该项研究是开放式的，不可能用一种静止的理论去解读无限精彩的文学事实。第二，它研究作家语言使用与其艺术风格之间的关系，也就是风格论。比如老舍作品里的北京方言词，反映他艺术上的京味儿风格。第三，它研究作家语言使用与其感情评价之间的关系。比如语气副词"大概""大约"表示说话者的推测语气，证明作家对其所写的内容（人物或者社会问题）尚无法形成明确答案。再比如句尾语气词"啊"表示感叹语气，证明作家对其描写事物的由衷赞叹。

从写作角度和从阅读角度研究文体学有区别：服务于写作的文体学研究篇章的起点；服务于阅读的文体学研究篇章的终点。前者研究写作主体（作者）行为产生的篇章问题，后者研究阅读主体（读者）心理产生的篇章问题。但两者也有很大联系，比如风格论所得到的语言形式特点，可以用于指导作家如何形成自己的艺术风格。这也再次证实"读"与"写"紧密相连，不可分割。

(二) 文体学是跨学科研究

外语教育学界，如刘世生、朱瑞青（2006：3）认为"文体学是用语言学方法研究文体风格的学问"。他们认为文体学应该"把作品当成语篇（discourse），当成一种交际形式，说明作品中的语言成分怎样组合起来传达信息，探讨哪些语言特征最具有文体效果，有助于该作品完成其交际功能"。（刘世生、朱瑞青，2006：4）这实际是建立在文体（genre）基础之上的语言风格学（style），是修辞学的一个细小分支，研究对象为某一类文体的语言特点。这一派语言学研究起源于古希腊。西方学界关注篇章语言形式本身，有着非常悠久的历史传统，他们提取的文体语言特点，可以服务于汉语语体学构建，并服务于汉语篇章修辞加工。

西方现代文体学发端于瑞士语言学家索绪尔的学生巴利（C. Bally），他试图将文体学纳入语言学研究范围，使文体分类科学化。德国文体学家斯皮泽（L. Spizer）被认为是现代文体学之父，他认为文体是连接语言与文学史的桥梁。20 世纪 50 年代结构主义学者雅各布森（R. Jakobson）正式将文体学作为一个语言学学科提出来，并运用语音知识分析了诗歌语言。1969 年在意大利召开的"文学文体研讨会"上韩礼德宣读了《语言功能与文学文体》的论文，倡议运用语言功能理论对文学文体进行研究。他们重点研究了诗歌、小说文体。韩礼德认为句子意义有三大功能系统："语言的概念功能主要由及物性结构[①]和词汇的实义部分来体现；语言的人际功能主要由语气结构、情态、语调和词汇中表达感情和态度的部分来体现；语

[①] 即用句子描写一个动作参与者在时间、空间、方式等方面的运动及变化。韩礼德将及物性语义分为六类过程：物质过程（做某件事的过程，描写完成某个动作达到某个结果）、心理过程（感觉、反应等心理活动）、关系过程（描述归属、类别、环境意义）、行为过程（描述身体动作）、言语过程（描写言说动作）、存在过程（描写事物存在）。（胡壮麟，1994：28-39）

言的谋篇功能主要由主位结构①、信息结构②和语篇内部成分之间的衔接来体现。"(张德禄,1998:8;2005:12)韩礼德提出常规语言偏离(deviation)理论(后更改为突出理论,包括语音、词汇、语法层面的失协和失衡及前景化突出)研究诗歌文体,功能文体学派在这方面取得了很大成绩,充分揭示了诗歌语言的特殊性。自西方叙事学理论发展之后,功能文体学派又迅速在小说文体研究方面突飞猛进。西方学者从古希腊时期,就利用逻辑学研究演讲文体,在这一领域也取得卓越成就。从1963年王佐良写作《关于英语的文体、风格研究》算起,至20世纪80年代,中国外语界关于文体学研究已经有一批成果。1988年申丹论文《文体学、客观性与常规惯例的关联》在国际期刊《诗学》发表,标志外语学界在文学文体研究方面已经达到世界先进水平。2000年胡壮麟主编《理论文体学》出版,标志外语学界在融合古今中外文体学理论方面取得了重要成绩。目前外语学界已经形成语体学、文学文体学、理论文体学三大流派。

在文艺美学界,文体就是文学体裁,文体学就是诗学。他们的目的是研究文体的审美意义,这就与文本阅读理解直接相关。但文艺美学界不研究实用文体,这为西方文体学研究者提供了学术空间,他们研究了某些实用文体语言特点,比如科技说明文、新闻、法律文书等。韩礼德功能文体学派在篇章语言学研究,特别是文章衔接与连贯研究方面做了大量贡献,但由于在文体分类标准上以"语域"取消美学特征,也导致西方文体学者不能分析文学文体的核心内容,比如诗歌不分析意象、意境,小说不分析人物形象、情节艺术等,戏剧不分析戏剧冲突、人物形象等,这对于解读文学文体来说,无疑是漏掉了最重要的内容。

既然文体学服务于文本写作和阅读,它天然地就是跨学科研究。文学

---

① 主位指句子交际内容的出发点,用英文大写 T 表示。与主位相对的是述位,用英文大写 R 表示。主位-述位推进理论是功能文体学派在语篇连贯研究上的突出贡献。主位分为三类:概念主位、人际主位、语篇主位,分别举例如下:一个小道消息 T 像一股春风在办公楼里吹拂开来 R;当然 T,"反动派"也是有的 R;另一方面 T,他还不够强壮 R。(前两个例子取自胡壮麟,1994:138,后一个例子为笔者所造)

② 即一个句子一般旧信息在前是主语,新信息在后是宾语。但在强调结构中,也可以新信息在前。笔者注。

是语言艺术，文艺美学界所谈审美意义，不可能脱离语言；语言学界所谈作家风格、语体特点，与文本的文体属性有关，却不可能不跟文章中心思想密切相连。理想化的文体学研究，是将两类研究者的思想精华结合起来。

（三）中国文体学研究历史

中国文体学研究起源很早，保存至今的先秦文集《尚书》按照典、谟、训、诰、誓、命六类进行编撰，是中国最早的依体编写的散文集。西汉毛亨《毛诗序》就正式提出了诗歌创作理论。三国魏曹丕《典论·论文》将当时的文学体裁分为：奏、议、书、论、铭、诔、诗、赋八类。晋初陆机《文赋》将文体分为十类，同时代的挚虞《文章流别集》将文体分为十二类，连同下位文体，共计分出了四十一类，建立了集部文章分类基础（邓国光，2013：239）。南朝梁刘勰《文心雕龙》讨论了骚、诗、赋、乐府等三十四种文体。南朝梁萧统编《文选》，将七百多篇诗文分为三十七类。此后文体繁复，到明代徐师曾《文体明辨》多达一百二十七类之多。清代姚鼐《古文辞类纂》删繁就简，收录十三类文体，每一种文体中还有若干下位文体，是我国文体学研究的集大成之作。

此外我国还有很多文体学成果散落在各类典籍之中。自西汉以后，在学者的训诂著作中，有很多文体学研究成果。唐代之后兴起的诗话、元代中国戏剧成熟后在文学创作基础上产生的戏剧理论、明清兴起的小说评点，这些均为中国古代的文体学研究成果。历代学者对中国发达的史传文学所创造的叙事艺术论述也非常零散。中国作为一个古老的写作大国，创造了辉煌的文学成就，文体学研究方面的成果，分散在浩如烟海的文献中，值得学界认真整理研究。古典文学界在这方面做了大量工作，出版了多家重要成果，值得引起语言学界关注。

清末之后，在西学思想刺激下，我国文体学研究向着学科化方向迈进。按照表现手段，即语篇模式为文章分类：1924年，由叶圣陶在《作文论》中将文章划分为记叙、议论、抒情三类文体。1926年，夏丏尊、刘薰宇在《文章作法》中明确提出"议论、说明、记事、叙事四种"，同时又将"记事""叙事"两者合为"记叙文"，这样就形成记叙、议论、说明三类文体。

但同时也存在一个问题：写作上的文体学与阅读上的文体学完全分离。就阅读方面而论，中国学术界接受的是西方四分法：诗歌、小说、戏剧、散文。相对于中国传统始终将写作和阅读紧密相连的思想而言，这种割裂两者关系的做法不能不说是一种退步。因为学生从小学就不能将他们从语文课堂上学习到的篇章写作技法、文章审美元素应用于写作，各界专家齐声批评语文教学效率低下，始终也没有给出合理措施以改变现状。以文体学理论为指导，笔者已经写作了一部面向语文阅读教学使用的著作，本书试图从写作角度将文体统一起来，从而摆脱语文教学阅读与写作文体割裂的局面，以便于帮助语文教师探索"读""写"结合的课堂教学模式，提高语文教学效率。

二、划分文体的标准

（一）语篇模式（表现手段）

1. 记　叙

"表现手段"是作家对于固定语言模式的称谓。文体学家一般称作语篇模式。[①]记叙，又称为叙述，是用语言塑造特定时间、特点空间、特定人物、特定事件的语篇模式，其主要功能是用于记叙文：描写人物性格；描写事件发生发展过程；提供景物描写背景。用于说明文可以引进观察视角，但不能出现叙事者如人称代词"我"。用于议论文可以提供事实论据，但要以第三人称叙事，第一人称代词"我"以"笔者"人称名词代替，以取得客观公正的论证效果。例如：

一天晚上，新月斜挂，朦胧的月光透过树枝，斑斑驳驳地洒在地上。我刚走到后院的枣树旁边，忽然，看见一个圆乎乎的东西，正缓缓地往树上爬……

我非常惊讶，赶忙贴到墙根，注视着它的一举一动。

那个东西，一定没有发现我在监视它，仍旧诡秘地爬向老树杈，又爬向伸出的枝条……

---

① 以下所云语篇模式形成的文体，仅指散文或诗歌。小说是综合使用多种语篇模式叙事的文体；戏剧是故事人物对话叙事的文体，要综合运用各种艺术形式甚至声光技术，这里均不讨论。

挂满红枣儿的枝杈慢慢弯下来。

后来，那个东西停住脚，兴许是在用力摇晃吧，树枝哗哗作响，红枣噼里啪啦地落了一地。

我还没弄清楚是怎么回事，树上那个家伙就噗地一声掉了下来。听得出，摔得还挺重呢！

我恍然大悟，这不是刺猬吗？（部编本三上《带刺的朋友》）

这里记叙晚上遇到刺猬爬树偷枣的事情。记叙的时间是：晚上。地点是：后院的枣树上。人物是：我。事件是：刺猬偷枣。记叙一定要展示真实的时间和空间，这样才能用叙事者"我"的眼睛和心灵关注正在发生的事情，写出生动的记叙文。

记叙语篇模式，首先要选择叙述视角，使用第一人称代词"我"，还是第二人称、第三人称叙事。其次要在动词使用上下功夫。如上面所选的一段，"我"的动作是"贴到墙根""注视着它的一举一动"；刺猬的动作是"爬向老树杈""停住脚""用力摇晃""掉了下来"，将所发生的事件描写清楚。写作一定要准确选用一连串的动词，以体现事件发展过程。也就是说，记叙语篇模式中的动词具有动作性，动作总是处于时间流动过程中，因此可以附加动词体标记，如上面的动词"注视""掉"附带助词"着""了"。

记叙按照写作所需可以分为很多类：如概述，新闻消息文体常用到；转述，向他人转达消息，记叙文用于引进背景信息；倒叙，将时间发生晚的情节放在前面叙述，然后再按照时间顺序记叙，倒叙的常常是事件结果部分，以便于引发读者关注事件发生的原因。倒叙将在第一章和第七章详细论述。

2．描　写

描写是用语言描述观察到的特定事物样貌的语篇模式。主要功能有：渲染环境、表现人物、展现事物，一般跟记叙语篇模式或抒情语篇模式组合形成叙事散文或抒情散文。例如：

道路两旁的法国梧桐树，掉下了一片片金黄金黄的叶子。这一片片闪着雨珠的叶子，一掉下来，便紧紧地粘在湿漉漉的水泥道上了。

我走在院墙外的水泥道上。水泥道像铺上了一块彩色的地毯，这是一块印着落叶图案的，闪闪发光的地毯，从脚下一直铺到很远很远的地方，一直到路的尽头……

每一张法国梧桐树的落叶，都像一个金色的小巴掌，熨帖地、平展地粘在水泥道上。它们排列得并不规则，甚至有些凌乱。然而，这更增添了水泥道的美。（部编本三上《铺满金色巴掌的水泥道》）

这里描写梧桐树的落叶：颜色"金黄"，"闪着雨珠"，形状像"金色的小巴掌"，样态"熨帖""平展"而"不规则"。描写墙外落了树叶的水泥道"像铺上了一块彩色的地毯"，质地"闪闪发光"，样态"从脚下一直铺到很远很远的地方"。这样的描写，体现了作者细致的观察能力，表现他对自然的热爱。

就景物描写而言，要精细地选择形容词，以便于修饰名词；选择副词，以便于修饰动词，因此要在句子的两个位置上下功夫。第一，定语位置精细加工，以便于修饰核心名词。如上面所选的一段，叶子的修饰语"金黄金黄""闪着雨珠"；地毯的修饰语"印着落叶图案的""闪闪发光的"。第二，状语位置精细加工，以便于修饰动词。如上面所选的一段，描写叶子粘在水泥道上的样态，"紧紧地""熨帖地""平展地"。就人物描写而言，就要抓住语言、动作、神态、外貌甚至心理进行描写。场面描写，要点面结合进行刻画。静态事物，则要将其置于各类环境中进行刻画。总之，描写总是在记叙中增加生动性、形象性，减缓故事发展变化的速度。

3. 抒 情

抒情是用语言抒发对特定事物（人物）的感情的语篇模式。一般与记叙语篇模式组合形成抒情诗或抒情散文。例如：

延安，你的精神灿烂辉煌！
如果一旦失去了你啊，
那就仿佛没有了灵魂，
怎能向美好的未来展翅飞翔？

啊！延安，我把你追寻，
追寻信念，追寻金色的理想；

追寻温暖，追寻明媚的春光；

追寻光明，追寻火红的太阳！（部编本四上《延安，我把你追寻》）

这是一首抒情诗，抒发了作者对延安的热爱之情。他把延安比作自己的灵魂，要到延安追寻信念、温暖、光明，因为那里有"金色的理想""明媚的春光""火红的太阳"。

再比如：

燕子去了，有再来的时候；杨柳枯了，有再青的时候；桃花谢了，有再开的时候。但是，聪明的，你告诉我，我们的日子为什么一去不复返呢？——是有人偷了他们吧：那是谁？又藏在何处呢？是他们自己逃走了吧：现在又到了哪里呢？（部编本六下《匆匆》）

这一段抒情，表达作者对时光一去不复还的遗憾。他想象是有人把光阴偷走了；还是他们自己逃走了。无论如何，他们没有像燕子一样再回来；也没有像杨柳一样再返青。

抒情语篇模式，直抒胸臆常常出现感叹词，如"哦""啊"。一般散文都很注意抒情含蓄，在想象上下功夫，将自己的感情借助形象表达出来。如所选的第一段，直白的表达只有一句话"延安，我爱你"。所选的第二段，直白的表达也可以一句话概括"时光难以复返，我心中无限遗憾"。抒情语篇模式一般穿插在记叙或描写语篇模式之中，在记叙的基础上抒情，因此它出现叙事人称，如"我""你"代词或者第三人称名词。除此之外，句子中还常有心理动词，如"高兴""感动""悲伤""痛恨"等。

4. 议　论

议论是用概念（语言形式为词语）、判断（语言形式为命题，简单命题有些表现为判断句，复合命题表现为复句）、推理阐明事理的语篇模式。主要功能用于议论文形成论证，用于记叙文抒发感情或者表达哲学思考，用于说明文形成对特定事物（人物）的评价。例如：

地球所拥有的自然资源也是有限的。① 拿矿物资源来说，② 它不是谁的恩赐，③ 而是经过几百万年，④ 甚至几亿年的地质变化才形成的。⑤ 地球是无私的，⑥ 它向人类慷慨地提供矿产资源。⑦ 但是，如果不加节制地开采，⑧ 必将加速地球上矿产资源的枯竭。⑨（部编本六上《只有一个地球》）

这一段议论，由一个单句和三个复句组成。我们在每个分句上面标了序号①：

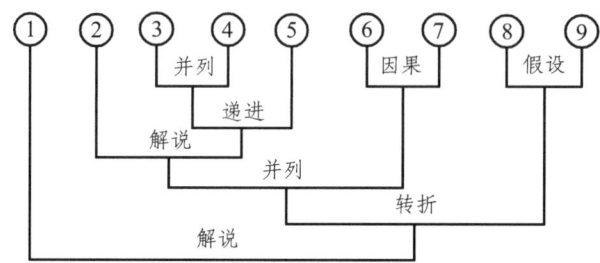

这个句群八个小句（含单句和分句）的逻辑关系如下：①提出了观点；②至⑦，以矿产资源为例，论述它们生成过程耗时很长，地球上有很多矿产资源。这几句跟后面的⑧⑨两句是转折关系，不加节制地开采，矿产资源将枯竭。②至⑨以矿产资源为例，解释论证了首句提到的观点。

议论，要在关联词语使用上下功夫，以便于显示思维的严谨性、推理的合理性。如上面所选一段，"不是……而是……"表示并列关系；"甚至"，表示递进关系；"如果"，表示假设关系；"但是"，表示转折关系。要写好议论文，加强逻辑思维训练是必须的。邢福义（2018：34）认为尽管复句间关系复杂，无外乎三类：因果、并列、转折。除了掌握逻辑语义关系如

---

① 分句切分方法：首先依据作者标点，因为标点反映了作者写作时遵循的逻辑。句号及相当于句号的标点界定复句边界，比如1~2分句之后有句号，那么肯定1~2关系最近；3~4分句之后有句号，那就3~4最近，然后再联合起来跟1~2组合。一套动词核心为一个分句。在篇章里，直接引语算一句话，内部不做切分。如孟子说："富贵不能淫，贫贱不能移，威武不能屈，此之谓大丈夫。"其次根据关联词。成对的关联词，分别占有两个分句。有些句子即便使用了关联词，若仅一套动词核心，如"只有共产党才能救中国"，则为单句。如果只有一个关联词却没有成对的关联词，添加一个，不改变句义，也算成对。最后凡是能被添加关联词且不改变原文意义的地方，也算分句。基本原则是：一套动词核心为一个分句；成对的关联词，分别占有两个分句。分句先两两组合，按照逻辑层次组成复句；复句之间再依靠逻辑语义关系组成句群。句群语义关系不可避免地与篇章语义关系重合。若有连接词或添加连接词成立时，句群逻辑语义关系等于篇章语义关系。若不能添加逻辑连接词，则本书标记为"章法顺承"，指句子衔接符合思维逻辑，章法上前后有顺承关系。比如论述了一个道理之后，再补充论证。再比如驳论类议论按照"树靶子——破——立"顺序组织。凡是不能添加连接词，却符合思维规律的句子衔接，统称为章法顺承。总而言之，句群分析就是篇章写作思路的一部分。

何使用复句表达,还要学会严密的逻辑推理,以便于说理使人信服:可以直接推理,由因果条件推出结论,或者反向从假设条件得出谬误,或者给出必须选择的结论;也可以间接推理,使用演绎法、归纳法、类比法推理。

5. 说　明

说明,是用简洁语言介绍事物属性,如形态、结构、性质、特征、成因、功能等的语篇模式。主要功能是用于说明文客观介绍事物或事理,向读者传递知识信息;用于记叙文形成风俗、物产等介绍片段。比如:

赵州桥非常精巧。①桥长五十多米,②有九米多宽,③中间行车马,④两旁走人。⑤这么长的桥,全部用石头砌成,⑥下面没有桥墩,⑦只有一个拱形的大桥洞,⑧横跨在三十七米多宽的河面上。⑨大桥洞顶上的左右两边,还各有两个拱形的小桥洞。⑩平时,河水从大桥洞流过,⑪发大水的时候,河水还可以从四个小桥洞流过。⑫这种设计,在建桥史上是一个创举,⑬既减轻了流水对桥身的冲击力,⑭使桥不容易被大水冲毁,⑮又减轻了桥身的重量,⑯节省了石料。⑰(部编本三下《赵州桥》)

这一段共六个句子,可以切分出十七个带语气的谓词性结构(含有单句和复句分句)①:②至⑤介绍桥面;⑥介绍材质;⑦至⑩介绍桥下,突出介绍桥洞;⑪⑫介绍桥洞功能;⑬至⑰介绍建筑设计优点;①是核心主题句,即中心句,总领本节其他句子。说明语篇模式的特点是:被介绍事物是句子的主语,句群围绕着被介绍事物按照一定顺序展开。句子中不出现叙事人称代词,如"我";可以使用泛化的人称名词,如"人们"。句子的动词没有动作性,如这一段里"砌成"本为动结式动词,这里却不能附着时态助词"了",也就是说科技说明文中的动词不处于时间过程中。由此可见,说明文不描写动态事件,它仅静态地介绍。

说明,一般沿着读者的认知逻辑顺序写作;议论,按照事理的因果逻

---

① 本书分析科技说明文语篇模式,切分出带有语气的谓词性结构,且有独立性,即不被包含在另一个谓词性结构之中,包括主谓结构、述宾结构、连谓结构、兼语结构、动词及动词组合、形容词及形容词组合,这些结构具有表述功能,能传达新信息。此定义在邢福义(1995:420-428)《小句中枢说》基础上形成,目的是为表述功能增加形式标志。所有短语结构都可以进入小句,此定义范围较小句窄。

辑顺序写作。因此说明文跟议论文的语篇结构模式有近似之处。

部编本小学教材，按照文章主题组织单元，因此说明文、记叙文、议论文往往混编。教师在单元教学时，要特别注意文体差异。如部编本三下第四单元《花钟》解释不同的花有不同的开放时间，是说明文；而《蜜蜂》"我"观察记叙蜜蜂是否能飞回家，是记叙文。五下第七单元《金字塔》一文由抒情散文和科技说明文两种不同的语篇模式组合而成。

从少小时候起，我就听到过许多有关金字塔的传说，向往着它神秘的风采。如今，当我来到金字塔下，望着这人间的奇迹，更禁不住思绪激荡。我不知道"金字塔"这个译名中的"金"，最早是怎么得来的。不管出于什么考虑，我认为都是绝妙的。你看金字塔多像一个"金"的汉字。几千年来，在人们的心目中，它不愧是熠熠发光的珍宝，人类劳动和智慧的结晶，它无疑比金子还要贵重。(《金字塔·金字塔夕照》)

这一段抒发赞叹金字塔是熠熠发光的珍宝，人类珍贵的文化遗产。出现了典型的记叙文叙事者第一人称代词"我"。

塔身是由一块一块的石头叠加而成的，中间没有任何水泥之类的黏着物。每块石头都磨得很平，至今仍很难用一把锋利的刀刃插入石块之间的缝隙。

塔高的10亿倍正好是地球到太阳的距离。从塔底的正中间向正南正北画一条延长线，正好可以把地球上的陆地、海洋分成相等的两半。(《金字塔·不可思议的金字塔》)

这一段是科技说明文，解释阐明胡夫金字塔建筑材料坚固、制作精良，说明该建筑在高度和宽度测量方面的神奇之处。其符合说明文的典型特征：没有表示叙事者的人称代词；句子主语都是被说明对象，如"塔身""塔高""塔底的正中间"等；句子动词没有动作性，比如动词"叠加""磨""插入"等，不能附着时体标志"着""了"等助词；依靠数字等手段表现其科学性。

（二）语体特点

划分文体需要考虑语体因素。由于不同的交际对象、交际目的、交际场合、交际内容所产生的不同的语言变体，称作语体，属于修辞学内容。

比如口头陈述西红柿炒蛋的操作过程，与写成文字表述这道菜的制作过程，语言将不同。前者是口语，后者是书面语，两者均使用说明语篇模式。

从历时角度研究语体，则可以有文言语体、白话语体。这种分类仅仅对理解语言古今差异有帮助，对划分文体没有意义。比如可以使用文言语体写小说，也可以使用白话语体写小说，同样也可以使用文言语体写诗歌，或者使用白话语体写诗歌，不一而足。

从共时角度研究语体，对划分实用文体类别有较大价值。一般将语体分为口语语体和书面语语体。口语又可以分为随意谈话语体、专题谈话语体和演讲语体，第一类随意、随时发生，第二类有准备、按时发生，第三类不仅有准备，还必须规范、逻辑性强。冯胜利（2012：3-12）将语体分为俗常、正式与庄典三类，并认为《诗经》"风""雅""颂"是三语体滥觞，这是依据语言风格划分的类别，并不限于口语还是书面语。笔者主张将语体分为口语语体、书面语语体，其中书面语语体之中再分出自然书面语和程式化书面语，以便于将语言较为程式化的实用文体与一般书面语实用文体分开。

语体对划分文学文体也有参考价值，因为语体总是表现为特殊的语音模式、词汇和语法特点。比如同样是抒情文体，诗歌和散文就是依靠语体特点形成的两大分野。诗歌是一种讲究音乐节奏的文体，宁肯牺牲语言的语法规则，也要保持语言的音乐韵律。而散文不受音乐韵律局限，在符合语言语法规则的前提下，抒发作者感情。因此散文语言是真实语言的记录，而诗歌语言则远离日常口语。同样是叙事文体，小说和戏剧也是使用语体标准加以区分，只不过汉语没有明确的形态标记，不容易区分哪些是作者叙事，哪些是小说或者戏剧人物叙事。世界语言复杂多样，很多语言都可以区分这两类不同的叙事语言。比如英语小说里作者叙事常常使用过去时态，小说人物叙事则使用现在时态（在故事人物不叙述过去及未来事件情况下）；戏剧里作者叙事只能在舞台提示之中，或者说在"第二文本"之中，"第一文本"的戏剧人物对话[①]，不会出现过去时态（作者叙事常用）和现在时态（故事人物叙事常用）交错呈现的状况。

---

① 第一文本与第二文本概念，请参阅本书第八章第一节内容。

（三）写作目的

写作目的对文体划分也很重要。从美学角度说，文学的本质就是超越功利，愉悦感情，以求传播思想。这样根据写作目的是非功利还是实用功利的分别，将文章区分为文学文体和实用文体。文学文体在娱情的基础上，实现"文以载道"。

实用文体则有交际对象和交际功能上的差异。比如书信，是说话人与听话人远距离非现场的交流，语体为书面语，交际对象之间有身份高低和辈分差异，交际目的有感情交流和思想交流。由此差异而引起文章语言形式也有区别。

但实用文体和文学文体的界限也不是断然两别。比如铭文是在器物、碑碣等上面记述事实、功德或者自我鞭策的实用文体，但刘禹锡的《陋室铭》聚描写、抒情、议论于一体，完全脱离了实用文体语言程式化特点，文采斐然，堪称千古名篇，应为抒情类散文。

文体分类具有层级性，除了上面所提到的三项标准，文学文体的写作内容和写作方法对划分下位文体有价值；实用文体的应用领域，或者说"语域"对划分下位文体有价值。

三、常用文体分类

（一）文学文体与实用文体

文学文体具有典型文体和边缘文体之分，比如诗歌以抒情为核心，但也有哲理诗，散文以抒情为主，但也有议论性文章。文体分类就只能选择典型考察，在典型性上再根据写作目的（反映为美学特征）分类：抒情类包括诗歌和散文两类，叙事类包括小说和戏剧两类。然后再根据语体将诗歌与散文分开，因为诗歌是一种音乐性语言模式的抒情文体；散文语言不要求音乐性。散文写作目的有两大类：抒情和议论。可以将记叙完整事件的散文独立出来，因为小学阶段学生先认识事件之间的因果关系，进入初中才认识到世界道理之间的因果关系，从而综合语篇模式差异划分为：叙事散文、抒情散文、议论散文三大类。依据作者与故事人物关系差异将小说和戏剧分开。小说是一种以作者和故事人物联合叙事的文体;戏剧是一种以故事人物表演叙事的文体。①

实用文体先依靠语体特点分为口语和书面语,则演讲稿属于口语文体,其他属于书面语。其次使用语体特点分为自然书面语和程式化书面语,则公文、声明、申请书(这三者依靠应用功能区分)属于程式化书面语。自然书面语中再根据语篇模式分类:新闻是记叙语篇模式;科技说明文是说明语篇模式;学术论文是议论语篇模式;还有融合记叙、抒情为一体的书信文体。在不同的语篇模式之下,再按照实用文的功能分类,比如法律文书、政府工作报告、会议工作报告等分在议论语篇模式之下,说明书、菜谱等归在说明语篇模式之下等。这也是与中国应用文体分类传统相一致的,邓国光(2013:44)追溯《周礼》"六辞"认为"以功能为类聚的处理方法,构成日后中国古代文体分类的基本取向"。实用文体的功能标准,也可以称作"语域"②标准,通常反映为特定的词汇或语法形式。"语域"可以描述为:实用文体之中,什么情景下(语场 field),交际双方什么身份地位(语旨 tenor),以什么语篇模式或者传播媒介完成了交际行为(语式 mode)。

越是下位的文体,就越跟写作内容和写作技法很有关系,比如本书将散文分为十类:记事散文(含记叙完整事件与借助事件抒情两类)、写人散文、写景散文、状物散文、托物言志(象征手法)散文、心理描写散文、直抒胸臆散文、描述性议论散文、阐明性议论散文、思辨性议论散文。有些学者将文体按照题材分类,如小说分出乡土小说、城市小说、边疆小说等,这种分类方式对创作同类题材的作品有参考价值,也就是说有实用价值,但不具有文体学价值,因为这种标准难以涵盖该文体的所有成员。再者,按照时代分类的如建安体、太康体、元嘉体等,只是文学流派的代称,这对于研究文学流派艺术风格及后代艺术传承关系有价值,也不具有文体

---

① 如前文所云,形态发达语言,对于作者叙事和故事人物叙事有语言形式上的区分,即语体差异。

② 功能文体学对语域的定义还包括了口语交际场景乃至方言等(张德禄,2005:78)。在书面语上,他们认为抒情诗的下位文体如田园诗(题材分类)、十四行诗(语言形式分类),也是语域(张德禄,2005:57)。我们对较为下位的文学文体以写作手法为分类标准。功能文体学派将实用文体的大类,如科技说明文,也看作语域,我们仅在较为下位的实用文体中使用"语域"概念。

划分价值，文学流派同样也无法涵盖文体内部所有成员。

总之，文体具有层级性，文体分类标准具有综合性，只能坚持一次使用一种标准切分，且必须能涵盖该文体的所有成员。语言形式包括语篇模式和语体特点在文体分类中起着重要作用，因为任何作品（含文学和实用两类）都必须使用语言。除此之外，写作目的往往反映为文章的美学特点，美学原则也是"体"成立的关键要素。更下位的文体，则写作方法也成为"体"成立的要素，比如一首诗歌如何抒情，是直抒胸臆，还是借景抒情，还是托物言志，还是借助叙事抒情，将被看作不同的抒情诗。对于文学文体而言，将文体划分标准分为三层：宏观层面是美学特点；中观层面是语言形式；微观层面是写作方法。对于实用文体而言，将文体划分标准分为三层：宏观层面是语言形式，即语体特点；中观层面也是语言形式，即语篇模式；微观层面是语域。

现在用图示法表示本书所划分的文体体系，文学文体（划分到四级）与实用文体（划分到四级）分列为：

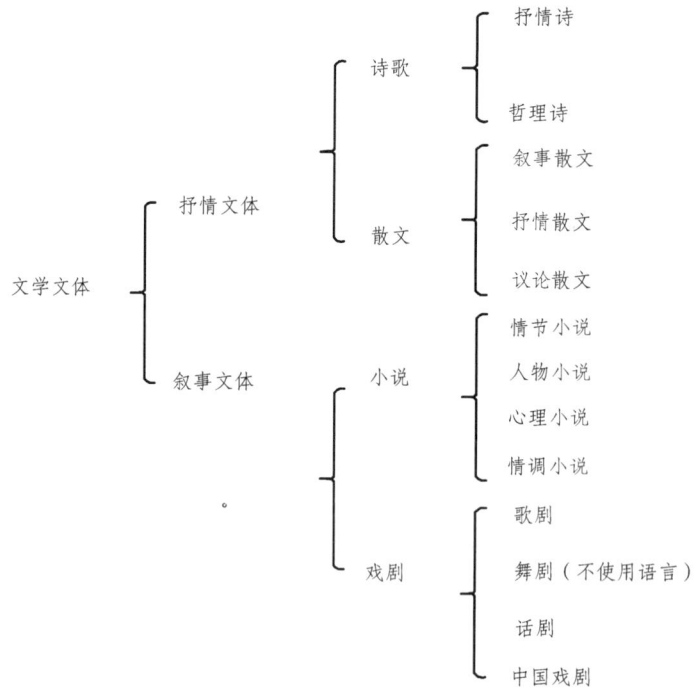

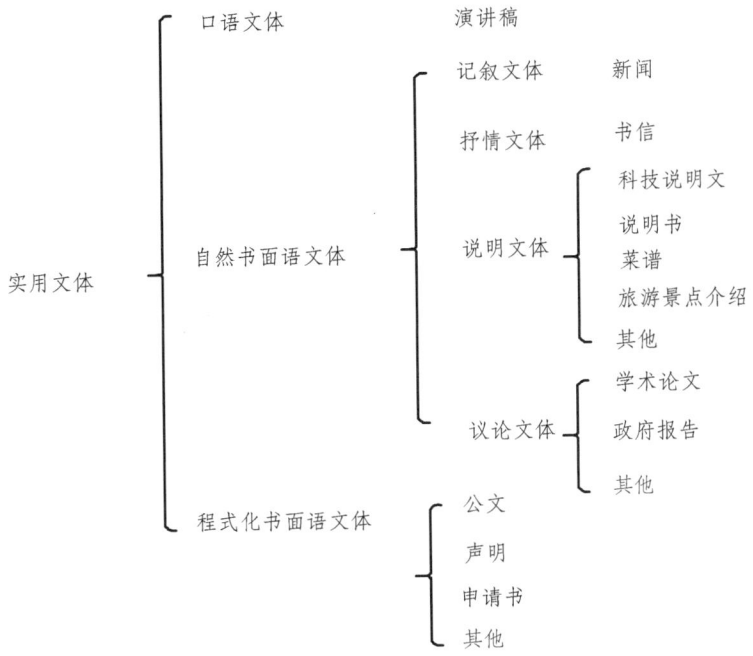

（二）文体规范与文体交融

古人云"文有大法而无定法"，"大法"就是文体规范，指固定的篇章模式。比如同样是塑造人物，小说和戏剧①有区别，前者是通过作者叙事和故事人物活动叠加创造的艺术；后者是通过故事人物语言推动情节发展的艺术。同样是抒情，诗歌和散文有区别，前者是分行的、有节奏的、想象丰富的、且常不合语法规范的语言艺术，后者是符合语法规范的自然语言艺术。

文体也是可以被突破的，这就是文体融合。比如"词"原本被称作"艳词"，用于表现男欢女爱、抒发个人情怀。但苏轼将哲学、禅意、家国情怀，都融入词之中，也就是"以诗写词"。扩大了"词"的表现主题，也就发展了这类文体。

再比如报告文学，是新闻、叙事文学和评论的融合。杂文，是新闻与文学类议论的融合（本书将其归入议论散文）。这些文体在 20 世纪 30

---

① 本处特指现代话剧。不包括中国传统戏剧。

年代，随着中国新闻文体的发展而迅速成长起来。可以预计，随着网络的发展，我国将产生更多新式文体。

需要说明的是：无论是规范也好，还是融合也罢，都依赖作家精神共同体规约实现，需要长期的发展过程。

四、文体学与修辞学的关系

"修""辞"古代是两个词，最早出现于《周易·乾·文言》"君子进德修业也。忠信，所以进德也；修辞立其诚，所以居业也"。唐代孔颖达疏："辞谓文教，诚谓诚实也。外则修理文教，内则立其诚实，内外相成，则有功业可居，故云居业也。"他认为"辞"就是"文教"，古代认为文教，就是文章教化，《周易》的句子是说：君子修身进德，以文章或言辞传达其真诚之意。

在中国古典文化中，修辞跟文章写作紧密联系在一起。文学就是语言艺术，对于作家而言，语言运用是他们最为关心的大事。"五四"时期，西学东渐，修辞学成为一门语言学分支，始于陈望道《修辞学发凡》。他将修辞看作对口语和书面语的调适努力，并将修辞分为积极修辞和消极修辞（陈望道，2001：4-5），又将修辞格分为四大类，三十八小类。认为"修辞以适应题旨情境为第一要义，不应是仅仅语辞的修饰，更不应是离开情意的修饰"。（陈望道，2001：11）

修辞学对文章主旨、情境的关注，涉及字、词、句的选择问题，也涉及语篇结构模式选择问题。如部编本四上《为中华之崛起而读书》采用了倒叙方式，周恩来在课堂上响亮地回答了魏校长的问题，然后倒叙他在被外国人占领的奉天看到中国人受欺辱的情节，回答了他为什么要"为中华之崛起而读书"。在原人教版中，这个故事使用了顺叙方式，按照时间发展线索进行写作，就不如部编本开篇显示周恩来的雄心壮志，更有艺术感染力。这类涉及篇章结构选择的问题，是修辞学问题，同时是文体学的研究内容。

文章艺术风格，是修辞学关注的内容。如王昌龄《从军行》："青海长云暗雪山，孤城遥望玉门关。黄沙百战穿金甲，不破楼兰终不还。"这首诗有雄壮的艺术风格，通过最后一句话"不破楼兰终不还"表达了将士战胜敌人的坚强决心。文体学也关注文章如何呈现出不同的审美风格。

语体风格，是修辞学关注的内容。比如，在文章中，是选择口语词还是书面语词语，由写作目的和文章中心思想决定。这类内容，也同时是文体学关注的问题。到底是采用雅正语言，还是普通大众口语，跟文体有非常大的关系。比如公文，有一些程式化语言，保留文言词语和语法，如"兹有""接洽为盼"等，就不可以改为口语，因为公文代表政府机关的话语体系，是国家权威的象征。小说和戏剧的人物对话，就不能过于文绉绉，要符合作品人物身份，使用日常口语，不然人物就是被作家绑架的木偶，而不是一个活生生的人。

五、文体学与逻辑学的关系

逻辑学是思维的科学，包括辩证逻辑和形式逻辑。一个作家不可能不按照一定顺序写作，文体学既然关注语篇问题，就不能不涉及逻辑学。但呈现在作品中的，绝不是逻辑学本身，而是对逻辑学的应用。

每一类文体都要遵守思维基本规律，运用逻辑学，采用合适的顺序写作。下面依据语篇模式分类论述：

（一）记叙为主要语篇模式的文体

记叙为主要语篇模式，可以产生记叙类抒情散文、小说、戏剧、叙事诗等文学文体，还可以产生新闻等实用文体。是一种应用较为广泛的语篇模式。

1. 叙述视点

记叙要时刻注意叙事者视点有序移动，绝不能视点忽左忽右，让读者摸不着头脑。如下面的例子，叙事视点均有问题：

（1）昨天晚上，有同学对我说："李老师病了，你快去看看他。"我连饭都没有来得及吃,急急忙忙跑到学校,只见王主任正在和他研究下一周的工作呢!①

(2)安徽合肥再新增1例本土确诊 从北京前往

(3)在高高的河堤旁,①少年坐下来歇憩。②鼻翅是一扇一扇。③河堤上或红或黄野花开遍了。④一盏一盏如歌的灿烂!⑤就把两只竹篮懒懒扔在了足旁。⑥(何立伟《白色鸟》)

例(1)是记叙类抒情散文,叙事者"我"要去看望的是"李老师",也就是说,在文章语篇连接上,他的视点也是"李老师",接下来,却变成"王主任",导致叙述线索中断,应改写为"只见他和王主任研究下一周的工作呢"。

例(2)是一则新闻,例句是新闻题目。叙事者所在的地点安徽,是患者所在地,这个患者从北京出发,到了安徽确诊。动词"前往"叙述视点是患者位移的起点,而这个患者在安徽被确诊,是他位移的终点,因此动词"前往"应该换成"抵达",使用介词"自"与之匹配,接下来的后续成分改为"自京抵达"最为合适。

例(3)是一部小说里面的段落。①②③⑥小句是从隐含的叙事者(作家)角度产生的叙述,④⑤小句是从故事人物"少年"角度产生的叙述。叙述视角的随意变化为阅读造成障碍,读者要在头脑中调整句子的顺序,才能理解上面的几句话:

在高高的河堤旁,①少年坐下来歇憩。②鼻翅是一扇一扇。③他把两只竹篮懒懒扔在了足旁。⑥河堤上或红或黄野花开遍了。④一盏一盏如歌的灿烂!⑤

叙述视点转移依据逻辑顺序,是作家心上有读者的表现。

2. 空间位置

空间位置是记叙类文体的重要逻辑线索。中国传统南戏里面依靠故事发生的地点分场次,一个地点为一出戏,不计较戏文长短。在小说中,空间位置转移也要遵循逻辑顺序,除此之外地理位置空间还负载独特的文化

---

① 例取自《邢福义文集》(第七卷),华中师范大学出版社,2019年,第56页。

信息，徐岱（2010：292）云："它是一种精神文化空间，是社会关系的具体表现。正是这个特点，使其成为小说叙事格局的内在依据，小说家对情节的设计与安排在很大程度上受到它的掣肘。"比如《平凡的世界》发生在陕北黄土高原上，作品带着质朴、悲壮的气息。

3. 时间顺序

大部分记叙类文章，都按照时间进程展开叙述。只不过这个时间，有时隐含在文章之中，不太明显。比如部编本高一上《荷塘月色》，开篇交代时间"今晚""月亮渐渐地升高了"，描写了荷塘月色景致之后，作者一句"树缝里也漏着一两点路灯光，没精打采的，是渴睡人的眼"，是交代时间已近深夜的话。随着时间的发展，事件也在变化，因此记叙文常常描写随着时间的流逝，作者的心情也在发生变化。小说所涉及的时间跨度较大，又由于叙事的需要，常有闪回（即常说的倒叙），闪前（即常说的预叙），为了避免情节平铺直叙，也可以将闪回和闪前结合起来，交错叙述。不论是顺时叙述还是逆时叙述，都是相对于说话者的现在时刻，都要遵循时间的线性顺序。胡亚敏（2004：75）说："时序是记叙文研究的一个重要方面，时间交错的结构方式已成为现代小说必用的一种手段，显示了现代人的思维特征和节奏。"申丹（2019：166）认为要分析事件时间顺序，只能依据"文学常识与逻辑推理来进行"。

4. 因果逻辑顺序

因果逻辑关系，是小说和戏剧情节成立的必要条件。故事只是按照时间先后顺序，告诉读者"下一步会发生什么"；而情节是按照因果关系，告诉读者"为什么会这样发生"。比如部编本高一下《祝福》，祥林嫂死了儿子，她才希望天堂家人能团聚；祥林嫂捐了门槛，因为她听了柳妈的话，希望未来不被锯成两半；祥林嫂死在大年夜，是三从四德在逼迫她，封建伦理纲常在逼迫她，周围没有同情心的人在逼迫她。小说里情节开端、发展、高潮、结局是时间顺序，也是因果逻辑顺序；戏剧里情节构成戏剧冲突，也是剧本戏剧性的基础。总之，文学里关于人的一切生活逻辑皆是因果链条，它可以使故事更为集中，更有戏剧性。

（二）抒情为主要语篇模式的文体

抒情为主要语篇模式，可以产生抒情诗、抒情散文。这类文体必须有内在的统一情绪以实现主题的可解读性和稳定性。

抒情诗或者抒情散文，允许一定程度的意义朦胧，有可能读者找不着叙事的线，空间的线，时间的线，逻辑的线，但文章必须具有内在的情绪一致性。著名作家王蒙（1993：14）认为当作家拿起笔，他必须清楚地感觉到自己的情绪，是饶有兴味的东西。"它可能是悲怆的，令人泪下。它可能是深沉的，令人沉思。它可能是激昂的，令人热血沸腾。它可能是严酷的，令人惊骇怵惕。它可能是欢乐的，令人心旷神怡。它可能是锋利的，令人痛快淋漓。它可能是幽默的，令人喷饭。它可能是奇诡的，令人拍案叫绝。它可能是轻松的，令人舒展。它也可能是警辟的，读后如醍醐灌顶。"一首优秀的抒情诗或者一篇抒情散文，要使读者轻易地找到那同一种情绪。

（三）议论为主要语篇模式的文体

议论为主要语篇模式，可以产生描述性议论散文、阐明性议论散文、思辨性议论散文、学术论文。这些文章无一不是依靠逻辑逐步展开自己的论述。

描述性议论散文常常展现作者的哲理思考。例如部编本九上《精神的三间小屋》，作者依据逻辑的递进顺序安排精神的三间小屋。第一间，"盛着我们的爱和恨"，这是世俗的世界，世俗的人生，但人却要在这世俗之中，培植灵魂的大树。第二间，"盛放我们的事业"，事业与个人的爱好一致，是追求与世俗抗争的结果，人要摈弃掉"附着在事业外壳上的金钱、地位，或是其他显赫的光环"，常常耗时半生。这比日常生活培植自己的精神世界更为不易。第三间，"安放我们自身"。这就是人生终极追求目标，为这个世界标注上你曾经来过的信息。这条道路却并不容易，因为"我们把自己的头脑，变成他人思想汽车驰骋的高速公路，却不给自己的思维，留下一条细细羊肠小道。我们把自己的头脑，变成搜罗最新信息网络八面来风的集装箱，却不给自己的发现，留下一个小小的储藏盒"。作者沿着世俗生活、工作与精神关系，以及人生终极目标的思路表达自己的哲学思考，抒发自己的感情，形成文章螺旋式层层递进的结构。

阐明性议论散文，是阐明一个事理，如部编本六下《真理诞生于一百个问号之后》，或者评述一个人物，如部编本六下《为人民服务》。还可以评价事件，如新闻中的事实评论。它常常需要考虑事理的方方面面，提出诸多分论点，然后再总结归纳所说的事理。篇章结构类似于科技说明文。

思辨性议论散文，作者存在非常强的与读者交流的愿望。尽管作者在文章中并未询问"你信吗？"，他却每一句话都证明给你看，不容许你怀疑。他所凭借的就是逻辑的力量。例如部编本九上《怀疑与学问》，作者先论述怀疑是辨伪去妄的必须步骤，怀疑的对象是所有传说、所有别人的言论、所有书籍。然后论述怀疑是创造新学问的基本条件，以戴震和笛卡尔两位大学者为例，证明只有跟书中的学说"辩论"、"评判"书中的学说、"修正"书中的学说，才能建立自己的学说。最终得出结论："如果后来的学者都墨守前人的旧说，那就没有新问题，没有新发明，一切学术就停滞了，人类的文化也就不会进步了。"整篇文章依靠严谨的论证，使读者信服。作者使用了符合逻辑的推理方式，揭示了事物之间的内在联系。比如下面的一段：

我们对于不论哪一本书，哪一种学问，①都要先经过怀疑，②因怀疑而思索，③因思索而辨别是非。④经过怀疑、思索、辨别三个步骤以后，⑤那本书才是我的书，⑥那种学问才是我的学问。⑦否则便是盲从，⑧便是迷信。⑨孟子所谓"尽信书不如无书"，⑩也就是教我们有一点怀疑的精神，⑪不要随便盲从或迷信。⑫

这一段论述了一个观点：怀疑是辨伪去妄的必须步骤，可以分为两层：第一层从道理上证明必须怀疑；第二层引用孟子的话，补充论证需要怀疑。第一层共三个复句，是一个句群①，可切分出九个分句，其逻辑关系如下：

---

① 本书议论文句群分析到分句。只有篇幅较长的句群，不方便切分到分句时，才以复句为单位切分。目的是清晰显示文章句子的逻辑关系及逻辑层次。句群划分的原则是在一个自然段中，如果有中心句，则整段是一个句群；如果没有中心句，按照写作内容切分层次，包含两个及以上单复句的句子为一个句群。在一个自然段中，句群按照取大不取小原则切分，比如，当某自然段划分为两个层次或三个层次均可状况下，取两层为宜。

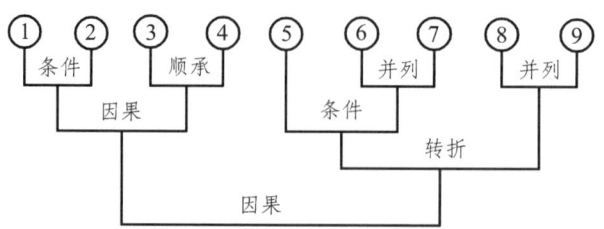

分句①至④是因果关系，这种因果又导致⑤至⑨的结果。⑥、⑦是正面结果；⑧、⑨是不如此，而得到的反面结果，是一个假言判断。这两层之间构成一种正反结构关系，利于促使人们下决心选择前一种结果。这里前提是怀疑、思索、辨别，结论是书成为我的书，学问成为我的学问，属于逻辑上的直接推理。①⑩至⑫是补充论证，与第一层是章法上的顺承关系。孟子是亚圣，较为权威，引用他的话证明需要怀疑精神，可信度高。

学术论文，更需要以有力的论证与学术同行交流思想，参与学术共同体的科学创造。它比思辨性散文的要求更为严格，需要在学术共同体一起遵守的学术研究范式以及概念体系之内，详加论证。②这些内容均以学科知识体系为前提，代代传承。一般来说，没有经过严格学术训练的人，无法从事该项文体写作。但这不妨碍有学术爱好的高中生及大学本科生就某个问题发表个人见解。毕竟人类一切科学进步，都起源于兴趣。有了兴趣，常人眼中艰苦的科学研究工作才能成为学者心中痴迷的乐园。

（四）说明为主要语篇模式的文体

说明为主要语篇模式，产生科技说明文。说明文的语篇顺序一定要有利于读者认识该事物。如果是介绍建筑物，如部编本八上《苏州园林》按照从整体到局部，从主要特点到次要特点的顺序介绍；《中国石拱桥》按照从一般到特殊的顺序介绍，以赵州桥和卢沟桥为例，说明石拱桥的特点。《梦回繁华》介绍文物《清明上河图》，采用了空间顺序，按照画卷前、中、

---

① 由因到果，为直接推理；直接推理与间接推理相对，间接推理包括演绎推理、归纳推理、类比推理。复句与推理及判断关系，参见《邢福义文集》第七卷，华中师范大学出版社，2019年，87-88页。

② 需要补充说明的是：严格遵守逻辑推理的文章，并不一定是真理。不然就没有反动思想与先进思想的对立了。学术论文尤其如此，后人总是能超越前人，补充、修订甚至完全推翻前人的论证。

后三段介绍。部编本八下《时间的脚印》介绍岩石对于地理历史时间的记载，采用了从现象到本质的介绍顺序，先说地质的岩石层如何形成，然后介绍不同地质层的时间信息，最后介绍化石时间信息。岩石形成可以用肉眼观察到，从读者身边容易理解的问题入手，逐步进入不能依靠肉眼观察形成过程的化石，符合认知规律。《大自然的语言》是一篇利用自然现象预测农业生产的说明文，采用了事理逻辑顺序说明：先写什么是物候学；次写影响物候的因素有哪些；最后写物候学有何功用。总之，科技说明文一定要严格遵守逻辑顺序，以便于读者获得与该事物相关的知识信息。

虽然并不是每个作者都经受过逻辑学训练，但任何一位作者都是逻辑应用专家，只有这样，读者才能顺着他的思路，进入他所描绘的艺术世界；沿着他的论证分析，被他说服；随着他的指引方向，认识大千世界。

六、文体学功用

（一）指导阅读和写作

既然文体学理论是从阅读和写作角度研究篇章的学问，自然可以指导人们的阅读和写作实践活动。

掌握文体学，能帮助我们理解每一类文本的阅读重点都不一样。举个例子说，怎么理解小说是一种虚构文体呢？那就得了解小说是一种作家和故事人物联合叙事的文体。

以鲁迅的《孔乙己》为例，这篇小说是内聚焦第一人称叙事。《孔乙己》叙事者是酒店小伙计"我"，首先说鲁镇的酒店格局与别处不同，它显示出明显的社会等级服务差异：短衣帮靠柜台外喝酒；"只有穿长衫的，才踱进店面隔壁的房子里，要酒要菜，慢慢地坐喝。"接着叙述"我"不善于应对短衣帮主顾的监督，卖酒掺不上水，被老板差了打杂，负责温酒。但这个小伙计并不是鲁迅本人，因为这里的客观叙事里隐藏着鲁迅的评论：社会不平等，商人与下层民众间盘剥与反盘剥的斗争激烈。酒店小伙计"我"跟鲁镇的世俗人一样，嘲笑孔乙己，不屑于跟孔乙己讨论"回"字的四种写法，"讨饭一样的人，也配考我么？便回过脸去，不再理会。"他只是提供观察孔乙己的"眼睛"。孔乙己这个人物引发的悲剧美感是在客观的叙事中实现的。

文体学的核心功能是指导写作。中国这样一个创造了辉煌文学成就的国度，文体学曾经受到高度重视。教师常说的写出真实的感情，并不是指学生可以信马由缰，对语言文字不作任何考究。"辨体""明体"是写作的基础，每一个语言运用者都必须清楚每一类文体都有基本写作规范，有语篇模式规范，这就需要选择合适的语言形式。首先要有明确的文体规范意识，要求写记叙文，就得用记叙语篇模式，选择合适的人称代词，记录真实时间和空间里所发生的事件。要求写说明文，就得使用说明语篇模式，选择合适的科技词汇，客观介绍某类事物。要求写议论文，就必须使用议论语篇模式，选择合适的关联词语，表达句子之间的逻辑关系。要求写成小说，那就得安排自己与故事人物如何联合叙事。要求写成戏剧，就得想象故事人物如何表演形成完美叙事。

笔者翻阅了部分小学生优秀作文选，发现基本没有符合文体规范的说明文，而小学生从三年级就接触说明文。初中高年级学生写作议论文缺少思辨色彩，甚至高中生还不懂如何说理，这就妨碍学生形成创新创造能力。中小学生文体意识淡薄，进入大学之后，就难以写成学科知识为基础的思维严谨的学术论文。

（二）构建篇章语言学

20世纪50年代，篇章语言学在西方才成为一门独立语言学分支。胡壮麟（1994：12）认为七十年代是篇章语言学研究巩固时期，1976年韩礼德与哈桑合作发表《英语的衔接》提出：语篇有结构，比如一个叙述语篇有叙述语义结构；有语言结构，由小句和句子构成；有语篇组织，由主位—述位推进模式（主要有延续型、平行型、派生型，见张德禄，2005：99）延展话题，用五种衔接手段（所指、替代、省略、连接和词汇），通过语法指称、结构衔接、逻辑顺联将小句连接起来，形成语篇。九十年代之前，汉语学界不少学者如叶圣陶、夏丏尊、张寿康等谈文章写作方法，自然也关注语篇衔接，可惜汉语写作学始终没有与普通语言学理论结合起来。

借鉴西方篇章语言学思想，汉语语法研究开始关注"超句"单位，从复句到句群到篇章。王缃（1993：13）介绍说：篇章语法，主要研究超句语言单位的类型和结构特征；分析句与句之间的语法语义联系；句际之间的连接手段；探索产生话语和理解话语的心理机制；揭示超句语言单位横向线性扩展规律。篇章修辞，主要研究篇章的层次结构及其表达方式，揭示超句语言单位的纵向线性扩展规律。这种研究目的说明篇章语言学偏重于研究文章生成规律，也就是说偏重于研究写作。该书分析了议论散文、科技说明文、记叙散文等多类文体的句群组织规则，分析了部分议论散文、科技说明文、记叙散文的篇章结构，因为所谈论的问题与文体普遍性特点联系较少，因此所得规律难以有普适性。目前我国汉语篇章语言学研究核心成果有：廖秋忠《廖秋忠文集》、郑贵友《汉语篇章语言学》、徐赳赳《现代汉语篇章语言学》、屈承熹《汉语功能篇章语法》、方梅《汉语篇章语法研究》等。所取得的成果，集中在记叙文语法的六个方面。其一，副词的语篇连接功能，方梅（2019：89）谈到廖秋忠（1986）《现代汉语篇章中的连接成分》归入篇章的连接成分，如语气副词（如真的）、评价副词（如其实）、时间副词（如然后）。还提到几位学者，如屈承熹（1991）《汉语副词的篇章功能》，张谊生（2000）《现代汉语副词的性质、范围与分类》，史金生（2003）《语气副词的范围、类别和共现顺序》，他们都认识到副词可以表示人际和语篇功能。其二，时间、处所的衔接功能（方梅，2019：102）。其三，叙事文体中的流水句（方梅，2019：138）。其四，跨越层级的焦点，焦点可以在句子、句群、自然段、结构段等级上（徐赳赳，2010：277）。其五，跨越层级的回指，回指可以在句子、句群、自然段等级上（徐赳赳，2010：330）。其六，提出汉语里十大话题链类型，提出汉语篇章句概念（屈承熹，2019：376-385）。

从文体学来看，不同文体由不同语篇模式和不同写作方法写成，这实际要求研究者针对不同文体使用不同的研究方法。从这个角度说，廖秋忠的篇章语法研究涉及文体类型最广泛。关于新闻文体，《篇章中的管界问题》（廖秋忠，1992：92-115）提出"管领词"概念，主要指某些谓语动词、状语、连接成分、类话题短语。议论文体，《篇章中的论证结构》（廖秋忠，

1992：116-132）提出"论证结构"概念，"篇章中处于同一层次的两个语段，如果他们之间存在论题与论据功能关系，那么他们便构成了一个基本的论证结构。"说明及记叙文体，《物体部件描写的顺序》（廖秋忠，1992：133-162）提出写作顺序问题。郑贵友（2002：233-250）针对不同文体，对篇章的宏观结构提出了"叙事结构""议论结构""说明结构""新闻结构"概念，尽管还没有考察每一类文体，却明确反映了结合文体学研究篇章的倾向。

郑贵友（2002：16）将篇章定义为："一段有意义、传达一个完整信息、前后衔接、语义连贯具有一定交际目的和功能言语作品。"这个定义跟西方篇章语言学一样，无论称为 discourse analysis，还是命名 text linguistics，都同时研究口语和书面语（胡壮麟，1994：2）。笔者认为篇章语言学服务于文体写作，所研究的对象是书面语，且很大一部分内容是文学语言，书面语与口语组织结构不一样，因此建议将研究口语生成规律的称为"话语分析"，研究书面语写作规律的称作篇章语言学。这样分工明确，研究对象突出，才可以确保达到最终总揽语篇生成规律的研究目标。

为了便于研究文体写作规律，我们主张将篇章从小到大分为四级语言单位。第一级为小句，含有单句和分句；第二级称为句联：包括复句和句群（控制在自然段内）；第三级称为段：包括自然段（反映在书面语中，开头空两格）和结构段（文章起承转合）；第四级称为篇，指文章题目和正文。①

句群是篇章语法的第一次结构性累积，按照自然段层次切分，表达功能与文体有密切关系。关于什么是句群，以往学者争议较大，主要因为定义缺乏可操作性。我们主张将句群看作等于或小于自然段的语法单位，定义如下：在没有中心句的自然段中，根据写作内容切分层次，具有两个和两个以上单句或者复句的语法单位称为句群。在包含多个句子，且具有中心句的自然段中，整个自然段是一个句群。句群在非议论语篇模式之中较少关联词标识，因此不是所有句群都有形式标志。由于句群具有语篇构造作用，按照写作思维规律划分出来，因此有些形式标志也不为复句所有，

---

① 此等级定名，由笔者与华中师范大学朱斌教授讨论确定，深致谢忱！

比如：第一、第二、第三顺序列举标记；去年、现在等时间序列标记；指示词这、那，人称代词我、他等叙述标记，等等。

自然段是篇章语法的第二次结构性累积，按照始发句、后续句、终止句三段分析（吕叔湘，1979：53-54）。有些大段落还有过渡句、补充句、插说句（王缃，1993：96），篇章语言学要揭示不同文体自然段内的句子组合特点。结构段是篇章语法的第三次结构性累积，按照文体结构分析，比如记事散文有叙事结构，抒情散文有抒情结构，议论散文有议论结构，此外散文还有描写结构，科技说明文有说明结构。篇反映文章主题。题目则涉及核心词、关键词的话题链分析，以理解整篇文章如何围绕主题写作。

从句群一级，语言表达功能与文体特征开始密切联系（吴为章、田小琳，1984：71-76），篇章语言学要揭示不同文体不同语体条件下，李宇明（2018）称为"超句法结构"的句群语法和篇章语法有哪些类型。①研究不同文体的语篇衔接和连贯模式。同时研究在主题制约之下，超句法结构按照什么顺序组合形成篇章。张寿康（1985：15）提醒研究者，不仅要按照语言单位从小到大研究篇章，还要从大到小研究篇章，"因为文章中的章、语段、句、词语是受篇章制约的。"②

（三）深化文学理论研究

从文学理论建构上说，中国现代诗歌需要重新重视语言形式问题，不然跟这种文体不相称，就难以产生永久传世之作。要加强建设中国戏剧理论，我们不能随意否定戏剧冲突理论，对该理论要理解到位。

中国叙事学理论建构需要重视中国本身发达的史传文学，这些文学作品为中国戏剧和小说人物刻画艺术提供了滋养。文学研究要树立中国文学通史的理念。由于中国五四时期采用新式白话语体创作，从欧美吸收大量现代派艺术手法，因此中国古典文学似乎与五四文学产生了断层，事实上

---

① 原文主要思想表述如下："超句法是复句、句群、篇章等的构造之法。复句的语言形式（格式）较为明显，而且研究成果较多，研究策略上可以根据对复句的认识去观察句群与篇章，类其同辨其异，从而较快地建立起句群语法和篇章语法。"

② 当时张寿康所说的语段，后来定名为句群。

每一个时代跟前代都不是截然分开的。以叙事艺术见长的鲁迅来说，他善于使用对比反差法塑造人物形象，比如将闰土与杨二嫂对比，将阿长与远房叔叔对比。这类对比映衬的叙事艺术在中国古典小说《三国演义》里也有，比如写周瑜聪明都是衬托诸葛亮更为神机妙算，才华远远超出周瑜。再向前追溯，这种叙事艺术在中国史传文学《史记》中也有，如《鸿门宴》一节就将两位王位竞争者放在同一情景下，使刘邦与项羽互相映衬。很明显这种人物塑造艺术具有继承性。

总之，中国文艺理论学界取得了很多成就，文体方面的理论建设仍有很大空间。

参考文献

陈望道，2001. 修辞学发凡[M]. 新3版. 上海：上海教育出版社.

邓国光，2013. 文章体统：中国文体学的正变与流别[M]. 上海：上海古籍出版社.

方梅，2019. 汉语篇章语法研究[M]. 北京：社会科学文献出版社.

冯胜利，2012. 语体语法："形式——功能对应律"的语言探索[J]. 当代修辞学（6）：3-12.

胡亚敏，2004. 叙事学[M]. 武汉：华中师范大学出版社.

胡壮麟，1994. 语篇的衔接与连贯[M]. 上海：上海教育出版社.

李宇明，2018. 丁力主编. 汉语复句问题研究：复句格式与认知层面关系考察[M]. 西安：西安交通大学出版社.

廖秋忠，1992. 廖秋忠文集[M]. 北京：北京语言学院出版社.

刘世生，朱瑞青，2006. 文体学概论[M]. 北京：北京大学出版社.

吕叔湘，1979. 汉语语法分析问题[M]. 北京：商务印书馆.

屈承熹，2019. 汉语功能篇章语法[M]. 修订版. 北京：商务印书馆.

申丹，2019. 叙事学与小说文体学研究[M]. 4版. 北京：北京大学出版社.

王蒙，1993. 当你拿起笔[M]//王蒙文集：第七卷. 北京：华艺出版社：5-32.

王缃，1993. 篇章语言学[M]. 西安：陕西人民出版社.

吴为章，田小琳，1984. 句群[M]. 上海：上海教育出版社.

邢福义，1995. 小句中枢说[J]. 中国语文（6）：420-428.

邢福义，2018. 邢福义文集：第五卷[M]. 武汉：华中师范大学出版社.

邢福义，2019. 邢福义文集：第七卷[M]. 武汉：华中师范大学出版社.

徐岱，2010. 小说叙事学[M]. 北京：商务印书馆.

徐赳赳，2010. 现代汉语篇章语言学[M]. 北京：商务印书馆.

张德禄，1998. 功能文体学[M]. 济南：山东教育出版社.

张德禄，2005. 语言的功能与文体[M]. 北京：高等教育出版社.

张寿康，1985. 文章学导论[M]. 武汉：湖北教育出版社.

郑贵友，2002. 汉语篇章语言学[M]. 北京：外文出版社.

第一章　记叙、描写语篇模式散文

第一节　以事件为中心的抒情散文

一、事件要素与记叙手法

（一）记叙类散文类别

记叙类抒情散文，按照写作内容分为以事件为中心、以人物为中心、以景物描写为中心、以物体描写为中心、以心理描写为中心五类。还可以使用托物言志手法，使物象携带象征性意义。这些均属于间接抒情类，还可以直接抒情，就是直抒胸臆类抒情散文。这样，记叙类抒情散文共有七类。本书绪论将记叙事件过程的散文独立出来称作叙事散文，写作内容为再现一个事件的发展过程及前因后果；将借助事件、人物、景物、物象、心理、象征手法及直抒胸臆类通称为抒情散文。记叙文是小学至初中写作的重点内容：在小学阶段应学会记叙完整，时间、空间变化线索清晰，另外要学会写人、写景、状物、心理描写不同类型的散文；初中阶段应学会为记叙设计叙事线索，利用物件、物象或人物关键语言贯穿全文，学写象征手法和直抒胸臆类抒情散文，在记叙语篇模式中加入抒情、议论、说明等复杂手段，补充复杂情节。总之，从小学到初中阶段，随着审美能力和认知能力发展，学生写作的抒情散文其复杂程度呈现阶段性梯级化特点。

所有记叙类文章都必须有描写，一般来说干瘪的叙事，难以感染读者，除非该事件是惊天地泣鬼神的、让人热血沸腾的事件。只有在该描写的地方详细描写，叙事有感情起伏，文章才能感染读者。记叙类文章的抒情，不一定都依靠句子直接抒发感情，如"故乡我爱你"之类，依靠作者对事件、人物、环境等的描写，让读者感受到作者倾注的感情，也是抒情。我们后文结语部分将谈记叙文的文采表现。

事件的六大要素为：时间、地点、人物、原因、过程、结果。在记叙抒情散文中，并不需要六大要素平均用力。有些按照时间顺叙，有些则要倒叙，还有些以插叙为宜；有些选择逆叙；还有些是泛时性写意式的叙述。用哪种方式叙述，取决于所要表现的主题。

（二）记叙类别

1. 顺叙与逆叙

顺叙，就是按照时间顺序进行叙述。大多数叙事抒情散文，都是此类写法。但要同时注意安排一波三折的事件过程，或者注意详略剪裁，以避免平铺直叙。

逆叙，就是从作者写作的时刻向往昔追述，先写往昔，后写今朝。如部编本五上《桂花雨》详细描写了小时候在家乡摇桂花，储藏桂花，送桂花给亲朋的事情，而现在全家搬到杭州，满山都是桂花树，母亲却说不如家乡院子里的桂花。这种叙述方式，很自然地表达了对家乡的思念之情。

2. 倒叙与插叙

倒叙，就是把事件的结果或者最有突出特点的情节放在前面叙述，然后再按照时间顺序叙述。这类叙述方式，很自然地让读者期待了解事件发生的原因。如部编本六上《灯光》写了向往美好生活的郝副营长为了照亮突击队进攻敌人的道路，光荣牺牲的事迹。文章开篇说在天安门广场，看到灯火辉煌，感到温暖。清明节前的一个晚上，听到有人说"多好啊"，让"我"自然转入对往事的回忆之中。"我"想起了郝副营长曾经也说过这么一句话，他在灯下曾经憧憬着胜利之后的美好生活，但为了突击队找到进攻突破口，他英勇献出了生命。文章结尾再次回到开篇时间，"在天安门前璀璨的华灯下，我又想起这位亲爱的战友来。"

再如部编本高一下《祝福》开篇写旧历年底"我"回到鲁镇，偶遇祥林嫂，她想知道人死了之后，有没有灵魂，那里是否有地狱，死去的一家人能否见面。我不敢回答祥林嫂的问题。接着在新年的夜里祥林嫂死去。然后倒叙祥林嫂第一次到鲁镇做工的事情，在鲁镇三次见到或听说祥林嫂的故事，按照时间顺序再记叙。最后结局再次回到现在的时间。

这种叙述方式一般应用于持续时间比较长、情节比较复杂的事件。要注意将开头的时间交代清楚，中间要有过渡句，回溯到前面的时间继续顺叙，结尾还要注意再次回到开头的时间以照应前文。

插叙指在叙述过程中，中断主要叙事线索，插入与之相关的情节，插叙完毕，仍继续原来的叙述。插叙的内容一般是：补充人物的身世、过往经历，以丰富人物形象；补充某种事情的原因；补充某种事物的来历；还可以沿当前叙述线索插入对过去的回忆，此为追叙；也可以沿当前叙述线索插入未来结局，此为预叙。使用此叙述方式，要注意不要节外生枝，不要喧宾夺主，以免长久离开叙事主线；还要注意在插叙之后，用恰当的衔接再次回到叙述主线。比如部编本高中选择性必修上册《大卫·科波菲尔》就预叙了自己在艰难环境下，后来成长为作家的经历，"现在，每当回忆起少年时代那一点点挨过来的痛苦岁月，我也不知道，我替这些人编造出来的故事中，有多少是被我想象的迷雾笼罩着的记得十分真切的事实！可是我毫不怀疑，当我重返旧地时，我好像看到一个在我面前走着，让我同情的天真而富有想象力的孩子，他凭着那些奇特的经历和悲惨的事件，创造出了自己的想象世界。"这一段预叙，使现在与未来时空相连，作家与故事人物之间搭建起了沟通平台。作家肯定了自己所塑造的人物具有生活真实性，同时还高于生活真实。

3. 纪实性叙述与写意性叙述

纪实性叙述，指总有一条时间和空间线索真实地再现所发生的情节，随着时间和空间变化，人物的动作也在发生变化。绝大部分的记叙文都是如此，兹不举例。而写意性叙述，记叙一种泛时的状态，在作者叙述过程中，投入自己的情感。如部编本五上《搭石》写家乡小溪在秋天水流变小，踩着搭石就可以过河。在搭石上发生的事情，并不是某一天某个时间的事情，而是常常会如此。比如秋凉以后，早早把搭石摆好；哪一段没有搭石的话，会有老人摆起来。一行人走搭石，节奏轻快，这是从侧面写家乡风俗醇厚，人们相处和谐。两人相对而行，会主动让路；有老人走搭石，会有年轻人背他过河。这是正面写家乡风俗醇厚。

根据主题和记叙事件关系，作者应该选用合适的记叙方式。除此之外，还要注意叙述使用的人称。一般来说，使用第一人称，最容易使叙事产生感人效果。但如果不是个人亲自参与的场面，则难以表现，如写国庆节天安门阅兵仪式，使用第一人称，反而不如第三人称更方便从外部观察事件进程。再如讲述历史故事、童话故事、寓言故事等，也需要使用第三人称叙事。第二人称叙事则适合倾诉衷肠。

二、如何培养小学生的叙事能力

下面以张丽丽主编《最新小学生获奖作文大全》①中的文章选材为例，谈一下小学生如何提高叙事能力。

（一）记叙要注意选材

记叙文合理选材是第一重要的任务。小学生具有一定叙事能力，当其确定了文章中心时，同时也确定了自己的题材。如果按照时间从头至尾叙述，能容易造成流水账、中心不突出等问题。有些材料写在作文里，会引起不雅、不得体等问题，选材时，要用合理方式避开尴尬情节。比如很多学生家里都发生过误会、争吵等小事，《今日开庭》写"我"的日记被爸爸偷看，"我"让奶奶做法官，状告爸爸侵犯"我"的隐私权，爸爸服输，被罚洗衣服一周。这样有点儿戏剧化的情节安排，就避免了跟爸爸发生争吵、闹情绪以及最终爸爸认错等情节。"我"取得了胜利，爸爸也不尴尬。家庭法庭情节安排合情合理，既不破坏家庭的和谐关系，又解决了小作者的心头怨愤，不能不说作者构思巧妙。而《一场别开生面的"审判"》中的两位同学争卫生流动小红花，一位是应当值日的同学，一位是被雇佣的同学。这个题材就不应该采用"审判"形式，而应该通过班级会议形式，让同学们自由发言，裁定两人的是非功过。

（二）记叙可以选择视角

记叙要注意选择合适的视角，一般来说，第一人称方便记录自己亲身经历的事件，第三人称方便记录未亲自参与的事件。

所有的事件都不可能只有一个人参与，那么作者可以用合理方式变换身份，但要时刻注意全文都以变换后的身份和口吻写。比如游览名胜，最

---

① 北京教育出版社，2015年。这本书所收的文章文体比较齐全，大部分文章质量也很高，基本能代表当代小学生写作水平。本书非本小节标注为"作文选"的篇目，皆出自该编著。

常用的记叙方法是"移步换景法"。《参观秦始皇兵马俑》以导游为叙事者，开篇介绍："各位尊敬的游客，你们好！欢迎你来到古城西安，我是你们这次西安之旅的导游。"接着以导游的口吻，介绍兵马俑的来历。然后详细描写了一号坑兵马俑的雄姿。作者利用导游语言衔接各段落，比如在描写一号坑之前，有一段过渡："现在我们来到的地方是一号坑，它是最大的一个俑坑，为了对它进行保护，坑上面已经盖起了一座巨大的拱形大厅，我们走进大厅再仔细观赏，注意脚下安全哟！"结尾以导游口吻请游览者欣赏珍贵文物，游览暂告一段落。当然，这种视角也有一定的缺憾，这毕竟是"他人"[①]的心理感受，与"移步换景法"相比，不利于直接表达游览者跟随历史一起俯仰生息的情思，也不能描写游览者视角所观看的景物，因此很难产生激情澎湃的景物描写效果，也就不容易打动读者。

（三）记叙允许浪漫想象

记叙文允许浪漫合理想象。比如《地球上法庭》是一篇写保护环境的文章，但小作者没有使用议论手段，而是使用记叙手段，想象地球作为原告，状告人类破坏环境的恶行。整篇文章属于童话文体，但将地球的痛苦表情刻画得惟妙惟肖，将人类对自然的破坏形象化，更容易感染读者，引发人们的警觉。

一篇漂亮的叙事散文，最能打动读者的地方，是事件核心环节，需要多着笔墨。

三、凸显事件核心环节

（一）事件要有细节描写

记叙，要对事件的核心环节详细刻画，这样才能产生真实生动的效果。部编本五上《慈母情深》就是深入细致地描写了母亲工作的环境，母亲工作的状态，母亲的辛苦与她对孩子成长的关爱形成反差映衬，歌颂了伟大的母

[①] 尽管文章使用了第一人称代词"我"，读者都清楚作者是小学生。其中对于一号坑的描写，不是出自小学生的观察视角。全文只能显示"我"作为一个导游，对顾客的照顾之情；不能显示作为一个游览者，为祖国山河喝彩的豪情。

爱。这里再补充一篇"作文选"例子,《暴风雨后的爱》,其中写父母为了一件事争吵,双方都很伤心。妈妈低头在沙发上坐着,爸爸把自己关在卧室。"我"先是感到窒息,接着看到爸爸走到厨房,削了一个苹果,觉得事情有了转机,放下心来。"我"充当了爸爸的特使,将苹果送到妈妈面前。父母终于和好。有一个细节处理很好,爸爸走出卧室。我以为他们又要争吵,心都提到了嗓子眼。然而爸爸随后走进厨房,"我"隔着磨砂玻璃,能看到他在削东西。好半天爸爸才从厨房出来,削好的苹果水灵灵,爸爸一直朝妈妈看,却不好意思送过去。我看出了其中的玄机,跟随爸爸到了卧室,主动充当了爸爸的特使。小作者真实自然地刻画了爸爸想求和解却又难为情的心态。

（二）过程宜一波三折

一件事从发生到结果都要经历过程,可以将过程分成两三段,造成文章的波澜之势。例如部编本七下《驿路梨花》,开篇写一行人在山中走得疲倦,看到前面梨花,总算找到了人家。但进入屋子一看,虽然有吃的,也有住的,但从"火塘里的灰是冷的"判断,好几天没有人住了。我们得到了休息,正对小屋的主人感激不尽,此时进来一位瑶族老人,我们以为见到了小屋的主人,老人却说,他也是来感谢小屋主人的,因为他打猎时,迷失了方向,受了小屋主人的恩惠,这次是来送粮的。老人打听到小屋主人是一个叫梨花的哈尼小姑娘。第二天我们留下来,修葺房屋。见到一群哈尼小姑娘,我们才知道小屋是解放军盖的,而第一位照顾小屋的梨花哈尼姑娘,已经嫁人了,她们是接替姐姐继续照顾小屋的。"我们"最终也没见到小屋主人。在这次寻找小屋主人波折起伏的故事中,能让读者体会到:只要人人都为他人着想,"驿路梨花处处开",世界就能变得无限美好。

（三）剪裁宜详略得当

有多个流程的事件,要注意题材详略得当,避免流水账,突出文章主题。比如参观一座科技馆,馆内有很多个科技主题,如果要体现现代科技日新月异,为人类生产和生活带来极大变化这样一个主题,就应该重点写航天科技、电子信息科技;如果要体现远古时期到现代,生命迭代更替,不断进化,人类要探索地球生命奥秘,就应该重点写远古恐龙化石、近代鸟类生物化石等。

作文选《比赛让我懂得了团结》，一共写了三次拔河比赛，前两场是预赛，一笔带过。后一场是决赛，写得非常详细。先是写选手做准备活动，拍手、蹬脚、活络筋骨；然后上场，弓步站立、脚顶住脚、身子后倾、双手紧握草绳；比赛开始，双方先是势均力敌，接着出现波折，最后全班齐心协力，将草绳拉向自己一方，获得最终胜利。

再如部编本七下《老山界》重点写攀登老山界的悬崖中名为雷公岩的一段山路。起笔主要写"我们"向瑶民宣传红军的主张。天黑时候攀登较陡的一段路，无法直接写山势陡立，作者借助侧面描写火把与天上的星星遥遥相接，"分不出是火把还是星星"，来表现山岩陡峭。此外还描写战士们互相鼓舞的话，突出战士们乐观的情怀。途中有传令说：前面一段路又是在悬崖上，今晚就地休息，明天一早再登山。在悬崖上睡觉，真让人胆战心惊啊，半夜冻醒，作者有一段文字写周围的环境："天上闪烁的星星好像黑色幕上缀着的宝石，它跟我们这样地接近哪！"恍恍惚惚之中，有各种声响："极远的又是极近的，极洪大的又是极细切的，像春蚕在咀嚼桑叶，像野马在平原上奔驰，像山泉在呜咽，像波涛在澎湃。"这一段环境描写，侧面烘托了艰苦环境之中，战士们的乐观情怀。接下来雷公岩的三十里路，作者将笔墨转移到重点写医务人员和掩护部队，大家彼此鼓励，侧耳还能听到隆隆炮声和敌机的叹息。这里实写后方部队攀登大山，虚写战争胜负原因，"打江山为人民"，民心向背决定战争胜负。攀登到山顶和下山的阶段，都是略写。结尾作者写道"我们走过了金沙江、大渡河、雪山、草地以后，才觉得老山界的困难，比起这些地方来，还是小得很"，这就是侧面烘托，可见红军长征之难！虚实相生、侧面烘托都深化了文章主题。

（四）对比叙事造成反差

将有相反关系的两件事放在一起叙述，会产生正反对比的修辞效果，从而达到深化主题的目的。部编本四上《牛和鹅》，写金奎叔帮助"我"制服了高傲的大白鹅，"我"认识到不能因为感觉比牛大，而欺负牛；也不能因为鹅比"我"大，而害怕鹅。文章表达了不以大欺小，不因小而害怕，世界万物皆平等的思想。这样的主题在"我"对待牛和鹅的态度对比中得到强化。关于如何欺负牛，作者写得很简略。重点写不再惧怕鹅的过程。

一开始鹅"伸长脖子,吭吭地叫着,扑打着大翅膀,好像眼里根本没有我们似的。""我"吓得腿软了,带头的鹅赶上了我,"一口就咬住了我当胸的衣襟,拉住我不放。""我几乎被它拖倒了。"金奎叔赶来,他的胳膊那样粗壮,"就像摔一个酒瓶似的,呼的一下,把这只老公鹅摔到了半空中。"金奎叔帮我穿上鞋,鼓励我再遇到鹅欺负人,要"掐住它的脖子,把它摔到池里去。"我记住了金奎叔叔的话,"果然,我不怕它,它便不敢咬我。"文章结尾说:"看到牛,我也不再无缘无故欺负它了。"在一强一弱、一大一小对比中,"我"学到了平等对待万物的人生态度。

四、事件线索设置

叙事散文与借助事件抒情散文的区别是:前者记叙完整事件,且突出事件过程的前因后果;后者则不止记叙一个事件,且不在意其是否完整,所记事件由作者感情串联在一起。学生在小学阶段所写的习作属于第一类;第二类在中学阶段才接触。下文所说的线索设置包括叙事散文和借助事件抒情散文。记叙,除了常见的以时间为结构主线展开,还可以设置其他线索,以便于为复杂的叙事寻找结构的汇集点,形成疏密有致的结构。"疏密相间是文章结构的一个很重要的美学原理。"(皇甫修文,2015:92)叙事线索使得故事的密集化得以实现。

(一)小物件为线索

围绕一个小物件展开叙述,这类结构往往能以小见大,深刻反映社会现实。比如部编本高一上《百合花》以一条婚被为线索,写通讯员借不到被子;"我"协助通讯员顺利借到被子;通讯员不好意思接近新娘,拿被子时,急忙之中挂烂了衣服;通讯员了解到婚被是新娘唯一的嫁妆,打算送回;中秋夜前方战斗激烈,"我"带新娘照顾伤员;通讯员扑向手榴弹,保护了大家,伤势严重;新娘子为通讯员送葬,缝上了小战士开挂的衣服,用自己的婚被装裹小战士。这一故事歌颂了军民鱼水情谊深。

在日常生活中,总是有一些小物件,能牵出人情往来,能承载我们对这个世界的认识和情感。比如部编本六上《竹节人》以一个自制玩具竹节人为线索，写"我"用自制玩具跟同学们在课桌上鏖战，课上还忍不住斗竹节人，被老师没收之后，偷偷站在老师窗外，发现老师在津津有味地玩竹节人。文章通过一个自制玩具，表现了"我"与同学和老师的美好的、和谐的情意。

再比如部编本六下《表里的生物》，写幼年的"我"想搞明白表为何能发出滴答滴答的声音，表现了"我"对未知世界强烈的好奇心。以"我""以为凡能发出声音的，都是活的生物"这一充满童趣的认识开篇，这一认识勾起了"我"探索爸爸表里藏着什么活的生物的强烈好奇情趣。爸爸越是不让"我"动他的表，"我"越是好奇。看到"我"痛苦的样子，爸爸为"我"打开表，"我"看到了它内部精密的装置，为了不让"我"乱动，爸爸告诉"我""这摆来摆去的是一个小蝎子的尾巴，一动就要蜇你。"过了很久，"我"才不对周围的人说：爸爸的表里藏着一个蝎子。这只小表藏着"我"探索未知世界的热情。

（二）人物关联为线索

部编本七上《秋天的怀念》以妈妈一句鼓励的话"好好活着"为线索，抒发了母亲对"我"的爱护以及"我"对母亲的思念之情。文章共三处出现"好好活着"（其中一处为隐含）。第一处是作者双腿刚刚瘫痪的时候，母亲提议去看花，"我"抗拒，呼喊道"我可活什么劲儿"！母亲忍痛鼓励"我"好好生活。第二处是母亲临终前，没有说出来，用省略号代替。第三处是母亲过世以后，妹妹推着"我"去北海公园看了花，"我"读懂了母亲临终心愿，决意好好活下去。在"生"与"死"之间感悟人生，怀念母亲。

部编本八上《背影》以父亲的"背影"为线索，抒发了对父亲的怀念和感激之情。文章共有四处写到背影。第一处开篇点题"背影"，怀念之情笼罩全文。第二处车站送别，作者详细描写了父亲的"背影"，主要抓住他爬过月台买橘子这个细节，使用了七个动词刻画父亲："蹒跚地走到铁道边""慢慢探身下去""穿过铁道""爬上那边月台""攀着上面""再向上缩""向左微倾"。第三处是父亲和儿子告别后，儿子眼望着父亲的"背影"在人群中消失，主要描写了父亲的叮嘱，"我走了，到那边来信！"显示了父亲对"我"的牵挂之情。"我"目送父亲，他说"进去吧，里边没人"，显示了父亲的细致，他觉得无人帮"我"看守行李，"我"应当不拘礼节。第四处在文章结尾，作者感情出现波折，父亲要强，从很年轻就独自闯荡，没想到老了，光景不好，因此"待我渐渐不同往日"。父亲毕竟一直惦记着"我"，来信说"大约大去之期不远矣"。可见父亲很怕老，很怕成为"我"的负担。读着父亲的来信，在泪光中再次浮现了父亲的"背影"，与文章开头相呼应，把父子之间的真挚感情表现得淋漓尽致。

（三）空间变化为线索

部编本七上《从百草园到三味书屋》以作者童年生活主要活动地点的改变为线索，交织着明暗两种感情：明里抒发了对天真烂漫童年的怀念，对童年所接触人物的思念之情，暗里批判了封建教育压抑儿童天真的天性，社会等级粉碎童年美好情意的现状。

（四）破解矛盾为线索

部编本七上《散步》写一家人出门散步，"母亲要走大路，大路平顺；我的儿子要走小路，小路有意思。""我"想不出两全的办法，最后"我"决定牺牲儿子的自由，走大路。老母亲改变了主意，要跟孙子一起走小路。她的眼睛看到了小路上的生机，"那里有金色的菜花，两行整齐的桑树，尽头一口水波粼粼的鱼塘。"在不容易跨过去的地方，"我"背起了母亲，妻子背起了儿子。"我和妻子都是慢慢地，稳稳地，走得很仔细，好像我背上的同她背上的加起来，就是整个世界。"矛盾得以解决，一家人其乐融融、和和美美地一同散步。

五、描写对象为某一场景

在事件描写中，场面描写是其中比较特殊的一类，它是一个核心事件，同时涉及众多人。按照时间顺序对它进行描写时，要注意抓住核心人物活动，同时注意剪裁详略得当。如部编本六上《开国大典》，开篇介绍进入主会场的人员，"有中华人民共和国中央人民政府主席、副主席、各位委员，有中国人民政治协商会议全体代表，有工人、农民、学校师生、机关工作人员、城防部队"，会场地点在天安门，"广场呈丁字形"，"丁字形的一竖向南直伸到中华门。在一横一竖的交点的南面，场中挺立着一根电动旗杆。"接着介绍主席台，"主席台设在天安门城楼上"。最后介绍参加游行的群众队伍，"到了正午，天安门广场已经成了人的海洋，红旗翻动，像海上的波浪。"文章核心部分写开国大典整体过程，重点围绕毛泽东写了以下几个情景：毛泽东宣告中央人民政府成立；毛泽东按动电钮，亲自升起第一面五星红旗；鸣响礼炮、毛泽东宣告中华人民共和国公告。次重点描写了阅兵仪式。文章结尾写群众游行，与开篇介绍群众队伍入场相呼应。

总之，以事件为中心的记叙文要综合运用记叙、描写语篇模式，选择合适的记叙类别，设置一定的线索，投入真情叙事。

第二节　以人物为中心的抒情散文

一般来说，第一人称只能写自己及与自己朝夕相伴的朋友、家人、老师等。第一人称参与到所描写人物故事之中的文章比较容易表达作者的感情。大部分学生记人习作散文都是此类视角。事实上，我们也需要描写和观察他人，这些人不一定是我们生活中朝夕相处的人，这就得使用第三人称叙事。这种叙事视角比较适合描写众多人物，表达比较宏大的主题，如部编本四下《小英雄雨来》，写了雨来的父母、老师、投奔他家的游击队员、到他家里搜查的日本兵，表达了中国人民对日本侵略者的憎恨，赞扬了小雨来的勇敢和机智。对人物的刻画，无非两种方式：一种是观察他的语言、行为、神情等直接描写；一种是借助其他的外物，如环境或者他人来刻画，这就是侧面烘托。在文章涉及描写两人格局之时，互相映衬的两者，可以是正衬关系；也可以是反衬关系。无论是哪一种手法，目的都是突出自己要表现的核心人物。

一、第一人称叙事

（一）正面描写为主

尽管第一人称参与叙事，但它只是提供一双观察的眼睛，重点笔墨还是落在要表现的核心人物上,如部编本四下《我家的男子汉》。文章三个小标题"他对食物的兴趣""他对独立的要求""他面对生活挑战的沉着",将文章核心内容分为三个部分,三部分统一于中心思想:我家的男子汉具有独立思想,敢于面对挑战。第一个题目很值得学生学习,小学阶段不少学生写自己爱吃美食,但几乎没有学生将它升华到精神需求的层次。这篇文章第一个标题,写孩子在吃饭上的独立思想:他能为自己喜欢的美食"编儿歌一样的谜语";尽管他不爱吃青菜,却为了活着而强忍痛苦,多吃青菜;为了上少林寺学习功夫,他愿意控制自己的食欲,接受不吃肉食、不吃冰激凌和雪糕的苛刻条件。第二个标题,写孩子在购物上的独立精神,这一次的独立可谓是一波三折:他提出要自己一个人购物,但在跟营业员对话前却胆怯了,又嘱咐"我"不要帮忙。看到他窘迫的样子,"我"只好帮他跟营业员说了自己的购买愿望,他却因此而沮丧,潦草地吃着山楂片。后来他终于能够独立地买橘子水。第三个标题,写孩子面对生活挑战上的独立思想:尽管跟别的小朋友一样,他也不愿意上托儿所,却不反抗。他很快克服了自己的胆怯心理,开始在托儿所里交朋友、打架。后来他不得已返回老家继续生活,为了挤上火车,"他勇敢地抓住窗框,两只脚有力地蹬着车厢,攀上了窗口。"

这篇文章所写内容虽是围绕孩子发生的生活琐事,但处处表现了孩子勇敢迈出成长步伐的坚强独立精神。

再比如部编本七下《老王》,这篇文章里以"我"与老王的交往为线索,回忆了老王的几个生活片段,塑造了一个穷苦卑微、心地善良、老实厚道的老王。作者客观刻画了人物的神态、动作、语言、外貌等细节,向读者展现了一位值得同情与尊重的三轮车夫。

文章开头写他的身世、相貌。老王孤苦伶仃,他只有一只眼,另一只眼瞎了。他那只好眼也有病,"天黑了就看不见。"他住在"荒僻的小胡同"中,"塌败的小屋"里。老王临终前,挣扎着到我家里来,"老王直僵僵地镶嵌在门框里","他面如死灰,两只眼上都结着一层翳,分不清哪一只瞎,哪一只不瞎。"开头写老王的外貌,让人怜悯;后面再次写老王的外貌,就让人担心了。对老王的动作描写,突出了一个词"直着脚",他直着脚进了我的家门,又直着脚出了我家:"看他直着脚一级一级下楼去,直担心他半楼梯摔倒。""那直僵僵的身体好像不能坐，稍一弯曲就会散成一堆骨头。"老王临终拖着病体，一定要给"我"送鸡蛋和香油。这份真挚的情意让人感动。

（二）欲扬先抑

有时候对一个人的认识要经历一个过程，发生从不喜欢到喜欢到敬佩等的感情变化，这一类写法，称作欲扬先抑。

如部编本七下《阿长与〈山海经〉》，开头交代"阿长"名字的由来，流露出作者不以为意，不放在心上的态度。特意提到平辈和晚辈呼之为"长妈妈"，长辈呼之为"阿长"，"我"不高兴的时候，也敢于没大没小，直呼"阿长"。家里原来的女工身材高大，大家叫她"阿长"，自从她走了，新来的女工也没有改名。"我"甚至根本想不起来她叫"什么姑娘"。接着谈阿长一些不好的习惯，比如"喜欢切切察察"——打小报告，家里人以及"我"有一点儿出格的小问题都被她汇报到母亲那里，我总是因顽皮而被批评。她身体略胖，睡觉伸开两手两脚，在床上占据很大的空间，搞得"我"蜷缩一角，常常被热醒。母亲很委婉地对她表达了我的请求，"阿长"根本不理解，还是那样睡觉。她还懂得很多古老的规矩，特别是元旦早上的仪式，她头一晚就交代"我"了，可是我一早就想去花压岁钱，下地玩耍，"她惶急地看着我"，"我"终于记起她交代的仪式。这一段让人觉得阿长不仅普通，而且还有点儿让人厌烦。

接着笔锋忽转：尽管她是这么不讨"我"喜欢，还害死了我的小隐鼠，但她不怕杀人恶魔"长毛"盗匪，常常跟我讲盗匪故事。"我"认为"阿长"不会被盗匪掳去，因为她不是小孩子，也不是门房，更不是漂亮姑娘，脖子上有伤疤，既老又丑。"阿长"反驳说，她也会被掳去，用于阻击攻城的士兵。"我"佩服"阿长"有这样的神力。

"我"在一个远房叔祖那里看到绘图的《花镜》，非常喜欢。那位远房叔祖告诉我有一本绘图的《山海经》不知放哪里了，我"不好意思力逼他去寻找"。城里买书的地方非常远，"我"又没有机会去，只是天天念叨。"阿长"放在心上，专门请假给我买回了绘图的《山海经》。"我"对阿长不只是敬佩，更是感激不尽了。

核心人物阿长给读者留下鲜明的印象，还取决于这篇文章用一个次要人物来反衬她——那就是远房叔祖。他很有学问，但是为人非常"疏懒"，他明明知道"我"如此喜欢绘图的《山海经》，却不肯帮忙给买一本，或者寻找一下他自家的《山海经》。而"阿长"根本就不识字，也不知道"山海经"三个字怎么写，她以为是什么"三哼经"，她特意请了假，帮我实现了心愿。"阿长"的勤快与叔祖的懒惰形成了鲜明的对比，她关心孩子成长的朴实行动使读者感觉到了这位普通劳动者的伟大。

　　（三）描写环境以侧面烘托

　　部编本六上《少年闰土》，开篇描写故乡的月夜，"深蓝的天空中挂着一轮金黄的圆月，下面是海边的沙地，都种着一望无际的碧绿的西瓜。"句中有一些颜色词，如深蓝、金黄、碧绿，具有很强的视觉效果，能够激发读者想象。鲁迅的家乡美得纯净，这种环境描写将少年闰土衬托得淳朴、可爱。接着闰土出场，"其间有一个十一二岁的少年，项带银圈，手捏一柄钢叉，向一匹猹尽力地刺去。那猹却将身一扭，反从他的胯下逃走了。"一位英俊少年出现于读者面前。

　　部编本六上《青山不老》，写种树老人坚持不懈连续十五年植树造林，"绿化了八条沟，造了七条防风林带，三千七百亩林网"，保护了一方水土。文章开篇描写被访老人居住的环境，"窗外是参天的杨柳。院子在山沟里，山上全是树。我们盘腿坐在土炕上，就像坐在船上，四周全是绿色的波浪，风一吹，树梢卷过涛声，叶间闪着粼粼的波光。"从侧面描写老人十五载成就卓著。然后叙述这里旧时的风沙干旱地貌，跟上文描写绿光粼粼的居住环境形成鲜明对比，下一自然段转而倒叙十五年前老人植树的经过。在屋里说完话，老人陪着我们去看漫山树木，我们看到防护林对水土的保护作用，"山洪涌下的泥埋住了树的下半截，树却勇敢地顶住了它的凶猛。这山已失去了原来的坡形，依着一层层的树形成一层层的梯。"文章结尾以不老青山象征老人精神永不磨灭，意味隽永。

二、第三人称叙事

（一）侧面烘托为主

前文交代过，第三人称叙事有利于表现作者个人无法参与的事件。这一类文章如果要保持生动，就得注意详细描写人物语言、动作、神情，以便于真实再现现场情景。第三人称叙事不方便透视人物心理，可以采用描写他人的外表神情，以及人物与他人的对话交流，甚至描写自然环境或社会环境等细节，凸显要塑造的核心人物。

1. 描写人物对话细节

如部编本五下《军神》，开篇通过德国医生沃克与患者的简单对话，让读者了解到刘伯承伤势严重，沃克一下子就猜到患者的身份是军人，他说："只有军人才能这样从容镇定！"下面是文章的核心部分，写尽管刘伯承伤势严重，为了保持住自己清醒的大脑，他拒绝手术中使用麻醉药。医生很吃惊，不同意患者的要求，"在这儿要听医生的指挥！"但患者坚称自己需要清醒的大脑，医生神情慌乱，深受震惊。在手术过程中，一向都镇定的医生，"双手却有些颤抖，他额上汗珠滚滚，护士帮他擦了一次又一次"。这些侧面描写通过写医生沃克的惊讶、紧张，反衬刘伯承镇定自若的坚强精神。文章中也有正面描写人物的地方，如"病人一声不吭，双手紧紧抓住身下的白床单，手背青筋暴起，汗如雨下"。手术结束之后，医生说，"年轻人，我真担心你会晕过去"。刘伯承却淡定回答，他清楚医生一共割了七十二刀。医生"惊呆"了，说道，"你是一个真正的男子汉，一块会说话的钢板！你堪称军神！"最后一部分是文章结尾，医生的神情变得"慈祥"，他想知道这位年轻人的名字。文章结尾解释了开头的悬念：这个伤势很严重的年轻人到底是谁。文章大部分内容从侧面描写刘伯承的坚强，医生沃克面对患者，经历了从冷漠到惊讶、到赞许、到钦佩的心理变化。这一位从医多年、经验丰富的医生被刘伯承的壮举惊呆了。

2. 描写事件参与者心理变化细节

如部编本五下《刷子李》，写徒弟曹小三跟刷子李师傅干活，先是怀疑师傅的本领，仔细观察之后不得不赞叹，然后笔锋陡转，徒弟在师傅的黑色裤子上发现了一个白色斑点，正疑心师傅本领高强的传闻不真实，没想到是师傅的烟头烫破了衣服，白色是里面衬裤的颜色！整篇文章跌宕起伏，徒弟的情绪经历了怀疑——赞叹——再怀疑——再赞叹的过程。通过描写徒弟的心理变化，赞扬了刷子李高超的粉刷本领。文章通过徒弟的眼睛观察师傅刷墙的细节属于正面描写：只见师傅一举刷子，就像没有蘸浆。但刷子划过屋顶，立时匀匀实实一道白，白得透亮，白得清爽。"连同师傅的身体姿势，都合着音乐节拍一样，"只见师傅的手臂悠然摆来，悠然摆去，如同伴着鼓点，和着琴音。"

3. 描写环境烘托核心人物

部编本六上《月光曲》，有一个细节写"一阵风把蜡烛吹灭了。月光照进窗子，茅屋里的一切好像披上了银纱，显得格外清幽。贝多芬望了望站在他身旁的兄妹俩，借着清幽的月光，按起了琴键。"这里通过环境描写来表现贝多芬的卓越才华，他不仅临场创作了《月光曲》，还根本不用看琴键，就可以娴熟地弹奏曲子。

（二）正面描写

1. 心理描写和语言描写

第三人称叙事结构里，也可以描写人物心理，这是正面描写手法。如部编本六上《穷人》就用了大段篇幅描写桑娜的心理，通过揭示她的复杂心理，表现桑娜夫妇善良的品质。

开篇描写桑娜坐在炉子边等待丈夫打鱼归来。她回忆自己的艰苦生活，"感谢上帝，孩子们都还健康。没什么可抱怨的。"听着外面的风暴声，她替丈夫担忧，"上帝啊，保佑他，救救他，开开恩吧！"她想出去望望灯塔，看是否能看到丈夫的小船。从这里文章转入探望生病的邻居西蒙，她深深地同情西蒙，"唉，寡妇的日子真难过啊！进去看看吧！"借着桑娜的视角，文章叙述了已经死去的西蒙身边睡着两个可爱的孩子，桑娜把孩子抱回家。接着文章转入对桑娜大段的心理描写：她担心丈夫嫌弃自己把西蒙的孩子抱过来，"这是闹着玩的吗？自己的五个孩子已经够他受的了"；接着写她很紧张，不再像一开始一心一意等待丈夫归来，"不，还没来！"她觉得丈夫可能因为家里增加负担而打她，她愿意为自己的过错而承担结果，"那也活该，我自作自受。"她又心疼丈夫负担这么重，希望丈夫打她一顿，"嗯，揍我一顿也好！"她是如此紧张，开始不希望丈夫早点归来了，她不知道该对丈夫说什么，"如今叫我怎么对他说呢？"这一段心理描写，把桑娜曲曲折折的心情表现得细腻入画。

　　这篇文章描写了两个人物：桑娜和桑娜的丈夫。其中桑娜居于核心位置，对她的描写以心理描写为主。她的丈夫是次要人物，以语言描写为主。

　　接下来文章转入夫妻两人的对话，两人嘘寒问暖之后，丈夫开始感叹，"我简直记不起几时有过这样的夜晚了，还谈得上什么打鱼！谢谢上帝，总算活着回来啦。"沉默一会儿之后，桑娜开始试探地提起西蒙死亡的消息，并特意强调"一个还不会说话，另一个刚会爬"。丈夫认为这是个问题，孩子不能跟死人待在一起，"得把他们抱来"。然后他鼓励妻子，"我们总能熬过去的！"他看妻子坐着不动，有点儿着急，"你怎么啦？不愿意吗？"

　　桑娜夫妻两人形成人物描写中的正衬关系。写桑娜善良也是在写丈夫温和；写丈夫辛苦也是在写妻子勤劳。

2. 外貌肖像描写

　　为人物画一幅很有特点的肖像并不简单。有些时候，学生写人物都千篇一律——大大的眼睛、高高的鼻梁、浓浓的眉毛。怎么写出人物的特点，需要功力，即需要敏锐的观察能力和语言表达功力。

　　部编本五下《他像一棵挺脱的树》选自老舍小说《骆驼祥子》，描写年轻的祥子硬棒的体格。先写他身材高大，"虽然肢体还没被年月铸成一定的格局，可是已经像个成人了。"然后顺着从上到下的顺序描写，他的胸脯和脊背，"铁扇面似的胸，与直硬的背。"肩膀，"多么宽，多么威严！"脚，是"'出号'的大脚"。接着描写他脸部没有突出的特征，只是"颧骨与右耳之间一块不小的疤"，作者评论道："他爱自己的脸正如同他爱自己的身体，都那么结实硬棒。"

　　总之，要写好一个人物，无论是采用第一人称叙事，还是第三人称叙事，都必须详细描写人物的语言、动作、神态、外貌、心理等，以便于使读者从各个方面了解作者所写的人物。第一种叙事视角,便于正面描写,第二种叙事视角,便于侧面描写,无论哪一种视角,都以真实刻画人物为最高原则。

第三节 以风景为中心的抒情散文

一、设置观察视角写景状物

描写自然景物,写作上常常使用"移步换景法",即叙述者沿着空间一定顺序行进,重点写几处有特色的景物。空间位置变化,景物也在变化。

作文选《天山浪漫之旅》从远处遥望天山写起,"山峰层层叠叠、朦朦胧胧的。天山像一位羞涩的少女,脸上蒙着一层轻柔的薄纱,充满了神秘感。"

沿着盘山公路盘旋而上,作者描绘了融化的积雪形成的小溪流,看到了白杨树、白色的毡房。山势越来越陡,转弯之后,又豁然开朗。天山上出现了绿色的湖泊,还有神奇的传说从这里产生。从盘山公路下来,步行上山,两旁的树木葱郁,鸟儿时刻鸣叫,一路相伴。登上山顶,天池赫然出现。"天池背后终年有白雪皑皑的雪峰相伴,青山、雪峰相映成辉,一峰一树、一草一花,碧蓝的天空,淙淙的溪水,无不诠释着这个童话世界的美。"山顶上住着哈萨克族人,他们热情好客。为天山增加了更美的人文色彩。

文章详略安排得当,详细描写了天山上很有特点的雪峰、天池以及当地少数民族的风土人情;下山坐"小电驴"则一笔带过。

二、景物描写技巧

(一)描写不同时间同一景物

作文选《迷人的鄱阳湖》描写了风平浪静的鄱阳湖和浊浪滔天的鄱阳湖。这种写作手法类似于《岳阳楼记》,同一地点,不同景色出现于不同季节。

再如部编本七上《雨的四季》写春夏秋冬的雨中景色。春天的雨特点是晶莹、珍贵，"水珠子从花苞里滴下来，比少女的眼泪还娇媚。"夏天的雨特点是热烈、粗犷，"当你还来不及思索，豆粒的雨点就打来了。"秋天的雨特点是端庄又沉思，"天空是暗的，但雨却闪着光；田野是静的，但雨在倾诉着。"冬天的雨有一种特殊的温暖，"黎明提前敲着窗户，你睁眼一看，屋顶，树枝，街道，都已经盖上柔软的雪被。"

这篇文章饱含深情，作者还描写了雨中其他景物以及雨中之人。春天，"每一棵树仿佛都睁开特别明亮的眼睛，树枝的手臂也顿时柔软了"，拟人手法写出了春天雨水中树木萌发生机的可爱情状。"那萌发的叶子，简直就起伏着一层绿茵茵的波浪。""小草像复苏的蚯蚓一样翻动，发出一种春天才能听到的沙沙声。"雨中之人，感觉"呼吸变得畅快，空气里像有无数芳甜的果子，在诱惑着鼻子和嘴唇。"夏天，"花朵怒放着，树叶鼓着浆汁，数不清的杂草争先恐后地成长，暑气被一片绿的海绵吸收着。而荷叶铺满了河面，迫不及待地等待着雨点，和远方的蝉声，近处的蛙鼓一起奏起了夏天的雨的交响曲。"雨中之人，"打伞，戴斗笠，固然能保持住身上的干净，可光头浇，洗个雨澡却更有滋味，只是淋湿的头发、额头、睫毛滴着水，挡着眼睛的视线，耳朵也有些痒嗦嗦的。"秋天，雨中之人，"雨变得更轻、也更深情了，水声在屋檐下，水花在窗玻璃上，会陪伴着你的夜梦。如果你怀着那种快乐感的话，那白天的秋雨也不会使人厌烦。你只会感到更高邈、深远，并让凄冷的雨滴，去纯净你的灵魂。"冬天，"在人们受够了冷冽的风的刺激，讨厌那干涩而苦的气息，当雨在头顶上飘落的时候，似乎又降临了一种特殊的温暖，仿佛从那湿润中又漾出花和树叶的气息。"

最后两个自然段，文章以抒情语篇模式结尾，对雨的指称改为第二人称代词"你"，显得自然亲切。

（二）穿插故事，增加文化底蕴

作文选《百年奇观》写了自己观察到的日环食。其中将观察到的实体景象与传说故事及科学原理巧妙穿插在一起，丰富了文章内容，表达了作者对自然奥秘的探索愿望。

作文选《北戴河的海》穿插了毛泽东创作的《浪淘沙·北戴河》，增加了北戴河自然风光的人文底蕴。

（三）将景物附上人的心情

任何景物描写都是为了表达作者的感情。作者不能仅仅把描摹外界、真实地再现外界景致作为终极目的，而要让景物为反映个人感情服务。如部编本五下《祖父的园子》写园子里的太阳，"太阳光芒四射，亮得使人睁不开眼睛，亮得蚯蚓不敢钻出地面来，蝙蝠不敢从黑暗的地方飞出来。凡是在太阳下的，都是健康的、漂亮的。拍一拍手，仿佛大树都会发出声响；叫一两声，好像对面的土墙都会回答。"这一段反映了作者对光明的赞美之情。再如下一段写园子里的花、鸟儿、虫子、倭瓜、黄瓜、玉米、蝴蝶，都是为了表达作者对自由的赞美之情，"要做什么，就做什么。要怎么样，就怎么样，都是自由的。"在祖父的园子里，我拥有自由和快乐，童年如此美好，让我怀念祖父给的幸福。

（四）将景物与人的精神相连

部编本八下《壶口瀑布》由描写威风凛凛、气势磅礴的瀑布起笔，继而写到黄河精神，再写到中华民族精神，由景物描写逐步发散开来揭示人的精神。文章有三个结构段组成，第一个结构段写两次看壶口瀑布的经历，第二个结构段写在壶口欣赏黄河水势、观看水中之石，第三个结构段由壶口瀑布想到黄河性格及中华民族精神。三个结构段之间是层层升华、层层递进的关系。

（五）语言注意修辞

1. 词语的形象性

使用色彩词和拟声词，可以将景物写活。作文选《春天的色彩》开篇给出了明丽的画面，"春天是一切色彩的总汇"，"太阳是红灿灿的，天空是湛蓝的，树梢是嫩绿的，迎春花是娇黄的……"作文选《秋之韵》结尾画出了秋天的美，"这红彤彤的苹果、黄澄澄的梨子、紫色的葡萄、金黄的橘子……这不正是秋天呈上来的一份厚礼吗？"

叠音词也具有很强的描摹性状的特点。如部编本七上《春》，写"草"是"一大片一大片""软绵绵的"；"雨"是"密密地斜织着"。其他意象描写，多采用拟人手法，如"山"是"朗润"的；果树"都开满了花赶趟儿"；风"像母亲的手抚摸着你"；"鸟儿""呼朋引伴地卖弄清脆的喉咙"；"草屋""在雨里静默着"。兼使用比喻，如野花是"像眼睛，像星星"等多种修辞手法，形成了绚丽的语言风格。

2. 修辞格的妙用

作文选《夏》恰当使用了拟人修辞手法，将夏天的荷花写活了。"瞧。满塘的荷花羞羞答答地露出粉嘟嘟的脸，摆出各式各样的姿态笑迎阳光。它们有的探出脑袋，大大方方地展示自己'濯清涟而不妖'的芳华；有的用手托着半漏的脑袋，歪着头，斜望天空；有的还躲在闺房里精心打扮呢！"

作文选《看涨潮》中写浪潮："它们好像在赛跑，一个浪头冲过礁石，奔向终点——海滩，另一个浪头也紧跟着冲了过来。它们好像在和礁石搏斗，疯狂地发起进攻，猛烈地拍打着礁石。礁石满不在乎，傲慢地站在那里。它们又好像在跳高，一个接一个地扑向大堤，可怎么也蹦不过去。渐渐地，一个浪比一个浪蹦得低。这时它们好像在策划着一次突然袭击。果然，又一个巨浪奔腾着蹦向大堤……"

作文选《雪花飘飘》将雪花想象成一群人，"雪花们呼唤朋友，紧紧抱成一团，从高高的天空中'簌簌'地跳下来，还兴奋地打着旋儿。""天亮了，雪花们屏住呼吸，等待着人们的第一声欢呼。"

三、警惕语篇模式混用

一般来说，文学文体与实用文体的界限非常清楚。第一，写作目的不同，前者是娱情为主，后者服务于实用目的。第二，使用的语篇模式不同，前者以记叙和抒情为主体，后者以说明和议论为主体。我们在下列文体中，发现小学生作文存在较多的语篇模式混用。换句话说，这些习作均属于文体不规范。

（一）到底是写景还是介绍名胜

描写一处名胜，如果按照游览过程，从头至尾叙述，就得注意详略得当，详略取舍要按照景物的代表性和文章主题去安排。记叙过程中，叙事者（一般是第一人称代词"我"）必须真实存在。记叙可以与抒情、描写语篇模式混合，才能写出感人至深的好文章；只是在介绍背景资料时，才与说明语篇模式混合。如果介绍一处名胜，则所设置的观察视点，必须符合文体客观性、科学性要求，不能出现叙事者，全文使用说明语篇模式。记叙以作者感情为主题，说明以介绍对象为主题；前者是文学范畴，后者是科学范畴，两者不相容。①

作文选《游颐和园》使用了三个小标题：轻抚"长寿石"、观赏长廊、远望十七孔桥，选取了三处景色详细描绘。描写过程中，显示了观察点变化："进入东宫门，迎面就是一块大石头。""我们来到昆明湖北畔，就能看到颐和园最长的长廊。""步行到码头，我们租了一条脚踏船朝十七孔桥划去。"从叙事者真实存在角度说，文章是记叙文。从结构上说，文章思路也很清晰，选取代表性景点也很恰当。但是这篇记叙文中穿插了很多说明性文字，如："长廊也是一个画廊，它像一条彩带，连接起各个景点，以排云殿为中心，分为东西两部分，足足有 728 米，共 273 间，每一间有 4 根绿色的柱子围成，据说它一直通往万寿山、排云殿和后山。"这是关于长廊整体景观的介绍，而不是用作者的眼睛和心灵观察长廊。后文十七孔桥整体景观，也是说明介绍语篇模式，虽然它很科学，很严谨，却不是作者用眼睛和心灵观察景物所得，是科学工作者测算所得。这就混淆了记叙和说明的界限，降低了该文的审美价值。这一部分作者可以选择合适的表达方式凸显自己的感受，如："长廊也是一个画廊，它像一条彩带，连接起各个景点。站在长廊一端，曲曲折折的画廊如同游龙穿行在山水之间，我们看不见它的首尾，只能引发无边遐想。"更动为描写语篇模式之后，能引发读者

---

① 部编初中语文外国作家所写科技说明文，有文学类抒情，如法布尔《蝉》。不建议学生将此类文章作为范本，因为法布尔不是中国作家。我们强调文体规范是作家精神共同体标志，那么很显然同类文体中国与外国本来就存在差异。同时我们不否认，不同语言的文体语篇模式也有很多相似性。

的想象，增加文章的生动形象感。同样的问题也出现在作文选《丝路明珠——敦煌》《游登封》中。

有关写景状物的文章，不是个别篇章出现了文体失范的毛病，而是群体性问题。再如作文选《我的家乡——盱眙》，其中关于盱眙十景的文字"第一山怀古淡泊名利，杏花园春昼宁静致远，瑞岩庵清晓审时度势，玻璃泉浸月清心洁胆，清风山闻笛翩舒广袖，会景亭陈迹思乡恋天，龟山寺晚钟高蹈远引，五塔寺归云天上人间，宝积山落照寿比长河，八仙台招隐种菊南山"，尽管文采斐然，其语篇模式却不属于描写，因为未出现叙事者，未设置观察视角；虽然这些句子突出了景点不同季节、不同时间所具有的特色，有些特点也能代表游览者的主观感受，它却因没有叙事者，不属于抒情语篇模式。尽管句子不带有科学普遍意义，它却属于说明语篇模式，因为句子主语都是名词，是要介绍的景点，述语里"怀古""闻笛""招隐"等动词都不跟具体时间联系，是静态介绍。如果是要求写一篇说明文，介绍自己的家乡，则该文这类语篇模式，虽然不算严谨科学，仍合乎文体规范。但该文同时还有热情洋溢的抒情："盱眙，一个美丽富饶的地方。魏巍都梁山是你的脊梁，浩浩淮河水是你的血脉。抖落尘封的穷垢，盱眙亮出诱人的新姿，吸引海内外宾朋慕名而至。"科技说明文，以客观公正、简洁明了为文体规范，忌讳出现任何抒情段落。这一篇文章缺少观察视点，也没有出现叙事者，就不是典型记叙文。作文选中另一篇介绍家乡木拱廊桥《古韵悠悠》的文章，也是说明语篇模式，因为全篇的观察视点，如"沿着石阶走上万安桥""站立桥头"等都不是特定时空的表述，也没有出现叙事者"我"。同时该文也夹杂了记叙语篇模式，如"妈妈告诉我……木拱廊桥传统营造技艺已经入选国家级非物质文化遗产保护名录"，另外还有抒情语篇模式，如"作为家乡的小主人，我怎能不骄傲、自豪呢？"从这些文字来看，该文既不是规范的科技说明文，也不能归入游览类记叙文。

（二）到底是状物还是介绍事物

同样描写一个事物（动物或植物），可以有说明语篇模式，形成科技说明文；也可以有记叙语篇模式，形成状物类抒情散文，即本章下一节要论述的文体。在《最新小学生获奖作文大全》一书中，我们没有发现任何一篇符合科技说明文语篇模式的文章，都是状物类抒情散文。而有些记叙语篇模式之中，又夹杂着某些有关这个事物的介绍内容。

小学语文单元常常按照文章主题分类，说明文和记叙文混排，六年级教材还与议论文混排，如果教师文体意识淡薄，难以讲清楚这些文章之间的区别，也难以引导学生写出合乎文体规范的文章。这需要引起有关教师的警惕，在小学阶段尤其需要让学生理解文体差异和文体规范。

第四节 以物体为中心的抒情散文

描写某一植物、动物或其他物体，表现自己的思想感情，一般称作状物抒情散文。这类文章有两种写法：一种是将物与人联系起来写，写物的同时也在映照人的精神，物与人的生活、情感交融在一起，难分彼此。这种写法，我们可以称为物我相融类。这类写法不仅要写出物体的特点，还必须将物的精神气质与社会生活联系起来。另一种手法是细致描绘事物本身，以便于表现事物并不依赖人类而独立存在的价值，我们可以称为细描再现类。这类写法，要详细描绘所写物体的特点。又根据辞藻的多寡分为两种风格：冲淡型，记叙语篇模式保持叙事者"我"贯穿始末，但语言接近说明；绚丽型，描写语篇模式较多使用修辞格。

一、物我相融类

（一）描写对象为植物

1. 与人的精神相结合

作文选《昙花的风采》描写了昙花开放的姿态：

花瓣呈梭形，下端狭窄，上部渐渐增宽；花瓣与花瓣整整齐齐地围成一圈儿，向四周摊开，开口直径有六厘米那么长，像个喇叭；中间的雄蕊毛茸茸的，弯成半月形，宛如清水中的大虾向外伸出的触须，还有一根长长的雄蕊伸出花心。

结尾作者评价道："正如人的生命，有的人活的时间虽然很长，但对社会毫无贡献；有的人虽然生命短暂，但能放射出奇光异彩。你说哪种生命更有价值呢？"这就深化了文章主题。作者对昙花的欣赏正是对有价值的生命之礼赞。

再如部编本五上《落花生》，写与父母一起讨论花生的种种好处，引出父亲的一句评论和希望，"你们要像花生，它虽然不好看，可是很有用。""我"也回应了父亲的希望，表示"要做有用的人，不要做只讲体面，而对别人没有好处的人"。

2. 与时代精神风貌相结合

部编本七下《紫藤萝瀑布》，通过描写"紫藤萝花"，反映了"文化大革命"结束后人民恢复精神投入新生活的现实，表达了作者积极乐观的情怀。文章第一个结构段写驻足凝望紫藤萝，先写整体感受：形状"像一条瀑布，从空中垂下"；颜色"深深浅浅的紫，仿佛在流动，在欢笑，在不停地生长"；光泽"每一朵紫花中的最浅淡的部分，在和阳光互相挑逗"。接着写紫藤萝局部，有些没有全部开放，则"颜色便上浅下深"；有些完全开放，则"像是一个小小的张满了的帆"。花苞所盛着的玉液琼浆，使我有想摘一朵的冲动。转折句"但是我没有摘"，过渡引入下一个结构段，写"我"十多年前家门前的大紫藤萝遭遇，先是"花朵从来都稀落"，"后来索性连那稀零的花串也没有了"，再后来就改种了果树。因为那时候花是生活腐化的象征。第三个结构段再次转入现实，"过了这么多年，藤萝又开花了"，引发作者思考"花和人都会遇到各种各样的不幸，但是生命的长河是无止境的"。结尾宕开一笔，"不觉加快了脚步"，流露出作者坚信生活越来越好、积极向上的乐观情怀。

3. 与历史文化联系

部编本六上《丁香结》由眼前的丁香花想到古人常常以丁香为忧愁意象，借此抒发幽怨之情。但人生愁苦之事年年有，问题是解不完的。作者认识到这种"结"是种生活常态，表现了作者不畏惧困难的乐观精神和对世事的洞明洒脱。文章开门见山，直接描写白天开得繁盛的丁香花；接着一个自然段承接上文，写月色中的丁香花。然后转入写"我"与丁香花，美丽的花朵"照耀着我的文思和梦想"。转而想起古人对于丁香花的感受，再仔细观察果然丁香花有"结"，作者淡然地说，"结，是解不完的；人生中的问题也是解不完的，不然，岂不是太平淡无味了么？"这就超越了古人的愁绪，表达了热爱生活的乐观精神。

再如部编本八上《灯笼》，从猜灯谜风俗，想到唐明皇高五十尺的大灯笼；从送族姊远嫁的仪仗想到《宋史》的记载；从宫灯，想到宫廷内有人逍遥、有人落寞，想到东汉最后一位皇帝汉献帝，社稷不保，处境凄凉。都是从眼前之物想到幽深的历史时空。也许我们跟历史上的人看到的物象没有不同，但我们的感情还是跟古人不一样。物象也带着时代的烙印。这篇文章作者用"灯笼"表达对光明的向往与为国家民族解放事业勇于牺牲的精神。

（二）描写对象为动物

1. 将动物赋予人的精神

（1）《母鸡》

部编本四下《母鸡》使用了欲扬先抑的手法，赞美了母鸡保护幼崽的勇敢精神。开篇写讨厌母鸡：它大声鸣叫的时候，声音从前院传到后院；它细声鸣叫的时候，"如怨如诉，使人心中立刻结起个小疙瘩来。"它还欺负鸭子；下了蛋之后，它就狂妄地鸣叫。接着一个过渡句"现在我改变了心思，我看见一只孵出一群小雏鸡的母鸡"，引出下文，母鸡带幼崽可谓勇敢，"它总是挺着脖儿，表示出世界上并没有可怕的东西。""什么东西响了一声，它立刻警戒起来：歪着头听；挺着身儿预备作战。"

它很细致，又有牺牲精神，"每一只鸡雏的肚子都圆圆地下垂，像刚装了一两个汤圆儿似的，它自己却消瘦了许多。"

它辛勤地教育幼崽，忍受它们的捉弄，"它若伏在地上，鸡雏们有的便爬在它的背上，啄它的头或别的地方，它一声也不哼。"

它夜间也在执勤，一有情况就鸣叫不已，"无论多么贪睡的人都得起来看看，是不是有了黄鼠狼。"

文章结尾是总结，"它负责、慈爱、勇敢、辛苦，因为它有了一群鸡雏。它伟大，因为它是鸡母亲。"最后一段写"我不敢再讨厌母鸡了"，照应开头。

（2）《白鹅》

部编本四下《白鹅》，通过描写白鹅叫声、步态、吃相的高傲姿态，表现了对朋友所送"白鹅"的喜爱之情。

文章开篇写白鹅的来历，接着给出了它的特点：高傲。然后一个过渡段落，"鹅的高傲更表现在它的叫声、步态和吃相中"，引起下文。文章对白鹅的叫声和步态粗略描写，"鹅的叫声，音调严肃郑重，有似厉声呵斥。""鹅的步调从容，大模大样的，颇像京剧里的净角出场。"重点写它独特的吃相。它需要三样东西下饭：水、泥、草。"先吃一口冷饭，再喝一口水，然后再到别处去吃一口泥和草。"它出去找泥和草的时候，附近的狗就来争抢它的饭食。一方狗走了，又一方狗来，只能有一个人专职伺候它吃饭。"我们不胜其烦，以后便将饭罐和水盆放在一起，免得它走远去。"可它需要的泥和草，远近不定，还是照样需要一个人伺候吃饭。"真是架子十足！"

这两篇文章里，所使用的好多词语是专门描写人的：如负责、慈爱、勇敢、辛苦、高傲、严肃郑重、厉声呵斥、从容、从容不迫、厉声叫骂等，这说明作者在观察动物时，并不把它们看作人类之外的物种。要写出好的状物抒情类散文，这种写作立足点，至关重要。

2. 将动物与人的生活密切联系在一起

部编本七上《猫》，以"我家"养的三只猫的不同遭遇为线索，表现了作家万物皆灵的博爱信仰和珍爱生命的思想感情。随着小猫的曲折故事，"我"的感情在起起落落变化，同时文章的结构也在层层递进。

第一只猫相伴"我"跟家人两个月，作家描写了小猫的可爱之处。然后抒情道："太阳光暖暖地照着，心上感着生命的新鲜与快乐。"小猫死后，一句抒情"我心里也感着一缕的酸辛，可怜这两个月来相伴的小侣！"感情下沉。

第二只猫相伴"我"跟家人三个多月，作家用较为细腻的笔墨描写了小猫的活泼之处。小猫失踪后，"我也怅然地，愤恨地，在诅骂着那个不知名的夺去我们所爱的东西的人。"这句抒情表达了作者较为深刻的惆怅感。"自此，我家好久不养猫。"将作家对猫的感情进一步深化超越普通伙伴的高度。

对第三只猫的描写使用了欲扬先抑的手法，先尽力写它性格"忧郁"、样子"难看"。再写妻买的鸟被食，大家认为是家里猫所为，我紧追惩戒了它。"我心里还愤愤的，以为惩戒的还没有快意。"抒情句将对猫的厌恶之情再次加深。得知是别人家的黑猫偷吃了鸟，"我心里十分难过，真的，我的良心受伤了。"这一段抒情，深深表达了作者的悔恨之意。这只猫死后，"我"非常难过，"我永无改正我的过失的机会了！""自此，我家永不养猫。"将作家对猫的感情进一步深化为超越动物，达于对一切生命珍爱的高度。

（三）描写对象为其他物体

部编本四下《天窗》，通过描写一块天窗带给少年的遐想，表达了作者对光明的赞美之情。开篇介绍乡下建筑特点，"房子只有前面一排木板窗"，一到雷雨天气，木板窗全部封住，整个屋子里"就黑得像地洞里似的"，"乡下人在屋顶开一个小方洞，装一块玻璃，叫做天窗"。接着写儿童仰望天窗生发的瑰丽想象。看到雨水落下来，闪电一晃而过，儿童"想象到这雨，这风，这雷，这电，怎样猛烈地扫荡了这世界"。晚上被逼迫休息的时候，仰望天窗，由一颗星、一朵云，想象到"无数闪闪烁烁可爱的星，无数像山似的，马似的，巨人似的奇幻的云彩"。由一片黑影，想象到"灰色的蝙蝠，也许是会唱歌的夜莺，也许是霸气十足的猫头鹰"。结尾以儿童可以从"虚"中看到"实"，赞美了天窗给予儿童想象的翅膀，升华了文章中心。

部编本四上《陀螺》，通过写一只丑陋的陀螺战胜了小伙伴的大陀螺所带给我的极大的自豪和快乐，使"我"认识到"人不可貌相"的道理。文章写得波折起伏，开篇介绍陀螺制作原理、玩陀螺最好的场所。下面两个段落承接上文，写小伙伴之间以陀螺为战斗武器，互相比赛，只有穿开裆裤的小孩儿才把精力放在抽鞭子上，而不是陀螺质量上。"我"想尽了各种办法，但一个小孩子总是难以削出质量上乘的陀螺，我因此心情抑郁。接着情况发生陡转,有个做民警的叔叔送了我一个生日礼物,我的心情也立即飘向欢快节奏,"尤其当我看到这枚'鸭蛋'的下端已嵌上一粒大滚珠时,更是手舞足蹈,恨不得马上在马路上一显身手。"接着作者心情再次低落,因为这个陀螺,"长得不伦不类,该平的地方不平,该尖的地方不尖,看不出一丝一毫与同伴相斗的能力。"但是小伙伴不依不饶,非要一次次撞向我的丑陀螺,而我那战斗伙伴,"它圆头圆脑,好像上下左右都能找到支撑点似的。结果呢,大陀螺在这个始终立于不败之地的对手面前,彻底溃败了。"接下来两个小段落写"我"心情之愉悦达到高潮,"这真是个辉煌的时刻!我尝到了胜利的滋味,品到了幸运的甜头。"最后一个自然段是结尾,升华主题,"人不可貌相,海水不可斗量。"由一只外表不起眼的陀螺,想到人类社会中才华与相貌常常不相匹配的事实。

部编本六下《阳光的两种用法》中,从母亲和邻居毕大妈妙用阳光里,发现"阳光成了居家过日子的一把好手,陪伴着母亲和毕大妈一起,让那些庸常而艰辛的琐碎日子变得有滋有味。"以此表现了热爱生活的思想感情。由一株植物、一个动物、一块天窗、一只陀螺、一片阳光,都能想到广大的世界、复杂的社会、无边的人情,从而将人的精神贯穿进去,我们怎么可能将万物从我们的生活之中剥离出去呢!

二、细描再现类

(一)冲淡型

部编本四上《爬山虎的脚》,写"我"仔细观察爬山虎的脚,发现了这类植物能粘附于墙壁的秘密。文章开门见山说,学校和家里都有爬山虎。然后一个承接段落,写爬山虎的叶子引人注目。那么不引人注目的就是爬山虎的脚,文章的主体部分,先写脚生长的位置、脚的形状、颜色,脚碰触着墙何时变色,未碰触着墙的脚何时消失。这些描写都比较客观,唯一的评论"如果你仔细观察那些细小的脚,你会想起图画上蛟龙的爪子",态度也很冷静。整篇文章类似说明语篇模式,只有一句记叙:"以前我只知道这种植物叫爬山虎,可不知道它怎么能爬。今年,我注意了,原来爬山虎是有脚的。"这样明确地出现叙事者的文字，表明它是记叙文。

上面这类语言风格，就是冲淡。作者通过这一篇文章描写了他发现爬山虎脚具有攀援功能的过程，这类语言风格可以达到"务求清真"（陈望道，2001：271）的修辞效果。

（二）绚丽型

部编本五上《白鹭》，描写白鹭"色素的配合"，"那雪白的蓑毛，那全身的流线型结构，那铁色的长喙，那青色的脚，增之一分则嫌长，减之一分则嫌短，素之一忽则嫌白，黛之一忽则嫌黑"。又写它"身段的大小"，"白鹤太大而嫌生硬，即使如粉红的朱鹭或灰色的苍鹭，也觉得大了一些，而且太不寻常了。"使用对比法描绘了白鹭颜色和体长之后，文章又描写了"清水田里白鹭""晴天的清晨白鹭""黄昏的空中白鹭"三幅图画。这种描写上的细腻，辞藻上的考究，成就了本文绚丽的语言风格。

假如作者细致描写一个物象的目的，是将"物"当作人来写，就是托物言志手法，也就是我们下面所讲的物象象征手法抒情散文。

参考文献

陈望道，2001. 修辞学发凡[M]. 新3版. 上海：上海教育出版社.
皇甫修文，2015. 文体诗学[M]. 北京：光明日报出版社.

第二章　描写、抒情语篇模式散文

第一节　物象象征手法抒情散文

将物当作人写，是一种借助物象曲折地表达感情的手段，传统上称作"托物言志"。孙绍振（1987：298）认为"一切象征的手法都以性质的转移为特点"。如何将物象的特点与人的特点结合起来，使物象性质发生转移，让读者产生由物象到人的联想，是成功使用象征手法的关键。一般来说，可以使用两种方法：一种是刻画物象时，注意选用描写人物使用的词语，使物象带有人的性质；一种是交错描写物象和人物，不断强化物象与人物之间的联系。

一、以写人词语描写物象

描写物象之时，选用修饰人的词语，将物与人的精神混合在一起。如部编本八上《白杨礼赞》，用"白杨"这种"西北极普通的一种树"，象征北方革命群众，表现了北方群众朴实无华的精神气质，歌颂了他们的爱国热忱。

开篇直入主题："白杨树实在不是平凡的，我赞美白杨树！"奠定了全篇高亢的抒情基调。承接的自然段从汽车在黄土高原上奔驰起笔，"扑入你的视野的，是黄绿错综的一条大毯子。"这条大毯子是自然的伟力与人力争斗创造的奇迹，但是满眼都是这样的景致，"单调，有一点儿吧？"文章抒情基调下沉。"然而刹那间"一个转折，"像哨兵似的树木"进入读者视野，抒情基调再次上扬，"那就是白杨树，西北极普通的一种树，然而实在不是平凡的一种树！"下一个自然段，描写这种树如何不平凡：它有着笔直的干和笔直的枝，它的皮光滑而有银色的晕圈，这是真实的物象，但作者用"力争上游""倔强""不折不挠"三个形容词描写了白杨。又一个自然段，抒情基调又更加高昂，"这就是白杨树，西北极普通的一种树，然而决不是平凡的树！"作者这样描写白杨树，"它伟岸，正直，朴质，严肃，也不缺乏温和，更不用提它的坚强不屈与挺拔，它是树中的伟丈夫！"七个形容词，一个名词"伟丈夫"都是描写人的词语。然后作者用两个反问句，再次提醒读者将白杨树与人联系起来："难道你就不想到它的朴质，严肃，坚强不屈，至少也象征了北方的农民？难道你竟一点也不联想到，在敌后的广大土地上，到处有坚强不屈，就像这白杨树一样傲然挺立的守卫他们家乡的哨兵？难道你又不更远一点想到，这样枝枝叶叶靠紧团结，力求上进的白杨树，宛然象征了今天在华北平原纵横决荡，用血写出新中国历史的那种精神和意志？"最后一个自然段，总结全文，再次赞美白杨树。全文结束，"我要高声赞美白杨树！"达到抒情高潮。

象征本体"白杨"和象征意义"北方群众朴实、伟岸"之间本没有必然的联系，但作家有意突出本体事物"白杨"的带有人品质的特征，引导读者产生由此及彼的联想。

二、将物和人交叉对比描写

描写事物之时，将物体与人交叉对比描写，以便于使读者不断产生由物到人的联想。如部编本七下《一棵小桃树》有明暗两条线索交织在一起：明线写小桃树命运多舛；暗线写"我"成长很不顺利。

开篇云"我常常想要给我的小桃树写点文章"，接着承接的一个自然段，写眼前雨中的小桃树，"纤纤的生灵儿，枝条已经慌乱，桃花一片一片地落了，大半陷在泥里，三点两点地在黄水里打着旋儿。"看着遭受挫折的小桃树，作者想起了自己的处境，"往日多么傲慢的我，多么矜持的我，原来也是个屡头儿。"

接着文章倒叙写小桃树的由来，奶奶从集市上带回来桃子，我把桃核种下去，"让它在那蓄着我的梦。"果然桃核发芽，"它长得很委屈，是弯了头，紧抱着身子的。第二天才舒开身来，瘦瘦儿的，黄黄儿的，似乎一碰，便立即会断了去。"爷爷侍奉花儿，从来不理睬我的小桃树，但它在倔强地长着。它长得很慢，样子也极猥琐。我仍满怀期待，"我的梦儿是绿色的，将来开了花，我会幸福呢。"

接着文章转入叙述"我"从求学到工作,"要轰轰烈烈地干一番我的事业。"下一自然段写自己事业不顺利,我"心境似乎是垂垂暮老了。"借着奶奶过世的事情,"我"大哭一场。看到了我的小桃树,"它竟然还在长着,弯弯的身子,努力撑着的枝条,已经有院墙高了。"弟弟告诉"我"小桃树也经历过挫折,"被猪拱过一次,要不早就开了花了。"

文章最后一部分描写可怜的小桃花抗击着风雨。我的小桃花,"那瓣片儿单薄得似纸做的,没有肉的感觉,没有粉的感觉,像患了重病的少女,"可谓非常孱弱。接着一个自然段,写小桃树的孤独,"从未有一只蜜蜂去恋过它,一只蝴蝶去飞过它。"作者再次想起自己幼年的梦,"这花儿莫不就是我当年要做的梦的精灵吗?"花瓣在雨中凋零,小桃树的身体一次次倒伏下去,"千百次地挣扎起来","就在那俯地的刹那,我突然看见那树儿的顶端,高高的一枝儿上,竟还保留着一个欲绽的花苞。"

这里明写小桃树坚强不屈,暗写自己对理想的追求更加坚定。最后一个自然段,改换第二人称"你",作者亲切与小桃树攀谈,"我亲爱的,你那花是会开得美的,而且会孕出一个桃儿来的;我还叫你是我的梦的精灵儿,对吗?"与开头打算为小桃树写一点儿文字相照应。

整篇文章,小桃树和"我"的坎坷经历紧紧纠缠在一起,使读者能产生"小桃树"到"我"的联想,"小桃树"就是"我"的象征体。讴歌"小桃树"顽强生长,实际是激励"我"自己调整心态,永怀梦想。

第二节　以心理为中心的抒情散文

在所有的描写对象之中,心理描写很不容易写好。如果全篇没有曲折的情节,全部是心理活动,将给读者造成冗长感。作者应借助一个简单事件,采用正面描写与侧面烘托(常借助自然环境描写)结合的方法,甚至插叙其他情节,以避免冗长的心理活动描写。也有个别作家采用意识流手法,让心理活动像流水一样淌过去。

一、直接透视人物心理

一般以"想""想到"等词语标识心理活动。如部编本六上《盼》是一篇以描写盼望心情为中心的文章，较为可贵之处是，小作者将期盼穿着新雨衣走在雨中的心情，描写得波折起伏。开篇写妈妈送"我"一件新雨衣，"我"迫不及待地穿在身上，这当然不合时宜。转入写期盼天下雨，"可是一连好多天，白天天上都是瓦蓝瓦蓝的，夜晚又变成满天星斗。""我"想："太阳把天烤得这样干，还能长云彩吗？"抱怨之情油然而生。一天，终于下雨了，"路上行人都加快了走路的速度，我却放慢了脚步，心想，雨点儿打在头上，才是世界上最美的事呢！""我"终于遂愿的高兴劲儿跃然纸上。

接下来描写想借机出去穿雨衣的愿望屡次落空。"我"想帮妈妈去买酱油，借机穿新雨衣，结果妈妈说她带酱油回来了，不需要"我"出去买。"我"又提议说，炖肉需要好多酱油，妈妈说家里不炖肉，她焖了米饭。马上要到英语讲座时间，"我"只好打开电视机。吃过晚饭，"我"开始担心，"要是今天雨都下完了，那明天还有雨可下吗？最好还是留到明天吧。"晚上雨停了，"我"开始想象雨点打在新雨衣上的样子。

第二天，"脑门又落上了几滴水珠。"终于还有雨！"我的心才又像要从嗓子里蹦出来一样。"急切地回家，穿上新雨衣，奔到雨水中。终于得偿心愿！

将心情写得起起伏伏，是心理描写成功的关键。部编本八下《社戏》，去赵庄看戏的期盼心情，也写得波折丛生，耐人寻味。

二、借助自然描写心理

部编本六下《那个星期天》描写从期盼到幻灭的悲衰心情，作者借助描写"春天的早晨，阳光明媚"，显示自己快乐的心情。妈妈说要买完菜才带"我"去动物园，接下来"我"的心情转为"无聊"，用各种无聊的小活动消耗时间，以"院子很大，空空落落"这样的环境描写，显示了"我"心里的空虚感。

部编本七上《荷叶·母亲》是一篇借外界环境，间接描写心理的散文。文章开篇写"父亲的朋友送给我们两缸莲花"，接着引发"我"对故乡的回忆，在家乡园子里跟祖父一起乘凉，他说："我们园里最初开三蒂莲的时候，正好我们大家庭中添了你们三个姊妹。"祖父的话，让"我"与花儿之间建立了联系，为下文我看到红莲被风吹雨打，内心焦虑烦恼埋下伏笔。半夜听到繁杂的雨声，早上"我"有些烦闷。看到两株莲，白莲已经衰败，虽然红莲还在盛开，"我""仍是不适意！"那朵红莲，正遭受打击，"被那繁密的雨点，打得左右攲斜。""我"替花儿担忧，却没有办法。母亲呼唤"我"到屋里去，"我"回头看到一片大荷叶，"倾侧了下来，正覆盖在红莲上面。"顿时安心了。"雨势并不减退，红莲却不摇动了。"最后一段，作者抒发感情，由花儿再次联想到人，"母亲啊！你是荷叶，我是红莲，心中的雨点来了，除了你，谁是我在无遮拦天空下的荫蔽？"这篇文章里，花儿是人，人也是花儿，人的心情与花儿的遭遇紧紧联系在一起。

三、任凭意识流淌

不使用描写外界环境进行烘托的方法，也不使用"想"等词语标识，直接将心理活动展示出来，而是让全部的心理活动像流水一样，随人物的意识流淌。它是连续性的，无空白的。如部编本高一上《我与地坛》就是这类写法，我们以第一部分为例。

开篇写"我"与地坛的缘分。"五十多年间搬过几次家，可搬来搬去总是在它周围，而且是越搬离它越近了。"

接着写地坛周围的环境。先从地坛历史起笔，四百多年中，它的琉璃已经剥蚀、朱红大漆已经淡褪，高墙坍圮、雕栏散落，但它的"老柏树愈见苍幽""野草荒藤也都茂盛得自在坦荡"。双腿残废之后，"十五年前的一个下午,我摇着轮椅进入园中,它为一个失魂落魄的人把一切都准备好了。"这表面颓废其实历史积淀深厚的地方，正好接纳"我"的悲伤和思考。那时，正是夕阳西下，"在满园弥漫的沉静光芒中，一个人更容易看到时间，并看见自己的身影。"在"我"特别颓废的时间，园子"那儿是可以逃避一个世界的另一个世界。"接下来的四段文字，出自作者不同的作品，但正好将地坛的环境刻画完整：园子安静，只有上下班时间有些抄近路的人们从园中穿过，园子里活跃一阵。尽管外界静谧，我内心却烦躁不安，拿树枝"驱赶那些和我一样不明白为什么要来这世上的小昆虫。"蜂儿、蚂蚁、瓢虫，它们飞来飞去，忙自己的日子；"树干上留着一只蝉蜕，寂寞如一间空屋"；露水从草叶上滴落下来，像摔开万道金光。满园都是生物生长发出的窸窸窣窣的声音。可见"园子荒芜但并不衰败"。这样的环境为我思索生命哲学问题，提供了启发。

接下来的段落是第一部分的核心内容。"我"在思考生与死、思考如何生存，并表达了自己追求一种永恒价值的想法。"我"终于想明白，生不可避免，死不必着急。于是安心多了！关于怎么活，"我"从这地坛看到了永恒，大自然滚滚向前：落日、雨燕、古柏、暴雨、秋风、落叶，它们从衰败中寻找生机。落日能将"地上的每一个坎坷都被映照得灿烂"，孩子的脚印也跟自然界一样，引人遐想，具有某种恒定的意蕴。雨燕能"把天地都叫喊得苍凉"，古柏"没日没夜地站在那儿，从你没有出生一直站到这个世界上又没了你的时候"，暴雨能让人想起无数个夏天的事情，秋风能使落叶"播散着熨帖而微苦的味道"。味道无法记忆，为了品尝大自然的味道，我得常常去那园子。

这些内容全部出自流动的意识，不可控制，不能限定，这使文章呈现出一种朦胧美，产生空灵又深邃的意境。

第三节　直抒胸臆类抒情散文

一、抒情要有韵致

直抒胸臆，就是直接抒情。如我们前面谈到的借助事件、人物、景物、物象之类抒情，都是间接抒情。大部分直抒胸臆的文字都夹杂在记叙事件、描写景物、绘制物象之中，因为有了那些文字铺垫，就可以水到渠成地直接抒发感情。如果整篇都直抒胸臆，把感情暴露得如霹雳一样，就很容易刺伤读者的愉悦情绪。因此直抒胸臆要特别注意抒情婉转，以引发读者的愉快心情，这就是通常所说的韵致。韵致表现在两个方面，第一，使用含蓄的语言；第二，为读者留下思考余地，即艺术空白。

（一）语言含蓄

如部编本六上《花之歌》中花儿借助人的口吻，抒发了热爱自然、回馈人间光明与爱的真挚感情。开篇云："我是大自然的话语，大自然说出来，又收回去，藏在心间，然后又说一遍……"把花朵想象成大自然的语言，多么迷人；又藏在心间，多么含蓄。将花开花落的自然过程描述为："冬将我孕育，春使我开放，夏让我成长，秋令我昏昏睡去。"不写花朵凋谢，而只言"睡去"，等待机会苏醒，那样生生不息。花朵为人们留下寄托美好感情的信物，"我是亲友之间交往的礼品，我是婚礼的冠冕，我是生者赠予死者最后的祭献。"花朵为大自然增加美好景观，"我在原野上摇曳，使原野风光更加旖旎；我在清风中呼吸，使清风芬芳馥郁。"花开花谢之时，大自然也互表友好情意，"我微睡时，黑夜星空的千万颗亮晶晶的眼睛对我察看；我醒来时，白昼的那只硕大无朋的独眼向我凝视。"花朵与大自然的生灵都是伙伴，"我饮着朝露酿成的琼浆，听着小鸟的鸣啭、歌唱；我婆婆起舞，芳草为我鼓掌。"整篇文章都讴歌花朵热爱光明、热爱自然，抒情格调昂扬，却又非常婉转。

（二）艺术空白

作者有意留下空白，读者可以凭借自身的文化素养，展开想象，从而获得对作品更深层次的理解和把握。比如留下一个答案不明的疑问句，请读者回答；留下一个心有不甘的省略号，请读者思考这样的结局有何意义，等等。

部编本六下《匆匆》是一篇抒发珍惜光阴的散文。文章有多处疑问句，每个阅读的人都要参与回答这些问题。文章开篇问："聪明的，你告诉我，我们的日子为什么一去不复返呢？"还没有任何铺垫，读者对这样的问题也没有答案。作者用了瑰丽的想象去解答："是有人偷了他们吧：那是谁？

又藏在何处呢？是他们自己逃走了吧：现在又到了哪里呢？"时间到底在哪里，作者也在寻觅。

文章转入对过去时光的思考之中，"八千多日子已经从我手中溜去，像针尖上一滴水滴在大海里，我的日子滴在时间的流里，没有声音，也没有影子。"接着重点思考现在，"太阳他有脚啊，轻轻悄悄地挪移了。"假如我所过的只是平庸生活：洗手、吃饭、发呆（默默）、睡觉、叹息，时光就会全部溜走。作者抒发感慨道："在逃去如飞的日子里，在千门万户的世界里的我能做什么呢？"接着用一个自然段总结已经过去和现在飞逝的日子，"过去的日子如轻烟，被微风吹散了，如薄雾，被初阳蒸融了；我留着些什么痕迹呢？我何曾留着像游丝样的痕迹呢？"作者表达了自己的无限遗憾之情。将来应该怎么过，读者从前面的铺垫，已经可以回答了，这正如作者本人的感慨："为什么偏要白白走这一遭啊？"言外之意是我们来世间一遭，不能虚度光阴。最后一个自然段，再次发问，呼应开头，"你聪明的，告诉我，我们的日子为什么一去不复返呢？"对于这个问题，读者从作者的描述中已经可以领悟了，不管你做什么无益的事情，时间都会溜走。唯一应该做的就是珍惜时间，多做有益工作。

二、感情要有所附丽

直抒胸臆，也要注意把感情抒发得波澜起伏，将感情附丽在具体的事物、景物上面，使感情自然发生。如部编本七下《土地的誓言》抒发作者誓死保卫家乡的壮志豪情。起笔写对家乡的深情眷恋，"对于广大的关东原野，我心里怀着炽痛的热爱。我无时无刻不听见她呼唤我的名字，我无时无刻不听见她召唤我回去。"他想起了故乡土地上的种种事物：白桦林、马群、蒙古狗、皮鞭、高粱、豆粒、土地、脸庞、眼睛、山雕、鹿群、煤块、足金。不仅有自然之物，还有矿藏。然后想起了故乡熟悉的声音：幽远的车铃、马儿的串铃、故乡的风声。甚至还有传说：狐仙姑深夜的谰语。接着他的感情，变为"我应该回去"。但很快感觉到"必须回去"，这"是不能选择的"。这种感情就比热爱还进一层。下一节的抒情就又进一层，写"土地是我的母亲",在故乡的怀抱,我的身心才有安置:皮肤、手掌、脚印、欢笑,捉蚱蜢的手、劳动的手,才让我安身立命。我觉得"故乡的土壤是香的",那里从春天到秋天,美景无限,劳动得到的果实丰美无限。最后作者的感情升华到高潮,誓死保卫家乡,"土地,原野,我的家乡,你必须被解放!你必须站立!""我必须看见一个更美丽的故乡出现在我的面前或者我的坟前。"

写作抒情散文,就像演唱一首歌一样,要从开始的低音过门进入情境,然后逐步节节高升,直到汹涌澎湃!当然,抒情散文要想感染读者,还必须重视语言的形式美。

三、抒情要讲究辞彩

下面以部编本八下《安塞腰鼓》为例,谈直抒胸臆散文语言使用技巧及章法技巧。

(一)修辞使用多种格式

1. 排比造成气势

容不得束缚,容不得羁绊,容不得闭塞。是挣脱了、冲破了、撞开了的那么一股劲!

连用三个"容不得"造成气势,跟后面连用三个动词配合,形容高亢的鼓声。

隆隆隆隆的豪壮的抒情,隆隆隆隆的严峻的思索,隆隆隆隆的犁尖翻起的杂着草根的土浪,隆隆隆隆的阵痛的发生和排解……

连用四个"隆隆隆隆的……"造成气势,形容鼓声又高亢又有凝重感。

每一个舞姿都充满了力量,每一个舞姿都呼呼作响,每一个舞姿都是光和影的匆匆变幻,每一个舞姿都使人战栗在浓烈的艺术享受中,使人叹为观止。

连用四个"每一个舞姿",形容小伙子舞动的速度之快,力度之大,给人的震撼之强烈。

2. 比喻形成形象

百十个腰鼓发出的沉重响声，碰撞在四野长着酸枣树的山崖上，山崖蓦然变成牛皮鼓面了，只听见隆隆，隆隆，隆隆。

百十个腰鼓发出的沉重响声，碰撞在遗落了一切冗杂的观众的心上，观众的心也蓦然变成牛皮鼓面了，也是隆隆，隆隆，隆隆。

鼓声碰撞在山崖上，山崖就好像牛皮鼓面一样，回应小伙子的敲击；鼓声碰撞在观众的心上，心灵就好像牛皮鼓面一样，回应小伙子的敲击。连用两个暗喻，写出了鼓声在山间的宏大气势，以及铿锵的鼓声对观众的强烈感染。

3. 反复造成文章节奏感

"好一个安塞腰鼓"这句话共出现三次，将第二段分为四层。每一层所描写的安塞腰鼓的音乐韵律都有差异。第一层写安塞腰鼓开场强大的威力，使人想起诗句、想起信天游歌曲里的雷电、想起"彻悟"。第二层写安塞腰鼓高亢但又带着凝重感，使人想起犁尖上的土浪，产妇的阵痛。第三层讴歌养育击鼓青年的黄土高原。这些陕北后生吃得很差，却释放出如此磅礴的力量，从反面衬托他们艰苦奋斗的高贵精神。第四层写高潮时段的安塞腰鼓，连用七个动词：交织、旋转、凝聚、奔突、辐射、翻飞、升华，七个叹号，描写了令人应接不暇的音乐场面，"人，成了茫茫一片；声，成了茫茫一片"。

（二）谓词形成超常搭配

好一个痛快了河山、蓬勃了想象力的安塞腰鼓！

优美的散文语言跟诗歌语言一样，要"扭断语法的脖子"，它们常常为动词或形容词匹配奇特的宾语，造成超常搭配，李荣启（2005：144）云："词语的超常搭配，使语义关系呈现出隐喻性、象征性、非逻辑性。"这里"痛快"和"蓬勃"都是形容词，它们分别带了宾语"河山""想象力"，写出了安塞腰鼓独特的艺术感染力。

（三）结尾留下余韵

当安塞腰鼓停息之时，"世界出奇的寂静，以致使人感到对她十分陌生了。"刚才那样热烈的音乐好像将人们带到"另一个星球"。人们只能听到"一声渺远的鸡啼",光明近在眼前!这样的结尾,让读者感受到安塞腰鼓余音绕梁,意犹未尽。与开头写安塞腰鼓"似乎从来不曾响过"形成鲜明对比,引发读者再次回味音乐的强大震撼力量。

参考文献

孙绍振,1987. 文学创作论[M]. 沈阳:春风文艺出版社.
李荣启,2005. 文学语言学[M]. 北京:人民出版社.

第三章　议论语篇模式散文

第一节　议论而描述类型散文

议论语篇模式，可以描述并表达哲理，它是抒情散文的下位文体，可以描述一个现实或者非现实事件，蕴含哲理，寓言故事及部分杂文①属于这一类；也可以描述一种存在或不存在的事物，蕴含哲理，一部分状物类杂文可以归入其中。在论述议论类散文之前，先简要介绍一些逻辑学基本概念，以便于后文的论述有所依据。

一、逻辑学基本概念②

（一）概念

概念是反映客观事物的本质属性的思维方式。所谓本质属性，就是决定该事物之所以是该事物的属性，换句话说，就是该事物不同于其他事物的特点。

概念是词语的思想内容，词语是概念的表达形式。但是词语和概念不是一一对应的关系。一个概念可以用词语来表示，如"人民"，也可以用词组表示，如"中国人民"。有些词语可能包含不同的概念，多义词就是如此；有些词语如"头""脑袋""脑壳"是同一个概念。

（二）判断

判断是对事物有所肯定或有所否定的思维形式。判断由句子来表达。能表示真假的陈述句或感叹句才是判断，如：

---

① 杂文，为议论语篇模式，同时糅合了新闻文体，以语言有大量的文学性隐喻为特点，是一种复杂的散文文体形式。有些重描述，归入描述性议论文；有些重阐明，归入阐明性议论文；有些重思辨，归入思辨性议论文。

② 本部分撰写参阅《邢福义选集》卷七《逻辑知识及其应用》，华中师范大学出版社，2019年。为方便给出逻辑关系式，例句排版做了适当调整。同时本部分参阅了胡文彪、黄华新《逻辑学教程》(修订版)，浙江大学出版社，2000年。不再一一做注。

（1）李有国　凤莲，你们干什么来了？

　　　李凤莲　贴标语、撒传单！（话剧《万水千山》）

（2）魏国华　我算了一下，这地方有五凉：屋里凉、外头凉、水凉、衣裳凉、被窝凉。对不对？

　　　油娃　这秀才！（电影《创业》）

例（1）里面的感叹句"贴标语、撒传单"，例（2）里面的陈述句"我算了一下，这地方有五凉：屋里凉、外头凉、水凉、衣裳凉、被窝凉。"可以检验真假，都是判断。例（1）里面的疑问句"凤莲，你们干什么来了？"例（2）里面的疑问句"对不对？"感叹句"这秀才！"都不表示真假，不是判断。

判断的语言形式就是命题（proposition），就是将主词和宾词联系起来，对事物有所断定并具有真假之别的句子。逻辑推理的前提是命题。

（三）命　题

简单命题，就是陈述思维对象本身或思维对象之间关系的命题。如"小刘是老师"为直言命题；"有些选民支持所有候选人"为关系命题。

复合命题，就是用联结词连接两个以上命题。分为：联言命题、选言命题、假言命题、负命题。

联言命题就是陈述两个或者两个以上的事物情况同时存在的命题。可以用并列复句表达，如"他学习好而且品质好。"也可以用转折复句表达，"虽然他球打得好，但没能参加比赛。"

选言命题就是对事物的两个或者两个以上的可能情况做出陈述的命题。可以用选择复句表达，如"选物理，或者选数学都很好。""违章开车要么罚款，要么吊销驾驶执照。"

假言命题就是陈述一事物情况是另一事物情况的何种条件的命题，假言命题亦称条件命题。充足条件假言命题，一般使用联结词"如果……那么……""只要……就……"，如"如果气温升高，那么海平面就会上升。"必要条件假言命题，一般使用联结词"只有……才……"，如"只有风调雨顺，农作物才能获得丰收。"充要条件假言命题，一般使用联结词"当且仅当"，如"一个数是偶数，当且仅当它能被2整除。"

负命题是否定一个命题而形成的复合命题。以上每一类命题均有负命题形式，负命题本身还可以再次否定，这就是双重否定句，如"并非小刘不是老师"，即"小刘一定是老师"。

（四）推　理

推理是思维的主要形式。一个推理要想保证推出的结论是正确的，必须满足以下两个条件：推理的前提都是真的；推理的形式是有效的。我们只要思维，就会自觉或不自觉地应用包括复合命题推理在内的各种推理。根据结论所依赖的前提个数，将推理分为直接推理和间接推理，前者需要一个前提；后者需要两个或两个以上。

1. 直接推理

直接推理是由一个前提直接推出一个结论的推理。

具有因果关系的复句和句群，能表达直接推理，有"因为……所以""既然……那么""因此""可见"等标识。

2. 间接推理

1）演绎推理

演绎推理也称作三段论。根据命题形式分为直言三段论、假言三段论和选言三段论三类。

以两个包含有一个共同词项的直言命题为前提，推导出一个新的直言命题的推理，叫做直言三段论。如：

（1）凡是历史上发生的东西，都是要在历史上消灭的。……①

资本主义是历史上发生的东西，　　　　　　　　　……②

所以，资本主义也是要在历史上消灭的。　　　　　……③

作为结论谓项的词项称为大项，用 P 表示。如上例中的"在历史上消灭"。作为结论主项的词项称为小项，用 S 表示。如上例中的"资本主义"。在结论中不出现而只出现在前提中的词项，称为中项，用 M 表示。如上例中的"历史上发生的东西"。这样，上例的逻辑形式可以表示为：

所有的 M 是 P　　　　……①

所有的 S 是 M   ……②

所以，所有的 S 是 P ……③

以一个假言命题为大前提，另一个直言命题为小前提，推导出另一个新的直言命题的推理，叫做假言三段论，或者假言推理。

根据假言命题的性质可以分为：充足条件假言推理；必要条件假言推理；充要条件假言推理。每一种逻辑语义前提，都有不同的推理方式，推理不当，将会造成逻辑错误。详细内容读者可参看《邢福义文集》卷七113-125页。下面以充足条件假言推理为例：

（2）谁不理睬"四人帮"那一套，"四人帮"就要迫害谁。……①
石传祥不理睬"四人帮"那一套。   ……②

因此，石传祥受到了"四人帮"的残酷迫害。   ……③

假言命题的条件称作"前件"，逻辑推理符号写作 p；结论称作"后件"，逻辑推理符号写作 q。充足条件假言推理有如下两条规则：

规则1：肯定前件，就要肯定后件；否定后件，就要否定前件。

规则2：否定前件，不能否定后件；肯定后件，不能肯定前件。

例（2）肯定了前件"不理睬'四人帮'那一套"，因此可以推理出肯定后件"受到迫害"，用逻辑关系式可以表达成：

如果 p，那么 q ……①
p   ……②

所以，q ……③

选言演绎推理就是根据选言命题的逻辑性质而进行的推理。

（3）他的问题，要么是敌我问题，要么是人民内部问题，
既然大量外调材料证明他的问题不是敌我问题，

那么，他的问题当然是人民内部问题了。

两个选言支分别用 p，q 表示，上例的逻辑形式表示为：

或者 p，或者 q　　　　　　……①
非 p　　　　　　　　　　　……②

所以，q　　　　　　　　　　……③

2）归纳推理

如果所列举的作为前提的事例包括一类事物的全部对象，那就是"完全归纳推理"，如：

（4）武昌，有办得很好的学校；汉口，有办得很好的学校；汉阳，也有办得很好的学校。可见，武汉三镇都有办得很好的学校。

当然，由于不能对一类事物的全部情况都充分了解，写作中常用的还是不完全归纳推理，也就是说，所列举的前提的事例只是一类事物里的一部分对象。

3）类比推理

类比推理是从特殊到特殊的推理。这种推理，根据两个对象在某些属性上的相同，推出它们在其他属性上也可能相同。其推理形式可表示如下：

A 对象具有 a，b，c，d 属性　　　　　……①
B 对象具有 a，b，c 属性　　　　　　　……②

所以，B 对象也具有 d 属性　　　　　　……③

其中 a，b，c 称为相同或相似属性。d 称为推演属性。

在写作中，类比推理主要依靠相对较为微小的事物，或者是通俗易懂的道理引出具有同样特征的事物或道理，使生硬的说理内容得到缓冲，循序渐进，进而使文章更具说服力。类比推理可以形成排比气势，常常受到作家的青睐。但逻辑论证来说，它不直接证明观点，也容易被逻辑修养好的读者驳倒。

（五）辩证逻辑

在思辨类议论文中，坚持唯物辩证法，思考问题尽量全面，防止片面，堵塞论证可能发生的一切漏洞。如部编本高一上《反对党八股》批判党八股第一条罪状"空话连篇，言之无物"，提倡写短小有内容的文章。接着补充论证，"长而空不好，短而空就好吗？也不好。我们应当禁绝一切空话。"接着又补充论证，如何看待《资本论》这类很长的作品，"我们无论做什么事都要看情形办理，文章和演说也是这样。我们反对的是空话连篇言之无物的八股调，不是说任何东西都以短为好。"

坚持唯物辩证法，就要坚持事物不断发展的观点，就是坚持全面看问题而不是片面看问题的观点。

二、议论抒情的依赖形式

议论抒情散文不用推理方式，但仍需要依赖概念（语言上表现为词语）、判断（语言上表现为命题），表示观点。当然，为了达到抒情目的，还特别需要诗情。本节以部编本九上《精神的三间小屋》阐述这类文章的写作方法。文章开篇以两句格言引入自己要讨论的话题，这两句格言都以物理空间概念，描述了心灵空间，自然引出话题："人的心灵活动也需要空间。"再由现实的房屋出发，引出安置心灵，应该选择在"月冷风清、竹木潇潇之处，为自己的精神修建三间小屋。"这就是本文的观点。

（一）概念与词语

比如"精神"这个词，它的词义就是一个概念，在文章中，它不指向任何个人的精神。"小屋"这个词，它的意义也是一个概念，在文章中，它却不指向任何现实世界中的小屋。也就是说，这篇文章并不描述现实中的任何一个小屋。

（二）判断与命题

有一颗大心，才盛得下喜怒，输得出力量。

这句话是一个假言命题，表示有一个前提条件，才能产生一个结果。只有拥有一颗大心，才能输出力量，为人们带来鼓舞。

建立精神的栖息地，是智慧生灵的义务，每人都有如此的权利。

这是一个联言命题。建立精神栖息地，是人类的义务和权利。

（三）诗　情

议论类抒情散文，不能全文都依靠概念和判断，而是要依靠诗情，成就它本身。主要表现在：第一，它使用的词语，超越词典理性意义，通过上下文语境获得丰富的文学性。第二，句子多修辞格，意义比较隐蔽。

1. 词语意义超越词典义

月冷风清、竹木潇潇之处，为自己的精神修建三间小屋。

"月冷风清""竹木潇潇"的意思，跟月亮和竹林没有直接联系，通过文学文化积淀后，它们产生了清心寡欲这样的意义。这句话用概念表达出来就是：在清心寡欲的地方，为自己的心灵建造三间小屋。

不知积累至那种广袤，需如何积攒每一粒泥土，每一朵浪花，每一朵云霓？

这句话用概念表达出来就是：我们的心灵如何从小处积累到广袤无垠以至于大过大地、海洋、天空呢？泥土、浪花、云霓都是自然界的小物体，从泥土可以累积成大地、浪花可以累积成海洋、云霓可以积累成天空。

否则，鸠占鹊巢，李代桃僵，那屋内必是鸡飞狗跳，不得安宁。

这句话用一个假言命题表述出来是：假如你的精神不住着自己喜爱的事业，那么你终究难以安宁。"鸠占鹊巢""李代桃僵"指精神的小屋安置错了主人，"鸡飞狗跳"指自己的精神状态一团糟，这些使用了借代修辞格。

我们把世界万物保管得好好的，偏偏弄丢了开启自己的钥匙。在自己独居的房屋里，找不到自己曾经生存的证据。

这句话用联言命题表述为：我们把万物保存得很好，但我们弄丢了自己创造的灵感。我们在自己的精神世界里，找不到自己独创的思想。"钥匙"从上下文语境中得出，指代自己创造的灵感。"证据"从上下文语境中得出，指代自己独创的思想。这些使用了借喻修辞格。

2. 句子使用修辞格

你的一生，经历过的所有悲欢离合、喜怒哀乐，仿佛以木石制作的古老乐器，铺陈在精神小屋的几案上，一任岁月飘逝，在某一个金戈铁马之夜，它们会无师自通，与天地呼应，铮铮作响。

这句话用一个关系命题表达出来就是：人一生经历过的所有悲欢离合、喜怒哀乐，会在合适的现实条件下导致某个结果。这句话将"经历过的所有悲欢离合、喜怒哀乐"比喻成"古老乐器"，将合适的现实条件，比喻成"金戈铁马之夜"。

假如你不喜欢它，漫长的七万个小时，足以让花容磨损，日月无光，每一天都如同穿着淋湿的衬衣，针芒在身。

这是一个假言命题：假如你不喜欢自己的工作，一生七万个小时的工作时间，是多么难挨。这句话将不喜欢的工作带给人们的负面感受，比喻成"穿着淋湿的衬衣""针芒在身"。

我们把自己的头脑，变成他人思想汽车驰骋的高速公路，却不给自己的思维，留下一条细细羊肠小道。我们把自己的头脑，变成搜罗最新信息网络八面来风的集装箱，却不给自己的发现，留下一个小小的储藏盒。

这句话用联言命题表述出来就是：我们总是快速接受别人的思想，却不肯产生一点自己的想法。我们总是搜集各类网络信息，却不肯自己主动发明一点思想。把自己的头脑比喻成"他人思想汽车驰骋的高速公路"，把自己细微的发明比喻成"羊肠小道"，跟"高速公路"形成鲜明对比。把自己的头脑比喻成"搜罗最新信息网络八面来风的集装箱"，把自己细微的发现比喻成"储藏盒"，跟大体积"集装箱"形成鲜明对比。

如果真是那样，我们的精神小屋，不必等到地震和潮汐，在微风中就悄无声息地坍塌了。它纸糊的墙壁化为灰烬，白雪的顶棚变作泥泞，露水的地面成了沼泽，江米纸的窗棂破裂，露出惨淡而真实的世界。

这句话假言命题表述出来就是：如果真的不肯自己独立思考，那么外界稍微有一点风吹草动，我们的精神就崩塌了，露出我们自己苍白贫乏的思想。将外界的大冲击比喻成"地震和潮汐"，小冲击比喻成"微风"；一连用了四个比喻，将自己卸掉伪装的、真实而贫乏的思想比喻成"纸糊的墙壁化为灰烬""白雪的顶棚变作泥泞""露水的地面成了沼泽""江米纸的窗棂破裂"。

三、议论抒情的哲理性

议论语篇模式产生的抒情散文成立的前提条件是,它表达了某种哲理,这样它才能取得与记叙、描写类散文完全不同的标志。换句话说,尽管这一类文章文学性很强,很接近记叙文,却必须以其自身的哲理性标识它的文体特征。《精神的三间小屋》提出了建设精神空间的步骤:先安置世俗生活的喜怒哀乐、爱恨情仇,当然要以爱为核心;接着安放事业,要力争使自己的工作成为自己的爱好,由此才能"事业和人生,呈现缤纷和谐相得益彰的局面";最后要安放自身,不能人云亦云,要有自己的思想、自己的创造。三个层次引导人们的精神一步步从世俗走向理想,最后结尾又提出可以不断扩展自己的精神疆域,"当我们把自己的精神小屋建筑得美观结实、储物丰富之后,不妨扩大疆域,增修新舍,矗立我们的精神大厦,开拓我们的精神旷野。因为,精神的宇宙,是如此地辽阔啊。"这就照应了开头的两句格言,每个人都可以修炼到心胸宽广,"比大地、海洋和天空都更为博大"。文章思想完全建立在对概念和判断的依赖上,而不是对事件记叙描写上,这就是典型的描述性议论文特点。

第二节 议论而阐明类型散文

议论语篇模式,也可以评价人物或者事件,但它与记叙类评价人物或事件差异巨大,它不是依靠记叙事件,表达作者评价;而是借助一个或多个事件,直接表达作者的评价和观点,至于这些事件如何发生,其经历过程,并不是作者要关注的问题。它也可以阐明事理,篇章结构模式与科技说明文很接近,但它不是依靠学科专业知识介绍事理,而是依靠概念、判断表达自己的观点。

一、对人物进行评述

(一)揭示人物精神品质

如部编本六下《为人民服务》通过肯定张思德的死重如泰山,来揭示党领导的革命队伍为人民服务的性质,并通过对每一个为革命工作贡献的人的重视,来团结和鼓舞中国人民以战胜强大的敌人。开篇首先将张思德放在整个革命队伍中,"张思德同志就是我们这个队伍中的一个同志。"接着文章依靠议论为人物精神品质定性,为了搞清楚这一段议论的逻辑层次,我们为每个分句标注序号:

人总是要死的,①但死的意义有不同。②中国古时候有个文学家叫作司马迁的说过:③人固有一死,④或重于泰山,⑤或轻于鸿毛。⑥为人民利益而死,⑦就比泰山还重;⑧替法西斯卖力,⑨替剥削人民和压迫人民的人去死,⑩就比鸿毛还轻。⑪张思德同志是为人民利益而死的,⑫他的死是比泰山还要重的。⑬

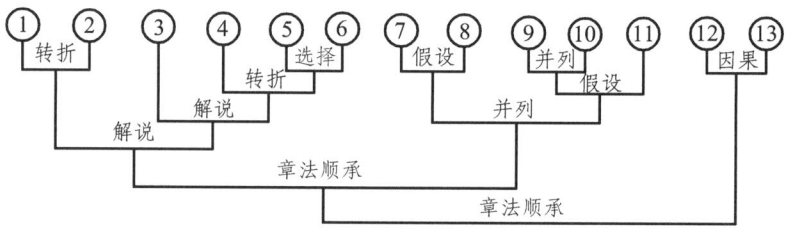

这一段由四个复句,共13个分句组成。①②提出了一个话题,人死的意义有不同。③④⑤⑥用司马迁的话,解释了这个话题。⑦⑧⑨⑩⑪又承接司马迁的话,解释了在当代条件下,什么是重于泰山、轻于鸿毛。⑫⑬顺理成章地得出张思德的死重于泰山。

这篇文章一共五个自然段:第一自然段写张思德是我们队伍中的一员;第二个自然段写张思德的死重如泰山;第三自然段写我们的队伍不怕别人批评;第四自然段写我们的队伍为人民利益,即便牺牲,也是死得其所;第五自然段写我们的队伍要纪念每一位为革命做出贡献的同志,以此团结大众。可以分成三个结构段:第一、二自然段赞扬张思德死得其所;第三、四自然段写我们这个队伍不怕批评也不怕牺牲,因为我们是为人民服务的队伍;第五自然段写纪念张思德的意义。整篇文章并不记叙张思德的事迹,而是借助这么一个事件,表达一种观点:张思德这些为革命英勇捐躯的平凡人物,值得无限崇敬。

（二）将人物精神品质分解为几个方面

如部编本七上《纪念白求恩》，号召共产党员学习白求恩以下三种品质：第一，国际共产主义精神；第二，毫不利己专门利人的精神；第三，对技术精益求精的精神。这就是文章前三节的内容。第四节可以分为两个句群。第一个句群，回顾与白求恩交往的过程，表达尊敬之情，"现在大家纪念他，可见他的精神感人之深"，与开篇简略介绍白求恩的生平相呼应。第二个句群，总结全文，号召"我们大家要学习他毫无自私自利之心的精神"，成为有益于人民的人。

这类分—总的篇章结构，在科技说明文中极其常见。

二、对事理进行阐发

（一）举证各方面事例

部编本六下《真理诞生于一百个问号之后》，文章开门见山提出观点：真理诞生于一百个问号之后。接着一个过渡段落承接上文，"纵观千百年来的科学技术发展史"，许多学说或发明都是如此。然后从事机械工程研究的谢皮罗教授从洗澡水的漩涡发现地球引力，从事地质研究的魏格纳从蚯蚓的分布提出大陆板块构造学说，从事医学研究的奥地利医生发现了做梦与睡觉时眼珠转动的关系。接着两个自然段，对上文做了总结，"在科学史上，这样的事例还有很多，它说明科学并不神秘，真理并不遥远。"文章结尾做了一些补充，认为"见微知著、善于发问并不断探索的能力，不是凭空产生的"。

整篇文章的结构模式是横向并列式，所举的三个事例为并列关系，顺序可以调整。这类篇章结构也是科技说明文常见模式。

（二）举证各方面理由

如部编本八上《我为什么而活》，罗素作为一个伟大的思想家、哲学家，在这篇文章里思考了人类普遍关心的哲学问题"人为什么而活"，并对这个永恒命题做出了个人回答。他开门见山地说，第一，对爱情的渴望；第二，对知识的追求；第三，对人类苦难不可遏制的同情心。然后分段论述为什么追求爱情，作者认为：第一，爱情可以带来狂喜；第二，爱情可以解除孤寂；第三，爱情可以使人的灵魂达到神秘境界。为什么渴求知识，作者认为：第一，了解心理学；第二，了解自然科学；第三，了解哲学等社会科学。过渡句"爱情和知识，尽可能地把我引上天堂，但同情心总把我带回尘世"，总结上文并引起下文，人还因为对人类社会遭受苦难的同情心而活，这体现了罗素作为思想家拯救人类苦难的伟大理想。最后一节收束全文，"如果有机会的话，我还乐意再活一次"，表达了作者对生命的热爱之情。尽管作者所列举的理由有逻辑顺序，但这个顺序有很强的主观性，也许其他学者会将知识放在第一位，爱情放在第二位。

  这篇文章有比较强的抒情色彩，用了一些修辞手法，如"这三种激情，就像飓风一样，在深深的苦海上，肆意地把我吹来吹去，吹到濒临绝望的边缘。"比喻修辞格，表达为了得到爱情、知识以及博爱人类，我本人受尽了痛苦。在说理之时，使用记叙语篇模式，如"我寻求爱情，首先因为爱情给我带来狂喜，它如此强烈，以致我经常愿意为了几小时的欢愉而牺牲生命中的其他一切。"叙事者人称代词"我"，是记叙文的典型标记。这些特点证明它不是思辨类议论文。另外整篇文章作者都在阐述自己的观点，而不是证明自己的观点，没有依靠推理显示世界事物及道理之间的联系性。这是阐明类议论文跟思辨类议论文最大的区别。

  总之，议论语篇模式产生的文体，内部有差异性。它可以描述事物而表达哲理，因而跟记叙文有交叉；也可以阐述观点，列举诸多并列项，因而篇章结构跟科技说明文相似，甚至在阐述观点时，能记叙，也能抒情。部编本九年级上册接触的议论文既有描述性议论文也有思辨性议论文，这一册的作文教学重点也是议论文，教师要对议论文内部的文体差异有充分认识，才能指导学生逐步写作思维缜密的议论文。

第三节 议论而思辨类型散文

  议论语篇模式，最为经典的核心功能，就是依靠严密的逻辑推理，使读者信服，这就是思辨类散文。这是新思想产生的重要渠道。每个想要创造自己观点以及学说的人，都要依靠它，使读者信服，使同行信服。方武

（2003：87）认为这类文章有一个论点（允许有分论点），它只被证明而不去证明别的观点。从证明论点的方式上说，可以分为两大类：第一，立论类，就是证明自己的观点；第二，驳论类，就是反驳别人的观点，在批驳的同时也树立自己的观点。

一、立论类

（一）证明过程与推理方式

1. 直接推理

方武（2003：119）认为议论文并不一定使用论据来证明论点，这一观点正确。比如直接推理就是由道理到道理。所谓直接推理，就是由前提条件，直接推出一个结论的推理方式。表现在语言上，就是因果复句、假设复句及选择复句。

（1）因果条件类

部编本九上《怀疑与学问》开篇从"学问的基础是事实和证据""事实和证据的来源有两种：一种是自己亲眼看见的，一种是听别人传说的"引入自己的话题，对任何别人的传说，都要怀疑，要亲自验证，顺势提出本文的观点："这一番事前的思索，不肯随便轻信，便是怀疑的精神，做一切学问的基本条件。"关于为什么要怀疑，作者给出了两个理由，且有前后逻辑顺序：第一，怀疑是"辨伪去妄的必须步骤"，经过怀疑，"那本书才是我的书，那种学问才是我的学问。"这部分是一个因果句群，是直接推理，我们绪论部分谈文体学与逻辑学关系时，已经做了详细分析。第二，怀疑是"建设新学说、启迪新发明的基本条件"。这个自然段的第一层，也是一个因果句群，是直接推理，详细分析见后面结语谈议论文文采表现部分。

直接推理的逻辑起点，都是"公理"，不需要证明，它是与人们惯常生活经验相吻合的观点，是与人们长期文化积淀中形成的与规律相吻合的认识。如本文怀疑是"辨伪去妄的必须步骤"、怀疑是"建设新学说、启迪新发明的基本条件"，都属于"公理"。

（2）假设谬误类

假设谬误类也称作反证法，即"用证明与原论题相矛盾的论题的虚假性的办法，来确立原论题①的真实性。"（吴家麟、汤翠芳，1986：156）这类推理，语言形式上为假设复句，如：

我国现在的社会制度比较旧时代的社会制度要优胜得多。如果不优胜，旧制度就不会被推翻，新制度就不可能建立。（毛泽东《关于正确处理人民内部矛盾的问题》）

（3）选言排除类

选言排除类也称作排除法，即给予充足的选言支，否定其他选项，那么就剩下唯一选项值得肯定。这类推理，语言形式上是选择复句，或者虽为并列复句而实际是选择关系。如部编本高一上《拿来主义》，鲁迅给出对待文化遗产的四种态度：不敢接触，谓之"孱头"；全盘否定，谓之"昏蛋"；照单全收，谓之"废物"。那么只剩下一种态度合理："他占有，挑选。"

2. 演绎推理

演绎推理，从一般性的前提出发，得出具体陈述或个别结论的过程。如：

许多大学问家、大哲学家都是从怀疑中锻炼出来的。清代的一位大学问家戴震，幼时读朱子的《大学章句》，便问《大学》是何时的书，朱子是何时的人。塾师告诉他《大学》是周代的书，朱子是宋代的大儒；他便问宋代的人如何能知道一千多年前的著者的意思。法国的大哲学家笛卡儿也说："我怀疑，所以我存在。"他的哲学就建设在对于万事万物的怀疑和明辨上。一切学问家，不但对于流俗传说，就是对于过去学者的学说也常常要抱怀疑的态度，常常和书中的学说辩论，常常评判书中的学说，常常修正书中的学说：要这样才能有更新更善的学说产生。

为了便于写逻辑形式，我们将上面的演绎推理，重排如下：

许多大学问家、大哲学家（M）都是从怀疑中锻炼出来的（P）。

---

① 本书称待证明的观点为论点；与论点有关的话题，称论题。如《怀疑与学问》，"怀疑"就是一个论题，而怀疑才能有所发现，就是一个论点。

戴震怀疑朱熹的《大学章句》（S）是学问家（M）。

笛卡尔通过怀疑建立自己的学说（S）是哲学家（M）。

[所以，戴震和笛卡尔（S）是从怀疑中锻炼出来，建立学说的（P）。]

一切学问家，不但对于流俗传说，就是对于过去学者的学说也常常要报怀疑的态度。

这是一个直言三段论，上面[ ]符号之内的内容，是演绎推理的必须步骤，却并未在议论文中体现，而是直接从戴震和笛卡尔事例过渡到一般规律上。再如部编本高一上《反对党八股》中的一个句群：

科学的东西，随便什么时候都是不怕人家批评的，因为科学是真理，决不怕人家驳。主观主义和宗派主义的东西，表现在党八股式的文章和演说里面，却生怕人家驳，非常胆怯，于是就靠装样子吓人；以为这一吓，人家就会闭口，自己就可以"得胜回朝"了。这种装腔作势的东西，不能反映真理，而是妨害真理的。

为了便于写逻辑形式，我们将上面的演绎推理，重排如下：

科学的东西（p），随便什么时候都是不怕人家批评的（q）。

主观主义和宗派主义的东西却生怕人家驳（¬q），

[所以，主观主义和宗派主义的东西不是科学（¬p）。]

所以，主观主义和宗派主义的东西，就靠装样子吓人……这种装腔作势的东西，不能反映真理，而是妨害真理的。

这是一个假言三段论的否定推理，上面[ ]符号之内的内容，是演绎推理的必须步骤，却并未在议论文中体现，而是直接过渡到揭露主观主义和宗派主义的反科学实质上。

从上面两个例子也就能看出议论文并不会严格按照逻辑推理形式推进论证。虽然思辨类议论文必须依赖逻辑推理，但出现在文章之中的，并不是推理关系式。推理方式跟论证语言之间存在差异。

3. 归纳推理

方武（2003：122）所云"以论据论证"属于归纳推理。议论文所用的归纳推理，一般都是不完全归纳推理，其中尤以典型例证为常见。以典型例证证明自己的观点，比较容易取信于读者。因为一切理性实质也建立在经验的基础上，而典型例证正是人类历史中最有示范价值的经验。例如：

　　我们不管做什么事都需要"恰到好处"。① 京剧著名演员表演，② 总讲究不瘟不火。③ 优秀的歌手在热情地歌唱时，情真而又能自持。④ 工人炼钢要注意火候，⑤ 做政治工作要掌握分寸。⑥ 一句话："过"与"不及"都不好。⑦（杨述《恰到好处》）

　　这一段共七个小句(含单句和分句)，第一个小句提出了观点，②、③、④、⑤、⑥小句是并列关系，用了四个典型事例：京剧著名演员表演、优秀的歌手歌唱、工人炼钢、做政治工作，都需要注意分寸。第七个小句是归纳得到的结论。就归纳推理论证而言，事例只是前提，不允许缺少结论。也就是说，第七个小句是这一段的必有内容。

　　人类历史中最有示范价值的经验还包括名人名言，议论文常常以名人权威言论增强自己观点的可信度。

　　如部编本九上《怀疑与学问》，第一个论点：怀疑是"辨伪去妄的必须步骤"，第一个句群是直接推理，这一自然段的第二层，是一个解说复句，就是归纳推理：

　　孟子所谓"尽信书不如无书"，① 也就是教我们有一点怀疑的精神，② 不要随便盲从或迷信。③

　　这是一个两重关系的复句，第二个分句与第三个分句之间是并列关系：
① | 解说② | | 并列③

　　名言"尽信书不如无书"出自《孟子》。孟子是儒家仅次于孔子地位的学者，被称为亚圣，自然很权威。由他说的赞成怀疑古书的话，推断出要有怀疑精神，也很合适。

4. 类比推理

　　方武（2003：135）将类比当作论证方法有失妥当。推理是议论文展开论证的手段，论证方法是依据论点与证明之间的特点而确定。类比推理常常使用身边常见易懂的道理，去比附不熟悉的道理。方武（2003：131）所云"运用事象论证",实质就是类比推理。比如部编本高一上《反对党八股》中言一些人写文章只根据事物外部联系为标志,分类列举,文章很多符号复杂,却不解决实际问题。这种归类方法,跟中药铺放置中药近似:"那里的药柜子上有许多抽屉格子,每个格子上面贴着药名,当归、熟地、大黄、芒硝,应有尽有。"再如将洗脸注意妆容的责任心与写文章、做演说的责任心类比,要求"拿不出来的东西就不要拿出来"。

再比如部编本九上《创造宣言》,东山樵夫到泰山上割草,把很有灵气的树苗也当作茅草拔了,送回家去给老婆当柴火烧。这个插入的寓言故事,本身属于描述性议论,在本文中主要用来类比墨守成规的教师。墨守成规的教师就跟东山樵夫一样,学生中有好苗子,也被他当作平庸茅草,扔进废物堆里了。

(二)论证过程与论证方法

1. 对比论证

议论文利用对比方法,造成鲜明的对立立场,让读者在对比之间,清楚取舍站位。如部编本高中选择性必修《改造我们的学习》中,将主观主义的学习态度与马克思列宁主义的学习态度对比:前者"对周围环境不做系统的周密的研究,单凭主观热情地工作,对于中国今天的面目若明若暗";后者"应用马克思列宁主义的理论和方法,对周围环境作系统的周密的调查和研究"。再如部编本高一上《反对党八股》揭露党八股第二条罪状"装腔作势,借以吓人"。将其归之于"剥削阶级以及流氓无产者所惯用的手段",无产阶级则依靠科学。"无论对什么人,装腔作势借以吓人的方法,都是要不得的。因为这种吓人战术,对敌人是毫无用处,对同志只有损害。这种吓人战术,是剥削阶级以及流氓无产者所惯用的手段,无产阶级不需要这类手段。无产阶级的最尖锐最有效的武器只有一个,那就是严肃的战斗的科学态度。共产党不靠吓人吃饭,而是靠马克思列宁主义的真理吃饭,靠实事求是吃饭,靠科学吃饭。"这样对比之后,读者对无产阶级依靠科学就印象深刻了。

2. 比喻论证

比喻论证可以使论证尽量少使用抽象的概念和判断,为论证增添审美化的意蕴，从而使论述产生深入人心的效果，是一种具有修辞效果的论证方式。如《反对党八股》将党八股文章比喻成瘪三，"如果一篇文章，一个演说，颠来倒去，总是那几个名词，一套'学生腔'，没有一点生动活泼的语言，这岂不是语言无味，面目可憎，像个瘪三吗？"这是一种明喻，意义比较容易把握。部编本高一上《拿来主义》也有大量的比喻论证，由于没有出现比喻词"像"，也就是说，没有使用明喻形式，因此本体与喻体之间的关系并不显豁。读者需要细致琢磨，才能获得喻体意义所指。关于中外文化交流方面，鲁迅批评了两种极端不正确的态度：全盘继承论和全盘否定论。他把传统文化比喻成"大宅子"，将不敢接触传统文化的人指责为"孱头"；把全盘否定论者，要放火烧光遗产的家伙怒骂为"昏蛋"；把全盘继承论者，大吸剩下的鸦片者鄙夷为"废物"。

3. 概念内涵界定

对所论述的问题进行严格界定，有利于使论证目标单纯化，并保证论证过程不节外生枝，从而使论证过程简洁明了、逻辑清晰。如部编本高中选择性必修中《修辞立其诚》，认为"修辞立其诚""包括三层含义：一是名实一致，二是言行一致，三是表里一致。"并进一步解释："名实一致即是言辞或命题与客观实际的一致。""言行一致亦即理论与实践一致，思想与行动一致。""表里一致即心口一致，口中所说的与心中所想的应该一致。"并从三方面详细论述。第一层含义涉及客观世界，第二层含义涉及主观与客观的关系，第三层含义涉及为人道德品质问题。三层含义，层层递进。

（三）论证过程与论证结构

1. 纵贯式结构

如果论证过程严格按照逻辑推理展开，即从 A 推出 B，从 B 推出 C 等，顺序不能颠倒，这就是篇章上的纵贯式结构。如部编本六上《只有一个地球》，开篇以宇航员从宇宙中看到地球引出话题，下一自然段，用转折连词"但是"转入话题，地球很渺小，不会再长大。这是文章的第一个结构段，没有直接给出作者的观点，题目"只有一个地球"可以看作本文的观点。然后作者以矿产资源为例证明地球资源有限，下一个自然段写"人类生活所需要的水资源、土地资源、生物资源等"都一样有限,而人类不断滥用化学药品,"不但使它们不能再生,还造成了一系列生态灾难"。这两个自然段是一个结构段,写地球资源有限。五、六、七自然段是一个结构段,写现有科技水平下,人类还难以搬移到别的星球上去。接下来以宇航员的感叹,引入本文观点,"只有一个地球,如果它被破坏了,我们别无去处。"文章结尾号召保护地球。整篇文章从第一个结构段到第二、第三、第四是一种顺承关系,不写资源有限,就不能写破坏地球的危害;有了危害,人类就想起搬移到别的星球,但很显然,这样的想法不可行。结论就是我们必须保护地球。

再如部编本选择性必修中《实践是检验真理的唯一标准》的第一部分写马列主义、毛泽东思想本身就是从实践中发展起来的;第二部分写真理是理论与实践的统一,因此"需要在马克思主义一般原理指导下研究新事物、新问题,不断做出新的概括,把理论推向前进。"第三部分写革命导师本人就是这么做的,他们从实践中不断修正自己的观点。第四部分写实践永远在发展,因此"四人帮"设置的"禁区"必须被突破,"我们要有共产党人的责任心和胆略,勇于研究生动的实际生活,研究现实的确切事实,研究新的实践中提出的新问题。"每一部分都为下一部分做论述准备,文章也是纵贯式结构。

再如部编本选择性必修中《修辞立其诚》的开篇提出"修辞立其诚"是"发言著论写文章的一个原则"。接着五个自然段为一个结构段,解释什么是"修辞立其诚",作者将它的含义分为三个方面,主张文章语言、学说理论都要符合客观实际,学者为人要心口一致,讲真话。这三个方面,逻辑顺序从低向高排列:先从文章语言低层次问题讲起,到学说理论是中层次问题,最后学者为人是根本性大问题。接着两个自然段为一个结构段,主张著书立说,应以追求客观性为目标,摈弃主观性,这一结构段解释"修辞立其诚"应该怎么做。接着两个自然段为另一个结构段,指出"修辞立其诚"的现实意义,它"包含端正学风的问题",这是解释现实条件下,为什么要提倡"修辞立其诚"。结尾点明"修辞立其诚"是唯物主义的原则,深化主题。本文沿着"是什么—怎么做—为什么"的思路论证,也是一种纵贯式论证结构。

2. 外部纵贯式与内部横向式相结合

在思辨性议论文中没有纯横向式结构,因为作者必须证明自己的观点,即使有分论点,也常常是按照由浅入深的方式排列,不能随意调整顺序。但允许在纵贯式结构框架内,插入横向式结构。比如部编本选择性必修中册《改造我们的学习》,全文按照提出问题、分析问题、解决问题的方式展开,是纵贯式结构。而篇章内部结构段之间,有些为横向式,如将主观主义与马克思主义学习态度相对照,两者顺序可以调整。再如第二部分第一自然段提出我们学习上的缺点,并指出危害。然后分三个自然段论述:不注重研究现状,不注重研究历史,不注重马克思列宁主义的应用。接着一个自然段总结上文,写"这种作风传播出去,害了我们的许多同志"。接下来四个自然段重点谈主观主义的危害。篇章上使用"首先……其次……其次"连接,这种总—分—总结构,也是一种横向式结构。

二、驳论类

(一)驳斥论据

部编本九上《中国人失掉自信力了吗》批驳的是"中国人失掉自信力了"这一悲观结论,作者主要通过反驳对方的论据而达到反驳论点的目的:这种人信"地"、信"物",自认为自己"地大物博",后来又"信国联",从这些事实看,他们不过是只有"他信力"。而信佛又是发展着"自欺力"。这就反驳了对方的观点:从来就没有自信过,何谈失去呢。这些悲观者以偏概全的错误就很明显了。

(二)驳斥论点

直接反驳对方的论点片面、虚假或谬误。如部编本高一上《拿来主义》批驳了"送去主义"的观点。先是列举了"送去主义"的种种行为。然后揭露"送去主义"的错误之处:将遗害子孙。先用尼采发疯的例子证明只是给予,不要取得,连人也不能承受。从读者容易接受的现实例子入手,讲国家也不能奉行只是"送去主义"。尽管中国也有很多物产,并不是资源贫瘠,如"有人说,掘起地下的煤来,就足够全世界几百年之用"。但几百年之后，就算一代人已经作古，还有子孙在，假如不给他们留一些礼品，他们就只有"残羹冷炙"祭祀祖先了。直接揭露错误观点造成的危害，在驳论类议论文中十分重要，它关涉到作者树立的观点能否得到认可。

（三）破中有立

驳论类议论文，往往先批判已经存在的不合理论点，然后提出自己的观点。这类文章有两种写法：一类是破和立分别阐述；一类是边破边立，两者浑然不分离。

1. 破和立分别阐述

部编本九上《中国人失掉了自信力了吗》，开篇树立靶子，有人认为中国人失掉了自信力了，证据是前两年，夸耀自己"地大物博"；不久又指望国联；近来开始信佛了。接着展开批驳，信"地"、信"物"、信"国联"，都不是自信，是"他信力"。信佛就是"令人更长久的麻醉着自己"，因此有些中国人目前正发展着"自欺力"。这以上都是批驳有些中国人还不具备"自信力"。接着一个自然段过渡到树立自己的观点："我们从古以来，就有埋头苦干的人，有拼命硬干的人，有为民请命的人，有舍身求法的人……他们在前仆后继的战斗，不过一面总在被摧残，被抹杀，消灭于黑暗中，不能为大家所知道罢了。"有些中国人正在前仆后继地战斗，他们自信中华民族不会被毁灭。然后一句话指出感叹失掉自信力的观点错误之处："说中国人失掉了自信力，用以指一部分人则可，倘若加于全体，那简直是诬蔑。"结尾提出"自信力的有无，状元宰相的文章是不足为据的，要自己去看地底下"。

2. 边破边立

以部编本高一上《反对党八股》批判其第二条罪状的两个句群为例，分析这篇文章的破立特点。

党八股的第二条罪状是：装腔作势，借以吓人。①有些党八股，不只是空话连篇，而且装样子故意吓人，这里面包含着很坏的毒素。②空话连篇，言之无物，还可以说是幼稚；③装腔作势，借以吓人，则不但是幼稚，简直是无赖了。④鲁迅曾经批评过这种人，他说："辱骂和恐吓决不是战斗。"⑤科学的东西，随便什么时候都是不怕人家批评的，因为科学是真理,决不怕人家驳。⑥主观主义和宗派主义的东西,表现在党八股式的文章和演说里面,却生怕人家驳,非常胆怯,于是就靠装样子吓人;⑦以为这一吓,人家就会闭口,自己就可以"得胜回朝"了。⑧这种装腔作势的东西,不能反映真理,而是妨害真理的。⑨凡真理都不装样子吓人,它只是老老实实地说下去和做下去。⑩

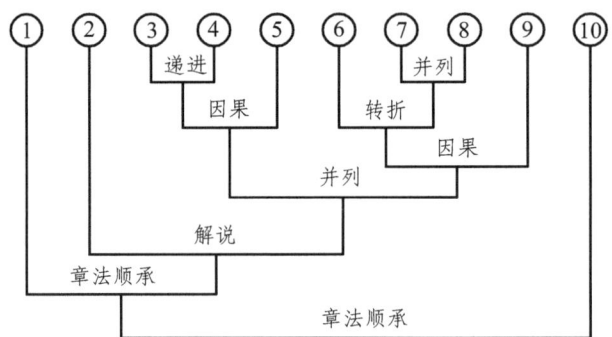

这个句群含有十个单复句,②总说"装样子故意吓人"有害。③至⑤批评其"无赖"性质;⑥至⑨批评其"妨害真理"性质。①树立了靶子;②至⑨指出其错误性质;⑩提出正确做法:老实做事。这三个层次是逻辑上的顺承关系:树靶子——指错误——立观点。

无论对什么人,①装腔作势借以吓人的方法,都是要不得的。②因为这种吓人战术,对敌人是毫无用处,③对同志只有损害。④这种吓人战术,是剥削阶级以及流氓无产者所惯用的手段,⑤无产阶级不需要这类手段。⑥无产阶级的最尖锐最有效的武器只有一个,⑦那就是严肃的战斗的科学态度。⑧共产党不靠吓人吃饭,⑨而是靠马克思列宁主义的真理吃饭,⑩靠实事求是吃饭,⑪靠科学吃饭。⑫至于以装腔作势来达到名誉和地位的目的,⑬那更是卑劣的念头,⑭不待说的了。⑮

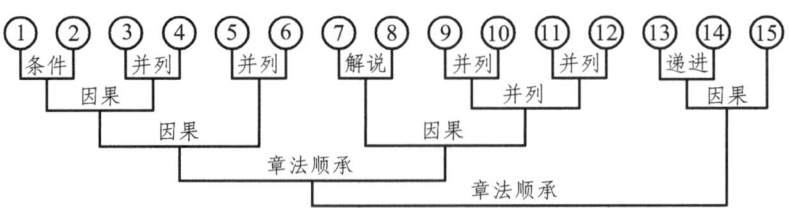

这个句群含有十五个小句（分句），①至⑥谈剥削阶级以及流氓无产者使用吓人战术，批驳错误的做法。属于"破"。⑦至⑫给出无产阶级、共产党人正确的做法，树立正确观点。是"立"。⑬至⑮是对于"破"部分的补充论证。这三层次之间是逻辑上的顺承关系：破—立—再破。

总的来说，议论语篇模式的思辨性散文，依靠严密的逻辑推理，绝大部分篇章都是纵贯式论证结构。驳论类散文，可以有两种写法，一种是先破后立，一种是边破边立。

方武将议论文分为议说型、说明型、论证型三类，并说（2003：165）："如果把记叙文、议论文、说明文各自看作一个系统并共同看作一个更大的系统的话，说明型议论文则处于靠近说明文系统一侧的位置上；而议说型议论文则靠近议论文的变体……逐步向记叙文接近。"他这种观点，跟我们将议论文内部看作一个连续统的做法一致。但他不能建立阅读文体与写作文体相统一的完整体系，这一点在他谈议论文与散文关系（2003：201）时，更为突出，因此有些文体，特别是复杂文体的归属问题，他就无法辨析清楚了。例如他将应用文《出师表》、巴甫洛夫《给青年们的一封信》也看作议论文，就有失妥当。应用文有自己特定的交际对象，《出师表》就是诸葛亮出征前给蜀国君主刘禅的上书，他既要表达誓死出征，为国效力的决心，也要表达嘱咐君主依靠忠臣好好治理国家的愿望。服务于这样的中心，文章的议论不可能是证明观点式，也不能是阐明观点式，而必须有明确的抒情色彩，以便于打动君主。

三、思辨类散文写作步骤

（一）确定中心

思辨类散文首先要确定中心思想，这会对全文写作带来便利：可以抓住所论证问题的要点；可以获得全文的写作大纲；可以获得下一步搜集材料的方向和标准；可以获得全文结构框架；可以获得主题所包含名词的定义。（杜国庠，2018：65-66）确定主题，"大部分的功夫是用于分析论辩文的对象——客观事物及其关系。"（杜国庠，2018：67）

（二）拟定题目

确定中心之后，拟定题目。题目必须"动人"，也就是说要一下子就能吸引读者。要与自己证明的主题一致，能标识中心思想。题目要简短，切忌冗长。要含蓄，切忌一句话就将中心主旨全部和盘托出，免得读者只读题目，不看文章内容。要庄严，切忌幽默诙谐类题目，免得读者觉得作者浅薄，那就无法达到思辨类文章的写作目的——说服读者了。

（三）搜集材料

就思辨类散文来说，常见的公理、名人名言、典型事例都是可以搜集的材料。当然这些材料都必须根据中心思想而来。除此之外，还要能感动读者。杜国庠（2018：85）认为要符合以下三条：证据必须为读者所习知；必须为读者所崇信；必须为读者所乐意接受。

（四）引入论题

论题指文章所谈的话题。前面所谈推理方式也好，论证方法也好，均关注从论点（即文章观点，语言形式是命题）开始如何论证。但每一篇思辨类散文都需要首先引入论题，然后才可以在论点的基础上证明。开篇就提出论点的文章并不多，如何引入论题，是一个值得注意的问题，常见的方法有："或者叙述它的由来，或者限定它的范围，或者阐述它的涵义，或者提示它的要点，或者获得它的方法，等等。"（杜国庠，2018：49）如部编本九上《怀疑与学问》，开篇云"学问的基础是事实和证据"，"事实和证据的来源有两种：一种是自己亲眼看见的，一种是听别人传说的。"然后谈对待任何传说，都要持怀疑态度，"我们若能这样追问，一切虚妄的学说便不攻自破了。"这就要从身边生活说起，论述我们为什么要怀疑，怀疑跟学问之间有何关系，由此引入了论题。下文再分两个论点：怀疑是辨伪去妄的必须步骤，是建设新学说、启迪新发明的基本条件，并围绕它们证明。

（五）归于结论

最后一段总结全文，"结论必须把正文里的主要理由总括起来，并且要下一句最终的断语（肯定或否定）。"（杜国庠，2018：95）以此照应开头，重申中心思想，文章就收束了。若是驳论类思辨散文，最好对比正面与反面两种效果，然后重申作者观点，结束全文。而政论性议论，则一般号召读者采取行动而收束全文。

参考文献

杜国庠，2018.怎样写论辩文[M].北京：首都经济贸易大学出版社.

方武，2003.议论文体新论[M].合肥：安徽大学出版社.

吴家麟等，1986.说理文概论[M].银川：宁夏人民出版社.

第四章 语篇模式融合类散文

第一节 记叙与议论相结合

一、记叙语篇模式之中议论的变异

记叙语篇模式产生以事件为中心、以人物为中心、以景物为中心等文体，可以在其中加入作者的议论，表示对事物或人物的评价，或者表达哲理思考，抒发感情等。但是在记叙文中，掺入的议论语篇模式，将有一些变异。它在依靠概念、判断的同时，还依靠带有记叙语篇模式的典型特征。

（一）具有文学功能

1. 具有叙事者人称代词

我想邓稼先的气质和品格是他所以能成功地领导各阶层许许多多工作者，为中华民族作了历史性贡献的原因：人们知道他没有私心，人们绝对相信他。（部编本七下《邓稼先》）

这一段对邓稼先的评价，具有叙事者"我"。之所以判定这一段的基本语篇模式是议论，因为它没有记叙具体的事件，没有任何具体可感的形象。这一段是杨振宁的感想和评论，读者依靠他使用的词语，了解邓稼先的精神品质：如气质、品格、领导、历史性贡献、私心、相信。

2. 具有抒情性质

"粗估"参数的时候，要有物理直觉；昼夜不断地筹划计算时，要有数学见地；决定方案时，要有勇进的胆识和稳健的判断。可是理论是否准确永远是一个问题。不知稼先在关键性的方案上签字的时候，手有没有颤抖？（部编本七下《邓稼先》）

这一段杨振宁想象邓稼先工作难度巨大、精准度极高，由此表达对邓稼先的敬佩之情。"不知稼先在关键性的方案上签字的时候，手有没有颤抖？"这句话之前的句子都是议论语篇模式，因为句子向读者传达的信息，不是依靠形象，而是依靠三个假言命题：如果粗估，需要物理直觉；如果筹划计算，需要数学见地；如果决策，需要胆识和判断，以及一个直言命题"理论是否准确永远是一个问题"完成。

（二）具有高度概括性

以人物为中心的记叙文，如果所写的人物涉及其人一生的事迹和贡献，必须依靠概述，抽取这个人一生的典型事件，组织材料。利用议论语篇模式的高度概括性带动记叙，将有利于推进概述。如部编本七上《说和做》就是利用议论语篇模式形成全文的结构框架，贯穿起了对"学者"闻一多和"革命家"闻一多的记叙。下面逐一介绍这篇记叙语篇模式中穿插的议论，并重点讨论其篇章连接功能。

他并没有先"说"，但他"做"了。做出了卓越的成绩。

这一句议论，将学者闻一多的贡献分为两个层次：之前做出了《唐诗杂论》；此后还有更多的成绩。

"做"了，他自己也没有"说"。

这一句议论，转入叙述闻一多研究楚辞，写出了《楚辞校补》。

别人在赞美，在惊叹，而闻一多先生个人呢，也没有"说"。

这一句议论，转入叙述闻一多研究出了《古典新义》。

做了再说，做了不说，这仅是闻一多先生的一个方面，作为学者的方面。

这一句议论，总结了上文，叙述学者闻一多完结。

闻一多先生还有另外一个方面，作为革命家的方面。

这一句议论，作用是启下，转入叙述革命者闻一多。

这个方面，情况就迥乎不同，而且一反既往了。

这一句议论，总领下文，记叙革命者闻一多的犀利、勇敢。

他"说"了，跟着的是"做"。这不再是"做了再说"或"做了也不一定说"了。现在，他"说"了就"做"。言论与行动完全一致，这是人格的写照，而且是以生命作为代价的。

这一段议论，将革命家的闻一多事迹分为两层：之前是小声说，此后是跟敌人勇敢搏斗。

闻一多先生，是卓越的学者，热情澎湃的优秀诗人，大勇的革命烈士。

这一段议论，总结了上文，叙述革命者闻一多完结。

他，是口的巨人。他，是行的高标。

这一段议论，总结全文，归纳出闻一多精神品质，深化了主题。

二、记叙语篇模式之中议论的表达功能

（一）表达作者评价

1. 评价事物

部编本高一上《故都的秋》在描写完北平的秋景之后，有两段比较长的议论：

有些批评家说，中国的文人学士，尤其是诗人，都带着很浓厚的颓废的色彩，所以中国的诗文里，赞颂秋的文字的特别的多。但外国的诗人，又何尝不然？我虽则外国诗文念的不多，也不想开出帐来，做一篇秋的诗歌散文钞，但你若去一翻英德法意等诗人的集子，或各国的诗文的Anthology来，总能够看到许多关于秋的歌颂和悲啼。各著名的大诗人的长篇田园诗或四季诗里，也总以关于秋的部分，写得最出色而最有味。足见有感觉的动物，有情趣的人类，对于秋，总是一样地特别能引起深沉，幽远、严厉、萧索的感触来的。不单是诗人，就是被关闭在牢狱里的囚犯，到了秋天，我想也一定能感到一种不能自已的深情，秋之于人，何尝有国别，更何尝有人种阶级的区别呢？不过在中国，文字里有一个"秋士"的成语，读本里又有着很普遍的欧阳子的《秋声》与苏东坡的《赤壁赋》等，就觉得中国的文人，与秋和关系特别深了，可是这秋的深味，尤其是中国的秋的深味，非要在北方，才感受得到底。

南国之秋，当然也是有它的特异的地方的，比如廿四桥的明月，钱塘江的秋潮，普陀山的凉雾，荔枝湾的残荷等等，可是色彩不浓，回味不永。比起北国的秋来，正像是黄酒之与白干，稀饭之与馍馍，鲈鱼之与大蟹，黄犬之与骆驼。

第一段写秋天所引发的诗情，并没有阶级和国别之分，在中国北方，秋的意味才更浓。第二段写南国之秋，不如北国回味隽永。这样长的议论

语篇模式连缀在借景抒情散文之中,不能不对文章的审美意味造成损害,因为记叙语篇模式中的评论应该短小精悍为宜。

2. 评价人物

部编本七下《邓稼先》,杨振宁对邓稼先的评价都是议论,摘取几句:"邓稼先是中国几千年传统文化所孕育出来的有最高奉献精神的儿子。""邓稼先是中国共产党的理想党员。""稼先为人忠诚纯正,是我最敬爱的挚友。他的无私的精神与巨大的贡献是你的也是我的永恒的骄傲。"

3. 评价事件

我以为邓稼先如果是美国人,不可能成功地领导美国原子弹工程;奥本海默如果是中国人,也不可能成功地领导中国原子弹工程。当初选聘他们的人,钱三强和葛罗夫斯,可谓真正有知人之明,而且对中国社会、美国社会各有深入的认识。(部编本七下《邓稼先》)

作者认为选拔邓稼先的钱三强,可谓深刻地理解中国文化,邓稼先像泥土一样朴实。选拔奥本海默的葛罗夫斯,可谓深刻地理解美国文化,奥本海默像钢刀一样带着坚硬的刺。

(二)抒发作者感情

议论可以抒发作者的感情,如部编本八上《白杨礼赞》有一段议论谈美的标准:

它没有婆娑的姿态,① 没有屈曲盘旋的虬枝。② 也许你要说它不美。③ 如果美是专指"婆娑"或"横斜逸出"之类而言,④ 那么,白杨树算不得树中的好女子。⑤ 但是它伟岸,正直,朴质,严肃,⑥ 也不缺乏温和,⑦ 更不用提它的坚强不屈与挺拔,⑧ 它是树中的伟丈夫!⑨

这一句群由九个小句(分句)组成:

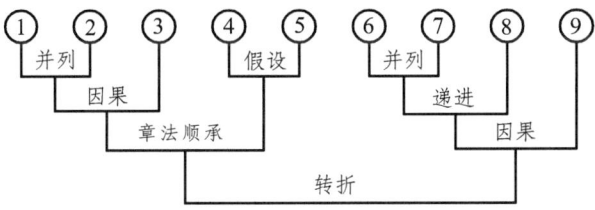

①至③引述了一个别人的观点，④至⑤顺应这个观点，承认"白杨树算不得好女子"。⑥至⑨转至另一层意思"白杨树是伟丈夫"，两者是转折关系。尽管这一段议论有思辨性质，它却表达作者强烈的感情，最后一个感叹号是明显的外部标志。最为重要的是，它的抒情语篇模式赋予了这一段议论抒情性质。

（三）表达哲理思考

议论也可以表达作者的哲学思考，如部编本高中选择性必修中册《记念刘和珍君》，作者用三个自然段思考了刘和珍牺牲的意义。摘取部分如下：

时间永是流驶，街市依旧太平，有限的几个生命，在中国是不算什么的，至多，不过供无恶意的闲人以饭后的谈资，或者给有恶意的闲人作"流言"的种子。至于此外的深的意义，我总觉得很寥寥，因为这实在不过是徒手的请愿。人类的血战前行的历史，正如煤的形成，当时用大量的木材，结果却只是一小块，但请愿是不在其中的，更何况是徒手。

作者认为：尽管刘和珍和她的同学们很勇敢，英勇捐躯，但对于推动历史发展仍然意义寥寥。

三、记叙的篇章结构与议论

上面我们讨论了《说和做》中的议论在篇章连接上的价值，也涉及了篇章结构问题。在记叙语篇模式之中，议论常常起到构建篇章结构的作用，值得再次讨论。一般以写人为中心的记叙文，运用横向式结构，可以记叙这个人物的不同侧面，如《邓稼先》《说和做》；运用纵贯式结构，便于使文章起伏波折，如《阿长与〈山海经〉》。部编本七下《叶圣陶二三事》，使用议论将纵贯式和横向式结构组合起来，使文章结构更丰富多样，人物形象更丰满立体。

纵贯式结构表现在：第一自然段是文章第一个结构段，从听到叶圣陶去世的消息，心情沉痛起笔；第九自然段是文章最后一个结构段，照应开头，写怀念叶圣陶。中间三个结构段记叙对他印象非常深刻的事件。

横向式结构表现在：第二自然段是文章第二个结构段，写叶圣陶品德突出。这是一个总领段落，下文分两部分承接这一段。第三、四、五自然段是第三个结构段，写叶圣陶宽以待人；第六、七、八自然段是第四个结构段，写叶圣陶严以律己。横向式结构之中，依靠议论串联起关于叶圣陶的六件小事：

"凡是同叶圣陶先生有些交往的，无不为他的待人深厚而感动。"由叶圣陶描吕叔湘文章标点引出话题，他请张中行批改文章，每次都虚心商量。"文字之外，日常交往，他同样是一以贯之，宽厚待人。"该句转入叙述叶圣陶待人接物，先从他平时迎送客人切入，"文化大革命"期间，张中行到北京看望他，两人因故没能见面，叶圣陶第二天就写信表示歉意。"以上说待人厚，是叶圣陶先生为人的宽的一面。他还有严的一面，是律己，这包括正心修身和'己欲立而立人，己欲达而达人'。"这两句，为第三个结构段作结，并开启下一个结构段；第一句承上总结，第二句启下。转入记叙他追求文风上的平易自然。"在文风方面，叶圣陶先生还特别重视'简洁'。"转入记叙他非常重视语言简洁。"在我认识的一些前辈和同辈里，重视语文，努力求完美，并且以身作则，鞠躬尽瘁，叶圣陶先生应该说是第一位。"该句转入记叙他连语言运用方面细小的地方都非常重视，如使"做"和"作"分工。

总之，议论语篇模式，在记叙文中有搭建文章结构骨架的作用，这对于记叙复杂事件，特别是跨越时间长度较大的多类事件，能起到轻松统领全篇的作用。

第二节　记叙与说明相结合

一、记叙语篇模式之中说明的变异

记叙语篇模式产生以事件为中心、以人物为中心、以景物为中心等文体，可以在其中加入某些说明文字。但它的功能不是给读者送百科知识，它仍然要服务于记叙的语篇模式。它不求科学、严谨，只求有情。

（一）不求严谨

乡俗还愿，唱戏，挂神袍而外，常在村头高挑一挂红灯。仿佛灯柱上还照例有些松柏枝叶作点缀。挂红灯，自然同盛伏舍茶，腊八施粥一样，有着行好的意思；松柏枝叶的点缀，用意却不甚了然。真是，若有孤行客，黑夜摸路。正自四面虚惊的时候，忽然发现星天下红灯高照，总会以去村不远而默默高兴起来的吧。（部编本八下《灯笼》）

这一段介绍家乡还愿风俗，挂一盏红灯，还要松柏点缀。在记叙文中，可以不必追索这松柏的文化含义。而在说明文中，向读者介绍的任何细节，作者首先要自己清楚明白。在说明文中，只能谈还愿灯笼的文化价值、审美观赏价值，不可以谈灯笼对人的情绪引发作用，如："若有孤行客……总会以去村不远而默默高兴起来的吧。"这类表达不会出现在说明文中。

昆明菌子极多。雨季逛菜市场，随时可以看到各种菌子。最多，也最便宜的是牛肝菌。牛肝菌下来的时候，家家饭馆卖炒牛肝菌，连西南联大食堂的桌子上都可以有一碗。牛肝菌色如牛肝，滑，嫩，鲜，香，很好吃。炒牛肝菌须多放蒜，否则容易使人晕倒。（部编本八上《昆明的雨》）

这一段介绍昆明的菌子，从普通点儿的牛肝菌介绍起，到稍微珍贵的青头菌，到山珍级别的菌子，又介绍了不中看但中吃的菌子，以及中看却不中吃的菌子。读者可以了解昆明菌子种类之多。这里关于牛肝菌的介绍，在科技说明文中，必须要介绍牛肝菌的主要成分，哪些成分可以导致人晕倒。

前文交代过，笔者曾在学生的状物抒情散文中，发现很多科学数据资料，这类就是非常严肃的说明语篇模式，它的严谨科技风格，跟文章的抒情风格就很难相容在一起。

（二）不求全面

昆明人家常于门头挂仙人掌一片以辟邪，仙人掌悬空倒挂，尚能存活开花。于此可见仙人掌生命之顽强，亦能存活开花。于此可见仙人掌生命之顽强，亦可见昆明雨季空气之湿润。雨季则有青头菌、牛肝菌，味极鲜腴。（部编本八上《昆明的雨》）

这一段介绍昆明风土人情，其一独特之处是辟邪风俗文化；其二独特之处是菌类植物丰腴。这类介绍截取作者印象深刻的事物，不求全面。

（三）穿插记叙、抒情

雨季的花是缅桂花。缅桂花即白兰花，北京叫做"把儿兰"（这个名字真不好听）。云南把这种花叫做缅桂花，可能最初这种花是从缅甸传入的，而花的香味又有点像桂花，其实这跟桂花实在没有什么关系。——不过话又说回来，别处叫它白兰、把儿兰，它和兰花也挨不上呀，也不过是因为它很香，香得像兰花。我在家乡看到的白兰多是一人高，昆明的缅桂是大树！我在若园巷二号住过，院里有一棵大缅桂，密密的叶子，把四周房间都映绿了。(部编本八上《昆明的雨》)

前文我们介绍过状物抒情类散文，那种文体中，物象是被描写的对象，要通过作者的眼睛观察、五官感受描绘出物象之美。而以说明语篇模式呈现时，它却必须处于记叙语篇模式之中的次要位置，其一要短小，其二必须跟抒情和记叙连缀在一起，以饱含作者情绪的记叙反衬其文学意味。比如上面一段文字，起笔是关于缅桂花得名之由的介绍，接着描写"我"看到的缅桂花以及跟缅桂花有关的人和事。没有那些记叙语句，这一段介绍就会显得干瘪。

二、记叙语篇模式之中说明的表达功能

（一）补充科学资料

1. 解释科学原因

记叙中的说明语篇模式能解释科学原因，如作文选《葵花》描写了葵花的生长过程，并重点描写了成熟的葵花样态。接着写葵花，又名向日葵。"葵花的花盘为什么总是向着太阳呢？"很自然地过渡到下一段，"我"查阅资料，知道了这方面的科学知识："在葵花盘的背后，有一种对光的辨析能力特别强的物质，这种物质喜阴不喜阳。为了避免受到光照，就使花盘的正面不断地改换方向，永远跟着太阳转。"

2. 介绍制作过程

记叙中的说明语篇模式可以介绍制作过程：

如部编本四下《芦花鞋》，介绍制作芦花鞋的工序："先将上等的芦花采回来，然后将它们均匀地搓进草绳里，再编织成鞋。那鞋很厚实，像暖和和的鸟窝。"

再如部编本六上《竹节人》，介绍自制竹节人的方法："把毛笔杆锯成寸把长的一截，这就是竹节人的脑袋连同身躯了，在上面钻一对小眼儿，供装手臂用。再锯八截短的，分别做四肢，用一根纳鞋底的线把它们穿在一起，就成了。"最后一句，还给了注意事项："锯的时候要小心，弄不好一个个崩裂，前功尽弃。"

（二）介绍新环境

威尼斯是一个别致地方。出了火车站，你立刻便会觉得：这里没有汽车，要到哪儿，不是搭小火轮，便是雇冈多拉。大运河穿过威尼斯像反写的"S"，这就是大街。另有小河道四百十八条，这些就是小胡同。轮船像公共汽车，在大街上走；冈多拉是一种摇橹的小船，威尼斯所特有，它哪儿都去。威尼斯并非没有桥，三百七十八座，有的是。只要不怕转弯抹角，哪儿都走得到，用不着下河去。

威尼斯是"海中的城"，在意大利半岛的东北角上，是一群小岛，外面一道沙堤隔开亚得利亚海。在圣马克方场的钟楼上看，团花簇锦似的东一块西一块在绿波里荡漾着。远处是水天相接，一片茫茫。这里没有什么煤烟，天空干干净净；在温和的日光中，一切都像透明的。中国人到此，仿佛在江南的水乡；夏初从欧洲北部来的，在这儿还可看见清清楚楚的春天的背影。海水那么绿，那么醉，会带你到梦中去。（部编本五下阅读链接朱自清《威尼斯》）

第一自然段朱自清关于威尼斯交通状况的介绍，是说明语篇模式。接着第二段使用的语篇模式是描写，"团花簇锦似的东一块西一块在绿波里荡漾着"。这样第一自然段就可以取得客观的修辞效果，突出一个远来欧洲的东方人对威尼斯印象最为深刻的事物。

（三）介绍风俗

穿插在记叙中的说明语篇模式也可以介绍风俗。如：

我于是猛地想起今天是一个特别的日子。记忆中的这个日子在老外婆手里是从凌晨三点开始的。凌晨三点外婆就赤着脚下床，然后开始佝偻着腰紧张而麻利地忙着。

今天是腊月二十九。是围炉的日子，迎新送旧的日子。

在闽南老家，这一天是大忙特忙的日子。要擦桌擦床擦门洗地板，要蒸桌面那样大的白糖年糕、红糖年糕、咸味年糕，要炸成缸的"炸枣"，做整盆的五香肠，还要换上新浆洗的窗帘床单，铺上雪白的台布。然后，要开始热气腾腾地忙围炉的年饭。（部编本六下阅读链接斯妤《除夕》）

《除夕》属于记叙语篇模式，特征一：具有叙事者人称代词，如"我"。特征二：动词表示发生在特定时间的动作，如"想起今天是一个特别的日子"，发出"想起"动作的施事者是"我"，发生在腊月二十九这一天。上面所引的《除夕》的第三自然段，关于福建风俗的介绍，属于说明语篇模式。穿插在记叙中的说明语句，能起到介绍故事背景、增加故事文学趣味的作用。

三、边缘文体——知识小品文

在西学东渐之前，中国学者以一种短小的文章体式记录某些历史故事、人物掌故、各处风俗等，这类文章没有狂热的抒情，也没有生动的记叙，也不细致地描写，作者追求一种人生趣味、审美情趣，这类文章体式被称为小品文。杜国庠（2018：208）否认小品文是一种文体形式，他认为小品文"并不是从性质上分类的一种独立的文体，只是以篇幅短小、笔调闲适而得名的。"西学东渐之后，中国的科技说明文快速发展。一般将说明语篇模式的风俗介绍类，仍看作散文的下位文体，称作知识小品文[①]，如：

照北京的老规矩，春节差不多在腊月的初旬就开始了。"腊七腊八，冻死寒鸦"，这是一年里最冷的时候。在腊八这天，家家都熬腊八粥。粥是用各种米，各种豆，与各种干果熬成的。这不是粥，而是小型的农业展览会。

除此之外，这一天还要泡腊八蒜。把蒜瓣放进醋里，封起来，为过年吃饺子用。到年底，蒜泡得色如翡翠，醋也有了些辣味，色味双美，使人忍不住要多吃几个饺子。在北京，过年时，家家吃饺子。（部编本六下《北京的春节》）

[①] 一般将介绍浅显专业知识的文体也称作知识小品文，不使用专业领域特殊词汇，是学术论文的普及版。

该文整篇都属于说明语篇模式，特征一：没有叙事者人称代词，如"我"。特征二：动词不描述特定人的特定动作，如"熬腊八粥"，不是张三熬，也不是李四等。动作也不发生在一个具体时间点，如"泡腊八蒜"，不指向上午泡，还是下午或者晚上泡。特征三：有文学趣味，比如动词"忍不住"，有情绪意义。

再如：

传说，唐东杰布在母亲的肚子里待了80年，出生时头发胡子都白了。因此，在藏戏里，他的面具是白色的，前额饰有日月，两颊贴着短发，眉眼嘴角永远带着神秘的笑。

在藏戏里，身份相同的人物所戴的面具，其颜色和形状基本相同。

国王的面具是红色的，红色代表威严。

王妃的面具是绿色的，绿色代表柔顺。

巫女的面具是半黑半白，象征其两面三刀的性格。

妖魔的面具青面獠牙，以示压抑和恐怖。

村民老人的面具则用白布或黄布缝制，眼睛和嘴唇处挖出窟窿，以示朴实敦厚。（部编本六下《藏戏》）

这篇文章不是全文使用说明语篇模式，前文先讲述了唐东杰布创造藏戏的故事，属于第三人称的记叙语篇模式。接着以说明语篇模式，介绍藏戏人物角色的主要特点：唐东杰布用白色面具、国王用红色、王妃用绿色、巫女用半黑半白、妖魔用青面獠牙、村民老人用白布或黄布。接下来还介绍了演唱环境、说唱特点等。从这些特征看，本文属于知识小品文。

这类文章有文学趣味，是散文的下位文体。但因为大部分内容是说明语篇模式写成，笔者主张将这类文章与学术论文普及版，一同称作知识小品文，划入到实用文体之中。

第三节 记叙、抒情、议论融合

一、形成起伏的抒情节奏

只有少数作家能将多种语篇模式高度完美地融合在一篇文章里，茅盾和鲁迅就是这样的作家。茅盾可以交替使用多种语篇模式，使整篇文章的抒情情绪产生高低起伏的变化，高亢中有曲折。以部编本八上《白杨礼赞》为例，解剖不同语篇模式的功能。

（一）抒情高亢

白杨树实在不是平凡的，我赞美白杨树！

这是开篇的一句，属于抒情语篇模式，奠定了本文的高亢基调。

那就是白杨树，西北极普通的一种树，然而实在不是平凡的一种树！

这是文章第三结构段的第一个抒情句，它使因单调而低沉的情绪，再次振奋起来。

这就是白杨树，西北极普通的一种树，然而决不是平凡的树！

这是文章第三结构段的第二个抒情句，它在真实描写白杨树笔直的干、笔直的枝之后，转入思考，白杨树和西北农民的关系，和万民抗战精神的关系。

让那些看不起民众，贱视民众，顽固的倒退的人们去赞美那贵族化的楠木（那也是直挺秀颀的），去鄙视这极常见、极易生长的白杨吧，我要高声赞美白杨树！

这是文章结束段的抒情句，再次强调对白杨树的赞美之情。经过全文的铺垫后，这样的抒情就很扎实了。不仅高亢，而且踏实！

（二）记叙描写真实

当汽车在望不到边际的高原上奔驰，扑入你的视野的，是黄绿错综的一条大毯子。黄的是土，未开垦的荒地，几百万年前由伟大的自然力堆积成功的黄土高原的外壳；绿的呢，是人类劳力战胜自然的成果，是麦田。和风吹送，翻起了一轮一轮的绿波。

文章用记叙语篇模式生动真实地描写了黄土高原上一望无际的麦田。文章转入踏实的抒情基调。

那是力争上游的一种树，笔直的干，笔直的枝。它的干通常是丈把高，像是加过人工似的，一丈以内绝无旁枝。它所有的丫枝一律向上，而且紧紧靠拢，也像是加以人工似的，成为一束，绝不旁逸斜出；它的宽大的叶子也是片片向上，几乎没有斜生的，更不用说倒垂了；它的皮光滑而有银色的晕圈，微微泛出淡青色。

文章用描写语篇模式生动真实地描写了白杨树的特点：笔直的干；笔直的枝；宽大的叶子也是片片向上；皮泛着淡青色。

（三）议论深刻

它没有婆娑的姿态，没有屈曲盘旋的虬枝，也许你要说它不美丽，如果美是专指"婆娑"或"横斜逸出"之类而言，那么白杨树算不得树中的好女子；但是它伟岸，正直，朴质，严肃，也不缺乏温和，更不用提它的坚强不屈与挺拔，它是树中的伟丈夫！

文章用议论语篇模式指出：美的标准可以有多种，白杨树不是柔性美，是阳刚美。它就像北方的农民一样，就像我们用血写出新中国历史的精神一样：朴质、坚强、力求上进。

二、形成沉郁的抒情格调

鲁迅在驾驭多种语篇模式时，常常是使用曲折的笔法，让读者体会到他不吐不快的情绪，同时，他又不能放纵自己的情绪。这就造成他文章沉郁的抒情格调。以部编本高中选择性必修中册《为了忘却的记念》为例，解释不同语篇模式的特点与功能。

（一）记叙典型

1. 抓住人物特点

鲁迅善于刻画人物。文中对柔石的描写最多，突出他性格上的以下几点：第一，他很硬气，敢于反抗本地的乡绅，主张办"刚健质朴的文艺"。第二，他很乐观，相信世间善良。第三，他很古板，跟女友要保持三四尺的距离，但是跟我一起走路的时候，简直要扶住我，怕我被车撞。第四，他很勇敢，决心改变自己作品的内容和形式。第五，他很勤奋，"大部分的稿子和杂务都是归他做，如跑印刷局，制图，校字之类""想学德文，更加努力"。

2. 记叙含蓄

"天气愈冷了,我不知道柔石在那里有被褥不?我们是有的。洋铁碗可曾收到了没有?……"问号,表示鲁迅一直挂念狱中的柔石;省略号,表示挂念的事情还很多。但接着可靠消息传来,"柔石和其他二十三人,已于二月七日夜或八日晨,在龙华警备司令部被枪毙了,他的身上中了十弹。"

"原来如此!……"感叹号,表示震惊;省略号,表示想指责政府却又不能说,只能压抑住倍受折磨的心情。

3. 类比联想自然

年青时读向子期《思旧赋》,很怪他为什么只有寥寥的几行,刚开头却又煞了尾。然而,现在我懂得了。

这一段记叙,借历史上向秀的《思旧赋》作品,表达了对当下时局的不满。

(二)抒情欲言又止

1. 矛盾的措辞

题目《为了忘却的记念》,纪念是因为他们是为国奋斗的优秀青年,忘却是因为时局黑暗,正义暂时得不到彰显。

开篇抒情点题:"因为两年以来,悲愤总时时来袭击我的心,至今没有停止,我很想借此算是竦身一摇,将悲哀摆脱,给自己轻松一下,照直说,就是我倒要将他们忘却了。"结尾抒情,再次强调,"夜正长,路也正长,我不如忘却,不说的好罢。但我知道,即使不是我,将来总会有记起他们,再说他们的时候的。"

2. 反复强调

我沉重的感到我失掉了很好的朋友,中国失掉了很好的青年,我在悲愤中沉静下去了,然而积习却从沉静中抬起头来,凑成了这样的几句。

这一句抒情,在作者知道柔石他们牺牲以后,很难过,写了一首怀念朋友、诅咒黑暗的诗歌,"惯于长夜过春时,挈妇将雏鬓有丝。梦里依稀慈母泪,城头变幻大王旗。忍看朋辈成新鬼,怒向刀丛觅小诗。吟罢低眉无写处，月光如水照缁衣。"

  我又沉重的感到我失掉了很好的朋友，中国失掉了很好的青年，我在悲愤中沉静下去了，不料积习又从沉静中抬起头来，写下了以上那些字。

  这一句抒情，跟上文基本一致，只更改了个别字。在文章第五部分。这部分是全文尾声。作者明确地说，为了缓解自己压抑的情绪，才写了这篇文章。这两句是修辞上的反复手法，表达了作者的沉痛心情。

  用议论语篇模式表达哲理思考，是鲁迅记叙散文的一大特点，前文讨论"议论"在记叙散文中的表达功能时，已经说过，兹不赘述。总之，在一篇记叙文中，融合多种语篇模式，形成一定的抒情风格，并不容易。习作者要交替使用记叙、描写、抒情、议论，使每种语篇模式都为了表达个人的思想感情服务。

参考文献

杜国庠，2018. 怎样写论辩文[M]. 北京：首都经济贸易大学出版社.

第五章　诗歌创作型文体

第一节　诗歌意象

一、诗歌是最基础的文学形式

（一）诗歌是文学欣赏基础

朱光潜（1987：112）给诗歌文体下定义说："诗是具有音律的纯文学。"并谈到诗歌与散文的区别，"散文的功用偏于叙事说理，诗的功用偏于抒情遣兴。事理直截了当，一往无余，情趣则低徊往复，缠绵不尽。"他（1987：116）认为两者没有绝对的界限，"我们不能画两个不相交接的圆圈，把诗摆在音律的圈子里，把散文摆在无音律的圈子里，使彼此壁垒森严，互不侵犯，诗可以由整齐音律到无音律，散文也可以由无音律到有音律。"

他（1987：184）以是否伴乐为绝对标准，将古代诗歌与散文划为两界："诗和散文的分别并不在韵的有无。诗皆可歌，歌必伴乐，散文不伴乐，但仍可有韵。"

诗歌是欣赏一切文学的基础。一个人如果不喜欢诗歌，他的文学鉴赏能力一定不强。朱光潜（1987：349-350）说："一切纯文学都要有诗的特质。一部好小说或是一部好戏剧都要当作一首诗看。诗比别类文学较谨严，较纯粹，较精致。如果对于诗没有兴趣，对于小说戏剧散文学等等的精妙处也终不免有些隔膜。不爱好诗而爱好小说戏剧的人们，大半在小说和戏剧中只能见到最粗浅的一部分，就是故事。所以他们看小说和戏剧，不问他们的艺术技巧，只求它们里面有有趣的故事……第一流小说家不尽是会讲故事的人，第一流小说中的故事大半只像古树搭成的花架，用处只在撑扶住一园锦绣灿烂生气蓬勃的葛藤花卉。这些故事以外的东西就是小说中的诗。读小说只见到故事而没有见到它的诗①,就像看到花架而忘记架上的花。要养成纯正的文学趣味,我们最好从读诗入手。能欣赏诗,自然能欣赏小说戏剧及其他种类文学。"

(二)诗歌文体基本特征

1. 音律化的语言

黑格尔(1981:68)认为:"诗则绝对要有音乐或韵,因为音节和韵是诗的原始的唯一的愉悦感官的芬芳气息,甚至比所谓富有意义的富丽词藻更重要。"朱光潜(1987:118)认为:"诗的形式是语言的纪律化之一种,其地位等于文法。"诗歌的音律形式可以有变迁,比如中国诗歌由四言发展为五言,又到七言,又发展为词、曲,乃至于北方鼓词、南方弹词,后一代的音律改变了原来的形式,但也总是继承前代。音律集中体现了汉语的音乐性,也就是带有意义的词语的节奏感。对汉语本身来说,声调高低起伏也可以造成音乐感。"诗本出于音乐,无论变到怎样程度,总不能与音乐完全绝缘。文人诗虽不可歌,却仍须可诵。歌与诵所不同的就在歌依音乐(曲调)的节奏音调,不必依语言的节奏音调;诵则偏重语言的节奏音调,使语言的节奏音调之中仍含有若干形式化的音乐的节奏音调。"(朱光潜,1987:216)

2. 主观化的感情

在所有文学文体中,小说最利于表现宏大的社会生活。诗歌与小说最大的区别是:小说往往再现生活,而诗歌更重视表现诗人的感情。"再现"的意思是贴近现实;"表现"的意思是贴近心理。诗歌主要目的是抒情,这不是陈述式的感情,而是感叹式的。朱光潜(1987:226)说,"它的语气是'惊叹'的,它的音节是低回往复的,它不是叙一件事,而是流露一种感情。"

---

① 笔者按语,这里的"诗"不是指"诗歌",而是"诗意",即理解小说或戏剧审美层面的意义,比如如何欣赏小说和戏剧人物,如何欣赏小说和戏剧的艺术化手法等。

3. 值得玩味的情趣

"诗的生命在情趣。如果没有情趣，纵然有很高深的思想和很渊博的学问，也决不会做出好诗来，至多只能嚼名理或是翻书簏。"（朱光潜，1987：228）这种情趣表现为作者观察世界的灵气，如：

花牛在草地里坐，

压扁了一穗剪秋罗。（部编本四上《花牛歌》）

作者描写了一幅画：花牛在草地休息，压扁了剪秋罗。画是有色彩的画：花牛和红色的剪秋罗。画是静态的画：花牛在休息，剪秋罗扁了。作者对花牛的观察，不是写它怎么勤勤恳恳干活，而是写它悠悠闲闲地休息，这种观察视角，显示了作者闲适的心情。

诗歌要有"一唱三叹之音"，诗歌使用复沓章法技巧，重视音节押韵，都是为了达到这样的修辞效果。比如上面举的《花牛歌》一共四节，第一句话意义一致，即花牛在休息，换用了四个不同的动词，坐、眠、走、做梦。这就是反复咏叹。四节每一节的末尾字押韵：坐、罗；眠、天；走、溜；梦、峰。整首诗低徊往复，不停地强调闲适安宁的心态。

二、诗歌文体分类

（一）抒情诗

1. 直抒胸臆

直抒胸臆，就是直率地抒发自己的思想感情。如部编本四下《繁星》（一五九）：

母亲啊！

天上的风雨来了，

鸟儿躲到它的巢里；

心中的风雨来了，

我只躲到你的怀里。

直抒胸臆类诗歌，常有明确的感叹词，如诗歌开篇的"啊"。这首小诗表达了孩子对母亲的依恋之情。诗人用一个自然界现象类比：天上的风雨来了,鸟儿就躲到巢穴里;就好像我遇到挫折,就躲到母亲怀里一样。这个类比很贴切很自然。

再如部编本六上《有的人》全篇使用对比手法,歌颂为民族写文学的鲁迅俯首甘为孺子牛的精神,表达了人民永远怀念鲁迅的真挚情怀。全文共七小节,第一小节写人民怀念鲁迅。第二、三、四小节,将鲁迅与反人民的人对比:一是对比对待人民的态度,一个骑在人民头上,一个为人民做牛马;二是对比为人民服务的态度,一个想不朽,一个想做野草;三是对比工作目的,一个恐怕别人活,一个希望别人活得更好。第五、六、七小节与前面三小节形成照应,将人民对待鲁迅的态度与对待反人民的人的态度对比:对比态度,一个被人民摔垮,一个永远被记住;对比人生结局,一个名字比尸体腐烂得还早,一个生命永远长青;对比社会地位,一个下场凄惨,一个被人民高高举起。前文论述直抒胸臆散文写法时,我们已经谈过一定要注意借助恰当的方法,使抒情赋有韵致。诗歌亦然。这里所举的第一首借用了形象抒发感情,第二首则借用和谐的韵脚,使表达的感情自然流畅。

2. 借景抒情

部编本四下《绿》以大自然绿色为依托,抒发了对自然的热爱和对生活的向往之情。作者以一种超人的想象,赋予绿色蓬勃生机,如:

刮的风是绿的,
下的雨是绿的,
流的水是绿的,
阳光也是绿的。

部编本四下《在天晴了的时候》以呼告形式,邀请人们在天晴之时到小径走走,抒发了热爱生活的情怀。诗歌描写田园风光之时,想象旖旎:

不再胆怯的小白菊,
慢慢地抬起它们的头,
试试寒,试试暖,
然后一瓣瓣地绽透;
抖去水珠的凤蝶儿,

在木叶间自在闲游，

把它五彩的智慧书页，

曝着阳光一开一收。

描写小白菊使用了拟人手法，"试试寒，试试暖"，写出了它们乍暖还寒时刻缓慢开放的情状。描写凤蝶儿，则想象奇特，将它比喻成"智慧书页"，闪动翅膀，想象成书页"一开一收"，写出了蝴蝶的轻盈姿态。

部编本九上《我看》是一首寓哲理于描写的抒情诗歌。这首诗共五小节。前两节描写了两幅图画：第一幅向晚春风图，春风抚过青草，远水荡起绿潮；第二幅飞鸟流云图，飞鸟展翅归入晴空，流云绯红沉醉了大地。灿烂生机为下文第三、四节的哲理铺垫：逝去的欢乐和悲伤都不及自然界丰富；生命在寂静之中勃发；远古的哲人曾对大自然赞叹，而今只有他的思想跟随岁月起伏。最后一节抒情，表达对自然和生命的热爱之情：让天风陪伴漫游；让呼吸与自然合流；最后一句想象瑰丽，人的情绪可以像花朵一样，被季节"燃起"又"吹熄"。

3. 托物言志

托物言志，指表面上状物，而实际上另外有所寄托。也就是说，物体本身承载了一种象征意义。如部编本九下《月夜》：

霜风呼呼的吹着，

月光明明的照着。

我和一株顶高的树并排立着，

却没有靠着。

这类诗歌总是揭示物体与人的相似性，以引发读者的注意力从物体转移至人。比如这首诗歌"顶高的树"与"我"的关系是"并排立着"，"我"没有依靠它，它也不依赖"我"，自己"立着"。这样一种物我关系，将物体附带上人的精神，它坚强，它独立，它勇敢。那么前面的铺垫"霜风呼呼的吹着"，也就同样有了象征意义，社会黑暗，革命斗争十分惨烈。同理"月光明明的照着"也有象征意义：表明革命思想鼓舞人心，信仰之火熠熠生辉。

4. 叙事抒情

（1）以事件为中心

部编本四下《延安，我把你追寻》，以回延安探寻昔日踪迹为线索，在今昔对比之中，提醒自己不要忘记延安精神。这首诗一共六节，第一节写回到延安，作者把自己比喻成"翩翩归来的燕子""茁壮成长的小树"再次回到延安。第二节承接第一节写回到延安再次探望的地方：延河、枣园、南泥湾、杨家岭。第三节写延安的今昔变化：一排排高楼大厦、一件件家用电器。第四节承接写国家的今昔变化，选取了两个典型：航天飞机、电子计算机。第五节承接三四节而来，写无论物质生活如何变化，都不能丢掉延安精神。第六节照应开头第一节，写追寻延安。

部编本六上《三黑和土地》，以三黑获得土地，努力耕种为描写线索，表现了农民对土地的热爱，对美好生活的向往之情。这首诗共十五小节，前三节写三黑得到土地之后的激动心情："活像旱天的鹅，/一看见水就连头带尾巴钻进水里"；恨不得把每一块土都尝一尝；恨不得自己变成一粒种子，试一试土壤。第四节至第八节写三黑勤奋地翻地：每一寸土都给翻起；把地"耙得又平又顺溜"；"松散的地，/简直是一张软床"；叫麦籽儿睡上；他想象着"麦籽儿躺下去挺舒服，/就想发芽。"第九至十五节写三黑憧憬着美好的生活："看见自己种的荞麦已经开花，/白霎霎的像一片雪"；荞麦地里两只蝈蝈引起他今昔对比的联想，现在的小孩子不用像自己小时候一样，为了逮蝈蝈被地主骂，三黑想鼓动他们来自己地里逮蝈蝈；他又在打算，"明年要跟人合伙，/把地浇得肥肥的"；"再买头小毛驴，/打完场赶着送公粮"。诗歌最后结尾，描写地里欢快的蝈蝈，意味隽永，"他笑嘻嘻的，连嘴都合不上。/地里的蝈蝈儿也叫得更欢。"

（2）以人物为中心

部编本选择性必修下册《大堰河——我的保姆》，用诗歌形式塑造了一位穷苦善良可亲的母亲形象。诗人来到大堰河身边，受到大堰河关照、爱护，又回到父母身边，大堰河因思念诗人而甘心做长工，她穷困而死，她死后，一家人生活陷入更加艰难的境遇。全文叙事之中，穿插描写和抒情，表达了作者对保姆的热爱之情。

第四节全部都是描写,写大堰河像个母亲一样"把我抱在怀里,抚摸我"。

你用你厚大的手掌把我抱在怀里,抚摸我;

在你搭好了灶火之后,

在你拍去了围裙上的炭灰之后,

在你尝到饭已煮熟了之后,

在你把乌黑的酱碗放到乌黑的桌子上之后,

在你补好了儿子们的为山腰的荆棘扯破的衣服之后,

在你把小儿被柴刀砍伤了的手包好之后,

在你把夫儿们的衬衣上的虱子一颗颗地掐死之后,

在你拿起了今天的第一颗鸡蛋之后,

你用你厚大的手掌把我抱在怀里,抚摸我。

这一节写大堰河像个母亲一样爱我,诗人集中选取了八个时间段,前四句写大堰河物质生活条件差,用的是"乌黑的酱碗""乌黑的桌子",吃得肯定不会好,但大堰河却将第一颗鸡蛋给我。六、七两句写大堰河一家谋生手段差,他们只能上山打柴以维持清苦的生活。第八句写大堰河一家生活水平差,破衣烂衫上布满虮虱。即便条件如此艰苦,大堰河还是把"第一颗鸡蛋"留给"我"。

第十二节抒情表达了诗人对大堰河这样的普通劳动者的热爱:

大堰河,今天,你的乳儿是在狱里,

写着一首呈给你的赞美诗,

呈给你黄土下紫色的灵魂,

呈给你拥抱过我的直伸着的手,

呈给你吻过我的唇,

呈给你泥黑的温柔的脸颜,

呈给你养育了我的乳房,

呈给你的儿子们,我的兄弟们,

呈给大地上一切的,

我的大堰河般的保姆和她们的儿子,

呈给爱我如爱她自己的儿子般的大堰河。

紫色，在中国有特殊的文化意义，只有身份较高的士大夫才可以穿紫色衣服，因此紫色是高贵的代名词。诗人云"紫色的灵魂"也就高度赞扬了大堰河纯洁的母性精神。

（二）哲理诗

哲理诗通过议论揭示某事物的本质或事物演变规律。它侧重于将人们的生活诗化，总结人生智慧，传达理趣。汉语哲理诗一般不采用纯议论语篇模式，总会借助具体意象。

如部编本九下《断章》借助意象之间的复杂关系表达哲理：

你站在桥上看风景，

看风景人在楼上看你。

明月装饰了你的窗子，

你装饰了别人的梦。

这首诗通过"你"与风景的关系，"明月"与"你"的关系，表达了事物之间互相联系的哲理。

《统一》也借助意象表达哲理：

所有的叶是这一片，

所有的花是这一朵，

繁多是个谎言。

因为一切果实并无差异，

所有树木无非一棵，

整片大地是一朵花。

这首诗通过写"叶"一致，"花"一致，"果实"一致，"树木"一致，"大地"一致，表达了万物统一于理的道理。

从诗歌文体内部分类来看，诗歌抒情的核心是抓住引发感情的意象进行刻画和描写。艾青（1986：45）说："称为'诗'的那文学样式，韵脚不能作为决定的因素，最主要的是在它是否有丰富的形象——任何好诗都是由于它所含有的形象而永垂不朽，却绝不会由于它有好的音韵。"下面我们重点了解如何刻画意象。

三、如何捕捉诗歌意象

（一）灵感铸造意象

朱光潜（1987：52）说："读一首诗和做一首诗都常须经过艰苦思索，思索之后，一旦豁然贯通，全诗的境界于是像灵光一现似地突然现在眼前，使人心旷神怡，忘怀一切，这种现象通常人称为'灵感'。灵感亦并无若何神秘，它就是直觉，就是'想象'（imagination，原谓意象的形成），也就是禅家所谓'悟'。"要想获得灵感，诗人就必须将全部精神都集中于自己的思想和情绪中，用安静的天真的心灵时刻准备迎接它降临。艾青（1986：240）说："作为诗，感情的要求要更集中，更强烈，换句话说，对于诗，诉诸于情绪的成分要更重。"

诗人要将灵感附着于形象，这个形象就是诗歌的意象。意象是物理形象与诗人艺术气质的混合体，在个人观察世界万物之中形成。"比如注视一座高山，我们仿佛觉得它从平地耸立起，挺着一个雄伟峭拔的身躯，在那里很镇静地庄严地俯视一切。同时，我们也不知不觉地肃然起敬，竖起头脑，挺起腰杆，仿佛在模仿山的那副雄伟峭拔的神气。前一种现象是以人情衡物理，美学家称为'移情作用'（empathy），后一种现象是以物理移人情，美学家称为'内模仿作用'（inner imitation）。"（朱光潜，1987：54）

（二）情趣生成意象

不是所有意象都可以成为诗歌意象，它必须经过情趣，用行文章法，将它诉诸于文字。比如同样面对山，李白不愿意"悠然见南山"，享受田园之乐，他只愿意"相看两不厌"，追求洒脱。辛弃疾可以"见青山多妩媚"，追求英雄梦，却不愿意"数峰清苦"，感叹自然盛衰。每个诗人都是世界的一个特殊个体，他在继承前人文学成就的时候，必须为他的诗歌，打上他自己的烙印。

一首诗歌往往需要多个意象，如果诗人产生了一个意象，不妨按照章法将它组织起来，成为完整的诗歌。

（三）章法成就意象

1. 时间线索

将意象放在时间之中，描写随着时间发展，意象发生变迁，则感情的跌宕起伏，亦藏于其中。

部编本九上余光中《乡愁》，四节共使用了四个意象：邮票、船票、坟墓、海峡。小时候，邮票承载了母子分离，通过信件，互诉情怀的离别之情；长大后，船票承载了与爱人分离，通过船只，相聚亲昵的思念之情；后来，坟墓将"我"与母亲永远分开；现在海峡将"我"与大陆分开。从小家庭的亲人分离，写到大家庭的祖国大陆和海峡分开，从生离写到死别，从小家庭的痛苦写到国家的苦难。从时间上看，从过去写到现在；从表达感情的深度上看，从小我写到大我。感情逻辑上逐步加深。离别凄苦之情将四个意象编织在一起，时间将四个意象串联，整首诗一气呵成。

2. 空间线索

将意象放在空间之中，描写随着空间变化，意象发生变化，感情的曲折蜿蜒亦随之而来。

部编本九下舒婷《祖国啊，我亲爱的祖国》，第一段写国家遭遇的苦难，用了五个意象：老水车、矿灯、稻穗、路基、驳船。这五个意象描写国家五个方面的建设基础：水利工程、工厂矿业、农业、陆路交通、水陆交通，当然国家事业起步之艰难，不止这五个方面。五个意象分布在不同空间，但它们由同一个中心串联，即国家建设各方面基础都很薄弱。第二段写爱国者满怀希望和理想建设国家的激情，用了五个意象：花朵、胚芽、笑涡、起跑线、黎明。如果前一段用意象描写抽象事实，这一段则用意象代替抽象名词。五个意象是喻体：敦煌飞天袖子里未落到地面的花朵、雪被下古莲的胚芽、挂着眼泪的笑涡、新刷出的雪白的起跑线、绯红的黎明，它们共有一个本体就是"希望"和"理想"。在前面两节的铺垫之下，诗歌最后一段是抒情，表达了奉献国家建设的真挚感情。

再比如戴望舒《雨巷》以双方在雨巷中的距离为写作顺序。整首诗歌核心意象是"姑娘",起笔写想见到一位丁香一样的姑娘。接着有两小节承接上文,想象她的模样,对她的刻画连续使用了三个"丁香一样的",从南唐李璟名句"丁香空结雨中愁"以来,丁香意象就凝聚着中国古代诗人哀愁的情绪意义,姑娘的神情哀怨,这个因"愁"而令人倍感怜惜的姑娘带着美的芬芳。接下来的一小节再次承接上文,想象姑娘的神情,她撑着的油纸伞是中国古典避雨用具,这样的意象将读者带入怀旧情绪。她动作彳亍,说明她心事重重,与她"冷漠,凄清,又惆怅"的神情相契合。这两节对姑娘的想象都显露出作者本人的忧愁之情。接着用三个小节写两人从相逢到分离的情景。她的眼睛像叹息一样,她的神情"凄婉迷茫",像梦一样,这两个想象超越世俗,使"姑娘"这个意象更有超拔之感。姑娘与我擦肩而过,就好像"丁香"一样,这个再次出现的意象,着意渲染了姑娘的美。姑娘远去,消失在"篱墙"之边,作者特意用形容词"颓圮"刻画这座"篱墙",破旧的环境再次渲染诗人的愁闷之情。用一节专门写她的消失,诗歌再次复沓她"太息般的眼光""丁香般的惆怅",她的颜色、芬芳都消散了。这流露出作者无边的惆怅。诗歌最后一段与首段只有一个动词不一样,基本全文复沓。首段用"逢着",继而想象姑娘的模样,写相逢之美。结尾用"飘过",表现出作者期待再次相逢的深情。诗歌记叙清晰,气韵流畅。想象中的姑娘和消失的姑娘跟作者的空间距离有变化,也就引发了作者的期待和遗憾之情。在这个基础上,才能生发诗歌的中心思想:作家在社会生活中迷茫,但又不想颓废,仍满怀期望。

除了按照一定的顺序描写诗歌意象,形成一定意境外,还要注意结构严谨。中国古典诗歌自《诗经》始使用复沓手法,即不同的段落之中,句子更改少数词语,以加重感情,突出诗歌音乐美。新诗仍沿用了此章法技巧,上文所举戴望舒《雨巷》就是如此。再如徐志摩《再别康桥》"轻轻的我走了,/正如我轻轻的来;/我轻轻的招手,/作别西天的云彩。"最后一段略作更改,"悄悄的我走了,/正如我悄悄的来;/我挥一挥衣袖,/不带走一片云彩。"

第二节 诗歌意境

一、意境是艺术灵境

何为意境？宗白华（2004：191）云："艺术家以心灵映射万象，代山川而立言，他所表现的是主观的生命情调与自然景象交融互渗，成就一个鸢飞鱼跃，活泼玲珑，渊然而深的灵境；这灵境就是构成艺术之所以为艺术的'意境'。"接着他又解释说："我人心中情思起伏，波澜变化，仪态万千，不是一个固定的物象轮廓能够如量表出，只有大自然的全幅生动的山川草木，云烟明晦，才足以表象我们胸襟里蓬勃无尽的灵感气韵。"

他对意境的解释重点还是落在"灵感气韵"上。在诗歌中，意境指整合诗歌意象，所得到的整体艺术境界。意象依靠诗人的联想和想象，由主题串联起来，共同反映诗人的感情。也就是说，单个意象并不能形成意境（除非整首诗只有一个意象）。比如我们评价马致远《天净沙·秋思》意境凄清，是以本首诗歌的多个意象——枯藤、老树、昏鸦共同组成的一幅灰色背景图获得的印象，这些意象道出了人间沧桑；而古道、西风、瘦马，又组成一幅困苦出游图，说出了旅途艰辛。六个意象，共同产生凄清之美的艺术效果，表达了诗人悲秋的主题思想。

中国传统将对物象的描写分为三种境界：物境、情境、意境。第一种只是描写了现实中的事物，如艾青（1986：17）所云："浮面的描写，失去作者的主观；事象的推移，不伴随着作者心理的推移，这样的诗也被算在新写实主义的作品里，该是令人费解的吧。"艾青的意思很明确，景物必须反映作者的心情。这就是传统的情景交融。"情景交融是意境的特征之一。"（蒲震元，1999：9）但意境不是简单的情景交融，或者说它不以描写作者心灵观照的实体景物为核心，而是以表现主题思想感情为核心。中国传统美学司空图《诗品》云"超以象外"，得意境定义之精髓，宗白华正确理解了中国美学术语——意境。

蒲震元（1999：101）认为体认中国哲学之道，是诗人创造意境的前提："道之认同成为意境审美的高层领悟。艺术家有此领悟与否与作品意境是否深邃无穷密切相关。有此领悟,方能获得博大的宇宙感与历史人生感。"叶朗(1998:56-57)认为不必要纠结作家的哲学基础是道家还是佛家,因为创造诗歌意境的唐代诗人,他们所秉承的佛家禅宗思想是"在道家基础上"强化而产生。

中国哲学在不断发展,每一代的写作文化也在不断变化,我们不认为现代诗歌跟唐诗一样,都必须空灵,符合禅宗思想,才称之为意境。下面我们通过解析诗歌意象与主题关系,具体解释现代诗歌所创造的意境。

二、体悟诗歌意境

(一)含蓄

残月像一片薄冰
飘在沁凉的夜色里
你送我回家,一路
轻轻叹着气
既不因为惆怅
也不仅仅是忧愁
我们怎么也不能解释
那落叶在风的撺掇下
所传达给我们的
那一种情绪
只是,分手之后
我听到你的足音
和落叶混在了一起(舒婷《落叶》选段)

诗歌共三节,诗人对曾有的感情做了评价:她觉得自己就是一片落叶,等待真正理解自己的春风,重新赋予自己爱情,让生命重新绿茸茸。第一节讲述与即将分手的恋人一起深夜回家,诗人深深地感受到两人之间的心灵隔膜。本节有两个意象:残月、落叶,"残月像一片薄冰/飘在沁凉的夜色里",这是在写故事发生的时间,也是在写心情,诗人的心已经冰凉了。

"落叶在风的撺掇下/所传达给我们的/那一种情绪","落叶"这个意象本身就跟消亡意义联系在一起,又加上"风的撺掇",更坚定了诗人分手的决心。

整首诗既不明确地写下决心分手,也不明确地写不愿意回顾两人的感情经历,却明确地写了"我安详地等待/那绿茸茸的梦/从我身上取得第一线生机。"朦胧的意境因此而获得些许明快,诗歌由此达到含蓄美的境界。

(二)明快

假若我是一朵雪花,
翩翩的在半空里潇洒,
我一定认清我的方向
——飞扬,飞扬,飞扬,
这地面上有我的方向。

不去那冷寞的幽谷,
不去那凄清的山麓,
也不上荒街去惆怅
——飞扬,飞扬,飞扬,
——你看,我有我的方向!

在半空里娟娟的飞舞,
认明了那清幽的住处,
等着她来花园里探望
——飞扬,飞扬,飞扬,
——啊,她身上有朱砂梅的清香!

那时我凭藉我的身轻,
盈盈的,沾住了她的衣襟,
贴近她柔波似的心胸
——消溶,消溶,消溶
——溶入了她柔波似的心胸。(徐志摩《雪花的快乐》)

这首诗共四小节，描写了一个意象：雪花。第一节写雪花寻找归宿，第二节写雪花的选择，第三节写雪花找到归宿，第四节写雪花将自己消溶于爱人心胸。整首诗循着时间线索，表达了雪花欢快的心情，三节内容都反复强调"飞扬"，营造了一种明快的意境。由于不断强化雪花如人的自主选择特征，整首诗也就具有了象征意义，雪花成为诗人的象征物。

（三）凄　怆

落日再也没有片刻的淹留，
夜已经赶到了，在我们身后。
万事匆匆地，你能不能答我一句？
我问你——
你却总是迟迟地，不肯开口。

泪从我的眼内苦苦地流：
夜已经赶过了，赶过我的眉头。
它把我面前的一切都淹没了；
我问你——
你却总是迟迟，不肯开口。

现在无论怎样快快地走，
也追不上了，方才的黄昏时候。
歧路是分开呢，还是一同走去？
我问你——
你却总是迟迟地不肯开口。（冯至《迟迟》）

这首诗共三小节，有两个意象：落日、夜。落日，本就意味着光芒陨落，诗人刻画落日匆匆，"再也没有片刻的淹留"；夜，本就意味着黑暗，诗人说，"夜已经赶到了，在我们身后"，又说："夜已经赶过了，赶过我的眉头。"夜晚是一个时间名词，却跟在身后，赶到眉头，它拥有超越词典的意义，这里是"愁苦"的隐喻。对方虽然不开口说话，意见却不朦胧：两人的感情已经无法继续，这是事实。整首诗歌意境凄怆，让读者觉得终究没有希望。

（四）雄　壮

从远古的墓茔
从黑暗的年代
从人类死亡之流的那边
震惊沉睡的山脉
若火轮飞旋于沙丘之上
太阳向我滚来……

它以难遮掩的光芒
使生命呼吸
使高树繁枝向它舞蹈
使河流带着狂歌奔向它去

当它来时，我听见
冬蛰的虫蛹转动于地下
群众在旷场上高声说话
城市从远方
用电力与钢铁召唤它

于是我的心胸
被火焰之手撕开
陈腐的灵魂
搁弃在河畔
我乃有对于人类再生之确信（艾青《太阳》）

这首诗共四小节，只有一个意象：太阳。第一节写太阳"从远古的墓茔/从黑暗的年代/从人类死亡之流的那边"冲破黑暗，奔向大地。第二节写太阳光芒万丈，"使高树繁枝向它舞蹈/使河流带着狂歌奔向它去"。第三节写太阳带给世间希望，人们开始活动，城市开始苏醒，"群众在旷场上高声说话/城市从远方/用电力与钢铁召唤它"。第四节写太阳带给我的震撼，让我抛弃旧思想，在希望中重生，"陈腐的灵魂/搁弃在河畔/我乃有对于人类再生之确信"。整首诗意境雄壮，波澜壮阔。

（五）空　灵

我是天空里的一片云，

偶尔投影在你的波心——

你不必讶异，

更无须欢喜——

在转瞬间消灭了踪影。

你我相逢在黑夜的海上，

你有你的，我有我的，方向；

你记得也好，

最好你忘掉，

在这交会时互放的光亮！（徐志摩《偶然》）

这首诗有两个意象：一片云、黑夜的海。诗人将自己比喻成一片云，将自己对他人的影响看作偶然的投影，他发出"不必讶异""无须欢喜"的告诫。诗人将自己与他人的相遇机缘看作是"黑夜的海上"，两人各自有自己的方向，即便两人交流有"互放的光亮"，他也发出"最好忘掉"的告诫。整首诗表现了诗人不能抓住、不能锚定的感情，因此整体意境空灵。

以上我们结合诗歌，以举例形式具体解释了意境。现代诗歌共创作了哪些类别的意境，仍有待于以后继续观察。

第三节　诗歌语言创新

一、想象创造诗歌本身

富有创造性的语言形式，是诗歌的灵魂。"诗是以语言为媒介的审美世界，语言的创意对于诗歌艺术水平有着至关重要作用。"（魏饴，2004：39）一个诗人一定要有良好的语言修养，充分发挥语言对情感的调动作用。艾青（1986：63）云："诗人是语言的艺术家，诗人的财富是语言。"诗人必须依靠精美的语言，一下子抓住读者的心灵。这种精美语言本身就是一种创造，它首先富有想象力。

诗人对世界的观察，超越普通人的感官，他常常将自己的心灵投射到物体上去。童庆炳（2016：237）说："作家最相信自己的眼睛和心灵，最相信自己的感受和体验，哪怕是偏离、错觉、变形、变态，对他们来说也是有特殊意义的，因为在心理场对物理境的偏离、错觉、变形、变态，正饱含了说不尽的道不完的诗情画意。"富有创造力的想象，让诗人笔下的意象具有灵气，使诗歌语言具有灵动之美。艾青（1986：27）说："想象与联想是情绪的推移，由这一事物到另一事物的飞翔。"

（一）相似想象

相似想象指把自己的感情投射到具有相似特点的物体上，形成意象。如部编本九上艾青《我爱这土地》中的意象"鸟""土地""河流""风""黎明"都带有人的主观感情。鸟用"嘶哑的喉咙歌唱"，实质是写人拼尽全力抗战到底；"这被暴风雨所打击着的土地"，实质是写国家被侵略；"这永远汹涌着我们的悲愤的河流""这无止息地吹刮着的激怒的风"，实质是写我们不愿意做亡国奴悲愤的心情；"那来自林间的无比温柔的黎明"，实质是写抗战胜利的希望。结尾抒情意味隽永，"为什么我的眼里常含泪水？因为我对这土地爱得深沉……"省略号寄托了诗人至死心灵都永远牵挂国家的情怀。没有诗人出人意表的想象，就没有这首振奋人心的诗歌。

（二）类比想象

将两个并不同类的事物放在一起，通过描写其共同点，揭示两者关系，从而表达诗歌主题。如部编本高一上《红烛》诗歌开篇将想象的基点定在红烛与诗人之心的颜色比较，吸引读者马上关注诗人与红烛到底联系在哪里。诗歌二、三节是一层，解释红烛为何燃烧，为了发出光明，唤醒人们的灵魂，"也救出他们的灵魂，/也捣破他们的监狱！"这种将红烛特点人格化的写法，马上使读者领悟到诗歌的象征手法，红烛就是诗人自己的化身。四至六节是另一层，第四节是个过渡段，第五节解释红烛为何流泪，怕黑暗势力捣乱,"是残风来侵你的光芒,"怕自己对世界的奉献不完全,"你烧得不稳时,/才着急得流泪!"第六节鼓励红烛哪怕流泪,也要奉献人间,"培出慰藉的花儿,/结成快乐的果子!"这也是诗人鼓励自己哪怕环境艰难,也要为民众服务。第七节是对二至六节的总结段,红烛为了创造光明,宁肯自己流泪灰心!这样二至七节诗歌的主体部分就回答了诗人开篇提及的问题,红烛之红与诗人之心没有两样。诗歌最后一段再次回应开头,升华主旨,诗人鼓励自己"莫问收获,但问耕耘"。

(三)顺势想象

把一个事物比喻成另一个事物之后,顺势围绕其产生更多联想,以利于表达主题。如:

风,
像一个太悲哀了的老妇。
紧紧地跟随着
伸出寒冷的指爪
拉扯着行人的衣襟。
用着像土地一样古老的话
一刻也不停地絮聒着……(艾青《雪落在中国的土地上》选段)

为了写出中国人生活的艰辛以及遭受敌人侵略的悲怆,诗人将风比喻成老妇人,并进一步想象被风阻碍难以行进的人们,是风伸出冰冷的手指撕扯行人的衣襟,接着将肆虐的风声,比喻成老妇人絮絮叨叨的话语。再如:

你是时间的锻冶工,
美好生活的镀金匠;
你把日子铸成无数金轮,
飞旋在古老的荒原上……(艾青《给太阳》选段)

诗人将太阳比作镀金匠,并进一步想象太阳将日子铸造成金轮,轮子飞旋在古老的荒原上。诗句表达了作为光明的象征物太阳,给予人们生活带来巨大影响,让灰暗的日子有了无穷的光芒。

（四）跨时间想象

沿着当前事物，想象它未来或者过去的样子，以变化的意象揭示思想感情。如：

瑞士表说都七点了

忽然你走来

步雨后的红莲，翩翩，你走来

像一首小令

从一则爱情的典故里你走来。（余光中《等你，在雨中》选段）

这首诗歌描写赴约的爱人形象，跨越时间想到了古典诗词里的爱情诗句，给人一种朦胧的审美愉悦感。

（五）跨空间想象

沿着当前事物，想象不同空间的该物体或相似物体，以变化的意象揭示思想感情。如：

远远的街灯明了，好像闪着无数的明星。

天上的明星现了，好像点着无数的街灯。

我想那缥缈的空中，定然有美丽的街市。

街市上陈列的一些物品，定然是世上没有的珍奇。

你看，那浅浅的天河，定然是不甚宽广。

那隔河的牛郎织女，定能够骑着牛儿来往。

我想他们此刻，定然在天街闲游。

不信，请看那朵流星，是他们提着灯笼在走。（郭沫若《天上的街市》）

这首诗从街灯想到天上的明星，是类比想象；接着想到天上的街市，是顺势想象。从天河又想到人间的灯笼，是另一次类比想象。整首诗歌由人间到天上，再从天上到人间，想象顺着街灯与星星的明亮相似点展开。

（六）对比想象

将两个具有相反关系的事物，组接在一起，以互相映衬的意象揭示思想感情。如部编本高一上昌耀《峨日朵雪峰之侧》，诗歌开头说"这是我此刻仅能征服的高度了",接着写峨日朵雪峰看到的夕阳西下景象,而攀登高峰的危险也在下一句描写中呈现出来,"石砾不时滑坡,/引动棕色深渊自上而下的一派嚣鸣,/像军旅远去的喊杀声。"作者攀登意志力的坚定在接下来的诗句里呈现出来:"我的指关节铆钉一样楔入巨石的罅隙/血滴,从撕裂的千层掌鞋底渗出。"在这样崇高之美的山峰,最适宜搭配"雄鹰或雪豹",却只有一只蜘蛛伴随我这样艰难的旅程,"但有一只小得可怜的蜘蛛/与我一同默享着这大自然赐予的/快慰。"这样的对比反差,更加映衬出诗人乐观向上的人生情怀。再如:

　　黑夜给了我黑色的眼睛,
　　我却用它寻找光明。(顾城《一代人》)

　　诗歌用了相反关系的两个意象:黑色的眼睛,代表"文化大革命"在一代人心中投下的沉重阴影;光明,表明一代人追求真理的坚强决心。此外,黑夜也有象征意义,经历过"文化大革命"的人,都深有体会。

　　(七)反常想象

　　有些意象蕴藏历史文化积淀,比如在中国文学里"月亮"是思念的载体,"但愿人长久,千里共婵娟"即是。反常想象,则是沿着常见思维模式的相反方向,构造意象,表达思想,如:

　　有人赞美你像面明亮的镜子。
　　有人赞美你像把闪光的弯镰……
　　可我却找不到赞美你的诗句,
　　你像冰一样冷,像铁一样无情,
　　惟能从太阳那里偷来一点点淡薄的光。(魏饴《月亮》)

　　绝大多数人会赞美月亮,而作者另辟蹊径,认为月亮不过是偷了太阳的光。这里月亮有象征意义,代表不努力劳动而获得果实的投机小人。

二、创意语言是诗歌灵魂

　　没有任何一种文学形式,像诗歌一样,对语言形式要求如此之高。这种文体天然地依靠审美化的语言形式包装思想。

（一）超常搭配

诗人往往并不使用词语的词典意义。唐代杜甫曾经说"语不惊人死不休"，西方诗人也呼喊"扭断语法的脖子"，诗人出人意表的语言，在美学上往往就是"有意味的形式"。李荣启（2005：144）云："词语的超常搭配，使语义关系呈现出隐喻性、象征性、非逻辑性。"

如部编本九上穆旦《我看》"像季节燃起花朵又把它吹熄"，季节能使花朵开放也可以使之凋谢，"燃起"和"吹熄"与它不搭配，"花朵"这个意象就有了象征意义，指希望总是起起落落，就跟自然界的规律一样，诗人的欢笑和哀愁也跟着起伏。

再如部编本九下舒婷《祖国啊，我亲爱的祖国》"我是你河边上破旧的老水车/数百年来纺着疲惫的歌"，"歌声"可以用悠扬、悲伤、凝滞等形容词修饰，这里却用"疲惫"，表示人的精神状态的形容词修饰，表现了诗人对祖国苦难历史的哀伤之情。"我是你簇新的理想，/刚从神话的蛛网里挣脱"，有蛛网的地方总是与破旧联系在一起，但这里的修饰成分是名词"历史"，"蛛网"意象就有了象征意义，指从苦难的历史上爬起来的百废待兴的国家事业。

（二）警言名句

有些句子非常简洁，能让读者过目不忘，犹如格言警句一般，也是创意性语言。如：

骑在人民头上的

人民把他摔垮；

给人民作牛马的

人民永远记住他！（部编本六上《有的人》）

句子隔句押韵：垮、他。句子短小，但足以表达人们对鲁迅的敬重，对反动者的愤恨。

（三）和谐韵脚

三伏天下雨哟，

雷对雷，

朱仙镇交战哟,
锤对锤;
今儿晚上哟,
咱们杯对杯!

舒心的酒,
千杯不醉;
知心的话,
万言不赘;
今儿晚上啊,
咱这是瑞雪丰年祝捷的会!

酗酒作乐的
是浪荡鬼;
醉酒骂天的
是窝囊废;
饮酒赞前程的
是咱们社会主义新人这一辈!

财主醉了,
因为心黑;
衙役醉了,
因为受贿;
咱们就是醉了,
也只因为生活的酒太浓太美!(郭小川《祝酒歌》选段)

这首诗利用灰堆韵,如:雷、锤、杯、醉、赘、会、鬼、废、辈、黑、贿、美,创造了一种欢乐明快的节奏,适合表达祝酒欢庆的主题。艾青(1986:272)在论及诗歌音乐性时说:"诗是藉助于语言以表现比较集中的思想感情的艺术。语言是由声音组成的。把语言里的声音,按照它们的强弱,经过了配合,就构成了韵律。韵律是传达声音的有规律的表现。无论是诗人采取什么样的体裁写诗,都必须在语言上有两种加工:一种是形象的加工;一种是声音的加工。"

（四）繁复修辞

为了创造出人意表的意象,表达惊叹的感情,诗人从不吝惜修辞。这也是强调感情、展现诗人想象力的天地。

1. 反　复

如徐志摩《沙扬娜拉》"道一声珍重,道一声珍重,/那一声珍重里有蜜甜的忧愁",反复可以强调诗人的感情,这里表现诗人对日本女郎的依依惜别之情。

2. 比　喻

比喻可以将诗人的感情,化为物象,避免概念式抒情。如:
像星空下撒遍我周身的月光,
不,月光太淡了;
像晨光里笼罩着我的白雾,
不,白雾太薄了;
像波涛间猛烈扑打我的海风,
不,海风太轻了。
思念呀思念,也许有些像
八月十五蔽天盖地的钱塘大潮。（陈树明《思念》）

为了写出思念之浓厚、深重,诗人用了三个比喻:月光、白雾、海风。只有那"蔽天盖地的钱塘大潮"才是跟心灵呼应的意象,它汹涌澎湃、蔽天盖地、瞬息将心灵堤防淹没!

3. 拟　人

拟人就是将物象看作人物来描写,它可以将静止的物象动态化、人格化。如:
打开已关了一个冬季的窗门,
让你把全金丝织的明丽的台巾,

铺展在我临窗的桌子上。（艾青《给太阳》选句）

所选的句子出自艾青《给太阳》一诗，这里将太阳看作人，将太阳照着桌子，写成太阳把"全金丝织的台布铺展在桌子上"，使静止的物象变成了动态的事件。

4. 通　感

通感是把视觉、听觉、嗅觉、触觉、味觉联通起来的修辞手法，由其中一种而旁及到其他类别，使五觉之间不分界限。如：

突然一阵风，

好像舞蹈教练在指挥，

所有的绿就整齐地

按着节拍飘动在一起……（部编本四下《绿》）

诗人将眼睛看到的绿色，转化为耳朵听到的乐曲。写出了绿色之繁茂，生机之盎然！

诗歌里的修辞手法不止这些，但这四种最为重要。有心的写作者还可以从更多角度观察诗歌语言上的修辞技巧，并运用于个人创作中。

每个年轻人都是大地上最自然的诗人，他们意气风发、激情澎湃，只有那些永远具有想象力和创造力的人，到老年也是诗人！

参考文献

艾青，1986. 艾青选集. 第三卷[M]. 成都：四川文艺出版社.

黑格尔，1981. 美学. 第三卷下[M]. 北京：商务印书馆.

李荣启，2005. 文学语言[M]. 北京：人民出版社.

蒲震元，1999. 中国艺术意境论[M]. 第二版. 北京：北京大学出版社.

童庆炳，2016. 童庆炳文集[M]. 第一卷. 北京：北京师范大学出版社.

魏饴，2004. 诗歌创作的艺术与智慧[M]. 长沙：中南大学出版社.

叶朗，1998. 胸中之竹[M]. 合肥：安徽人民出版社.

朱光潜，1987. 朱光潜文集. 第三卷[M]. 合肥：安徽教育出版社.

宗白华，2009. 美学与意境[M]. 北京：人民出版社.

第六章 散文创作型文体

第一节 刻画意象寄托情怀

一、散文文体内部分类

各类题材都可以纳入散文写作范围。曹世钦（1994：171）说："现实生活中值得散文去表现的太多了，散文作者的眼界要开阔，写家庭散文，也可以写社会问题散文，写城市生活，也可以写农村生活，写企业家所从事的轰轰烈烈的事业，也可以写那些不被人注意而闪烁着时代光芒的平凡小事，写感想，写事迹，写游记，更可以多写一点人物。"创作型散文一定要做到真（性情真）、妙（语言妙）、神（立意高）。

本书第一、二、三、四章皆讨论散文，我们认为学生初始就在学习写作散文。按照写作内容及语篇模式差异分为：记事散文（含记叙完整事件和借助事件抒情两类）、写人散文、写景散文、状物散文、托物言志（象征手法）散文、心理描写散文、直抒胸臆散文、描述性议论散文、阐明性议论散文、思辨性议论散文十类。另外说明语篇模式为主的知识小品文可以看作散文的下位文体，也可以放在实用文体之中。①

这十类之中，前七类都是抒情散文，可见抒情是散文的主要写作目的，那么它就跟诗歌文体有了一致性。第五章我们谈到诗歌的主要目的是抒情，抒情主要借助意象展开。散文也不例外，一定要将自己的感情依附于某个具体的形象，才有利于形成精美散文。

---

① 它与科技说明文的区别是：知识小品文允许有记叙和抒情语篇模式，科技说明文全文都是说明语篇模式。

二、散文文体意象

（一）自然景物

曹世钦（1994：112）将游记类散文分为四类：无景无情、有景无情、有情无景、情景交融，指出情景交融才是游记散文里的佳作。作者对自然景物的刻画，要付诸于声、色，以语言文字唤起读者对形象的感知，并将自己的情绪和感受，一并揉进物象里。

以贾平凹《三游华山》为例，他第一次游华山看到了树林的一条小河，河里密布石头，"大的如一间房的模样，小的也有瓮大的，盆大的，枕大的。颜色一律灰白，远远看去，在绿树林子之下，白花花的耀眼，像天地之间，忽然裸露了一条秘密，这便将我吸引过去。"石头意象负载了精神内涵，"本是一片死寂的顽石，却充满了运动和生命，这使我惊奇不已。"

第二次游华山他看到了"玉泉院"的绿地，"这小草一棵挨着一棵，延续到草场边的斜砖栏上，几乎又生长在树的根部，如汗毛一般。我太喜欢这种环境了，觉得到了最好的地方，盘脚坐起，静静地听自己呼吸。"

第三次游华山他看到了一条小河，"青石板很多，水从上流过，腻腻的软着身子，但遇着一块仄石了，就翻出一朵雪浪花，或在下出现一个空轴儿的漩涡。"河水意象透出闲适之义，引发了作者游玩兴趣，"捡些小片石丢去，片石如树叶一样，先在水面上浮着飞，接着就没进水，左一漂，石一漂，自由在在好长时间才落水底。"三次游览所写的景物不一样，但景物所附带的精神都一致：大自然生机盎然，享受自然赐予的美好，就是游览的最大意义。

（二）绘画雕塑

此类意象要写出绘画雕塑的线条、色彩艺术风格。以余秋雨《莫高窟》为例，写北魏至元不同时代的不同艺术风格。摘取文中北魏与唐代的描写："青褐浑厚的色流，那应该是北魏的遗存。色泽浓厚沉着得如同立体，笔触奔放豪迈得如同剑戟。那个年代故事频繁，驰骋沙场的又多北方骠壮之士，强悍与苦难汇合，流泻到了石窟的洞壁。""色流猛地一下涡漩卷涌，当然是到了唐代。人世间能有的色彩都喷射出来，但又喷得一点儿也不野，舒舒展展地纳入细密，流利的线条，幻化为壮丽无比的交响乐章。"文章使用了色彩词,并努力将视觉效果的色彩化成听觉效果的音乐。细腻的描写增加了文章气韵。

(三)人工建筑

此类意象要写出建筑的历史水平、存在的历史意义、引发的人生思考。如史铁生《我与地坛》,地坛是祭祀土地神的地方,作者在这里思考了生与死的问题。再如秦牧《社稷坛抒情》中的社稷坛是祭祀五谷神和土地神的地方。"在庄严的宫殿建筑之前,有这个四方的土坛,屹立在地面,它东面是青土,南面是红土,西面是白土,北面是黑土,中间嵌着一大块圆形的黄土。这图案使人沉思,使人怀古。"作者想到了古代劳动人民辛苦、土地资源得之不易、中国五行哲学观念起源、五行与黄土关系、国家统一。围绕社稷坛,"我仿佛曾经上溯历史的河流,看见了古代的诗人、农民、思想家、志士,看他们的举动,听他们的声音,然后又穿过历史的隧洞,回到阳光灿烂的现实。"

当然能入散文,且被作家详细描写,成为意象的物象,不只是上面三类。要写出精美散文,写作者必须首先着意刻画意象。在此基础上,进一步形成散文意境。

第二节 形成描写及抒情意境

一、意象与意境关系

第五章我们介绍了诗歌意象和意境概念。袁行霈(1987:24)认为:"意象只不过是构成诗歌意境的一些具体的、细小的单位。意境好比一座完整的建筑,意象只是构成这建筑的一些砖石。"叶朗(1987:57)说得更为明确:"从审美活动的角度看,所谓'意境',就是超越具体的、有限的物象、事件、场景,进入无限的时间和空间,所谓'胸罗宇宙,思接千古',从而对整个人生、历史、宇宙获得一种哲理性的感受和领悟。一方面超越有限的'象'(象外之象),另一方面'意'也就从对某个具体事物、场景的感受上升为对整个人生的感受。这种带有哲理性的人生感、历史感、宇宙感就是'意境'的意蕴。"

意境有多少种类型，至今无人做过此类研究。曹世钦（1994：27-29）列举了壮丽、深远、淡雅三类意境。本书试图从对比角度，列举几类：从意象表达主题直接与否上分为含蓄与明快；从意象表达生机繁简上分为壮丽与苍凉；从意象描写使用修辞繁简上分为绚丽与冲淡；从意象表达哲理明确与否上分为深邃与空灵。

二、含蓄与明快

（一）暗示或象征成就含蓄意境

如果散文写此而意在彼，不管它是用暗示的方式也罢，还是象征的手法也好，都可以表达含蓄的意境。暗示手法如郁达夫《钓台的春昼》，该文按照游览缘起—桐君山美景—七里滩美景—钓台美景—返程顺序写作。文章寄情山水，以抒情之笔，贯穿对"文化高压"的不屑，透露出作者身处社会动荡年代的悲愁，表达了作者率真的爱国主义和革命民主主义思想。作者表面上是写景，但"醉翁之意不在酒"，他在景物描写之中多处穿插人物评论：如介绍桐庐县城，重点介绍了桐君山，在作者眼里，桐君山有水算不得有灵性，最有韵味的是桐庐一带被谑称作的"桐严嫂"的妇女，她们使这里的山山水水有了特别的灵性。对桐庐县城的介绍，作者是站在桐君山上按照空间顺序介绍的，向南渡江是唐代诗人方干的故居，东北面紧挨着富阳县界的地方是程颐墓穴。这就把桐庐县城人杰地灵的特点写出来了。写桐君山美景，接着评价这里的著名隐士严子陵、戴征士，"倘使我若能在这样的地方结屋读书，以养天年，那还要什么的高官厚禄，还要什么的浮名虚誉哩？"这既是对两位隐士高风亮节的赞美，也是对景色之美的赞叹。在严子陵的祠堂里欣赏同乡夏灵峰的题诗，他借机评论道，"比较起现在的那些官迷的南满尚书和东洋宦婢来，他的经术言行，姑且不必去论它，就是以骨头来称称，我想也要比什么罗三郎郑太郎辈，重到好几百倍。"这一句评论跟开头呼应，"中央党帝，似乎又想玩一个秦始皇所玩过的把戏了，我接到了警告，就仓皇离去了寓居。"借机饱览了"二十年来，心里虽每在记着，但脚却没有向这一方面走过"的家乡风景。文章在写景中多次穿插人物评论，暗示影射对时局的不满，创造了散文含蓄意境。

鲁迅《秋夜》用象征手法创造了含蓄意境，这里不再详细解说。

（二）明确抒情成就明快意境

散文总是会明确地描写某物，假如再借助于语言直接抒发感情或者发表评论，就可以形成明快的意境，如朱自清《绿》直接抒情道："那醉人的绿呀！我若能裁你以为带，我将赠给那轻盈的舞女；她必能临风飘举了。我若能把你以为眼，我将赠给那善歌的盲妹；她必明眸善睐了。我舍不得你；我怎舍得你呢？我用手拍着你，抚摩着你，如同一个十二三岁的小姑娘。我又掬你入口，便是吻着她了。我送你一个名字，我从此叫你'女儿绿'，好么？"再比如郁达夫《故都的秋》用一段文字评论北平秋天味道之浓烈，这是依靠议论语篇模式抒发感情，也同样创造了明快的意境。

三、壮丽与苍凉

（一）生机蓬勃成就壮丽意境

波澜壮阔的大河或者是高俊威武的大山，总是生机蓬勃，因此描写这些地方能产生壮丽意境。如刘白羽《长江三日》即是，摘取其中描写，以体悟壮丽之美：

突然是深灰色石岩从高空直垂而下浸入江心，令人想到一个巨大的惊叹号；突然是绿茸茸草坂，像一支充满幽情的乐曲；特别好看的是悬岩上那一堆堆给秋霜染得红艳艳的野草，简直像是满山杜鹃了。峡急江陡，江面布满大大小小漩涡，船只能缓缓行进，像一个在崇山峻岭之间慢步前行的旅人。

（二）衰败荒芜成就苍凉意境

戈壁沙漠或者绝地风景，危险之中总是有暗藏的生机，因此描写这些地方能产生苍凉意境。如马步升《绝地之音》写在陕甘宁蒙边界长城，身处荒凉之境听到打碾庄稼汉子唱出的一连串无词的调子，他听懂了长城边界人民渴望和平，追求美好生活的心愿。作者评论道："绝地，才能迸发出绝唱，绝唱，永远是绝地的宿命。绝地之音，并不仅仅传达悲壮哀婉，它是生命本身，每一个音符里都透射着生命的全部内涵。它不是用具体的词、调所能表达清楚的，身处无语无理性之境地，废词失调才是真实生命的展示。"摘取其中描写，以体悟苍凉之美：

终于，攀上了山顶。黄乏的太阳已站在了一根黄土柱上，随时准备一跃而下，将山川人灵都置于无际的黑暗之中。山顶的风很厉，似乎这仍是一座被围困的营盘，风从四面沟崖齐向山顶冲击，一道道土烟合围上来，营盘萧瑟，隐隐有金戈铁马之音。

四、绚丽与冲淡

（一）修辞繁复成就绚丽意境

精美散文对于语言的依赖，犹如诗歌一样。但诗歌语言有大量的超常搭配，导致词语产生非词典意义，散文语言更符合口语语法规则。经过作家加工过的语言，以其诗意而成功占有读者的心灵。如李乐薇《我的空中楼阁》，从近看远观、周围环境、光线明暗、出入要道、夜晚小屋等多个角度，描写了山上一座美如艺术品的小屋。文章使用了多种章法，如以动写静：

山上有了小屋，好比一望无际的水面飘过一片风帆，辽阔无边的天空掠过一只飞雁，是单纯的底色上一点灵动的色彩，是山川美景中的一点生气，一点情调。

烘托显物：

树的动，显出小屋的静；树的高大，显出小屋的小巧；而小屋别致出色，乃是由于满山皆树，为小屋布置了一个美妙的绿的背景。

对比衬托：

"领土"之小与"领空"之大，形成对比，"适于心灵散步，眼睛旅行，也就是古人说的游目骋怀"，以突出"领空"无穷大。"有形的围墙"种花，

"无形的围墙"栽云,"有形的围墙围住一些花,有紫藤、月季、喇叭花、圣诞红之类。天地相连的那一道弧线,是另一重无形的围墙,也围住一些花,那些花有朵状,有片状,有红,有白,有绚烂,也有飘落。也许那是上帝玩赏的牡丹或芍药,我们叫它云或霞。"以对比手法写出了云彩之美。

文章使用了多类修辞格,这里仅举几类。

比喻:

明喻"山如眉黛,小屋恰似眉梢的痣一点。"暗喻"小屋迷于雾失楼台的情景中,它不再是清晰的小屋,而是烟雾之中、星点之下、月影之侧的空中楼阁!"

比拟:

本质上,它是一幢房屋;形势上,却像鸟一样,蝶一样,憩于枝头,轻灵而自由!

通感:

我只觉得出外时身轻如飞,山路自动地后退;归来时带几分雀跃的心情,一跳一跳就跳过了那些山坡。

轻巧外出是心理感受,外化为"身轻如飞"的肢体动作;轻松归来也是心理感受,外化为"一跳一跳"的肢体动作。

诗意化的语言,成就了本文绚丽的意境。

(二)平淡语言成就冲淡意境

散文也可以靠叙事,而不是修辞,产生冲淡意境。如贾平凹《丑石》写一块在乡村不能盖房、不能铺台阶、不能洗石磨的没有任何利用价值的丑石,天文学家来了,说它是陨石,坠落人间已经将近三百年。天文学家评论它说:"丑到极处,便是美到极处。正因为它不是一般的顽石,当然不能去做墙,做台阶,不能去雕刻,捶布。它不是做这些顽意儿的,所以常常就遭到一般世俗的讥讽。"文章使用欲扬先抑手法,赞扬了丑石默默承受误解和怨愤的宽大情怀。再如汪曾祺《葡萄月令》按照时间顺序写葡萄种植过程,包括葡萄藤储藏、葡萄藤出窖、葡萄藤上架、浇水施肥、喷药、打梢、掐须、开花结果、着色、采摘、运输、葡萄下架、剪葡萄条、葡萄入窖等环节。该文没有太多描写抒情，但平实的叙事中，流露出作者季节流转之中的收获感、幸福感，也是依靠叙事，而非修辞获得冲淡之美。

五、深邃与空灵

（一）明示哲理成就深邃意境

散文通过描写意象，明确表达一种哲理，这就有了深邃意境。如贾平凹《三游华山》写三次游华山，都是半途尽兴而归。他告诉自己的学生，"来了三次，还未上山，便得了这许多好处，若再去山上，如何能再享用得了？如今不去山上，山上的美妙永远对我产生吸引力。好东西不可一次饱享，慢慢消化才是。""大自然的一切奥秘，全在微妙二字，懂得这个道理，无事不可晓得，无时不产生乐趣和追求。"

（二）暗示哲理成就空灵意境

散文通过描写意象，暗含一种哲理，往往形成空灵意境。如宗璞《好一朵木槿花》写一朵木槿花冲破种种阻碍，在恶劣环境下，"泥土、砖块、钢筋、木条全堆在园里，像是零乱地长出一座座小山，把植物全压在底下"，它却开出了美丽的花朵。小园经过整治以后，木槿花长高了很多，但它再也没有开出那曾经的花朵。文末作者思索道："也许需要纪念碑，纪念那逝去了的，昔日的悲壮？"这意味着一切磨难都有价值。花的成长是这样，人也一样。这篇文章耐人寻味，有空灵美感。

第三节　抒情散文语言精加工

一、想象应纵横

（一）对比想象

将有相反关系或相对关系的两个事物放在一起描写，往往能产生强烈的审美效果，如：

你看那急速漂流的波涛一起一伏，真是"众水会万涪，瞿塘争一门。"

而两三木船,却齐整的摇动着两排木桨,像鸟儿扇动着翅膀,正在逆流而上。我想到李白、杜甫在那遥远的年代,以一叶扁舟,搏浪急进,该是多少雄伟的搏斗,会激发诗人多少瑰丽的诗思啊!(刘白羽《长江三日》选句)

第一句写激流跌宕的江水,第二句写几只小船逆流而上。将大自然环境与人的奋斗对比写,能显示出人征服自然的雄心壮志。第三句从眼前现实联想到李白、杜甫时代,通过古今对比,展示人类征服自然的成果。

听说长江发源于一片冰川,春天的冰川上布满奇异艳丽的雪莲,而长江在那儿不过是一泓清溪;可是当你看到它那奔腾叫啸,如万瀑悬空,砰然万里,就不免在神秘气氛的"童话世界"上又涂了一层英雄光彩。(刘白羽《长江三日》选句)

分号之前写长江发源地水流,接着写过了重庆之后的长江浩浩荡荡,对比之中显示长江纳百川的气魄。

我曾见过北京什刹海拂地的绿杨,脱不了鹅黄的底子,似乎太淡了。我又曾见过杭州虎跑寺旁高峻而深密的"绿壁",重叠着无穷的碧草与绿叶的,那又似乎太浓了。其余呢,西湖的波太明了,秦淮河的又太暗了。(朱自清《绿》选句)

为了写出梅雨潭不淡、不浓、不明、不暗,恰到好处的"绿",朱自清将它与北京什刹海拂地的绿杨、杭州虎跑寺旁的绿壁、西湖的波、秦淮河的水比较。

(二)跨时空想象

将所描写的事物放在更大的时空框架中,联想跨越古今,涉及中外乃至宇宙,可以产生宏大的审美效果,如:

初下泄滩,你看着那万马奔腾的江水会突然感到江水简直是在旋转不前,一千个、一万个漩涡,使得"江津"号剧烈震动起来。这一节江流虽险,却流传着无数优美的传说。十一点十五分到秭归。据袁崧《宜都山川记》载:秭归是屈原故乡,是楚子熊绎建国之地。后来屈原被流放到汨罗江，死在那里。民间流传着：屈大夫死日，有人在汨罗江畔，看见他峨冠博带，美髯白皙，骑一匹白马飘然而去。又传说：屈原死后，被一大鱼驮回秭归，终于从流放之地回归楚国。这一切初听起来过于神奇怪诞，却正反映了人民对屈原的无限怀念之情。（刘白羽《长江三日》选段）

西陵峡有三个著名的险滩：泄滩、青滩和崆岭滩。作者描写重点都不在险滩，而在民间传说上。原因是《长江三日》整篇都写江水浩荡，章法要不断变化，才可以避免重复。这一段由眼前景物，思绪飞跃到民间传说上。①作者的思绪在古今之间穿梭，充分揭示了长江丰富的文化底蕴。

今天我们整个大地，所吐露出来的那一种芬芳、宁馨的呼吸，这社会主义生活的呼吸，正是全世界上，不管在亚洲还是在欧洲，在美洲还是在非洲，一切先驱者的血液，凝聚起来，而发射出来的最自由最强大的光辉。我读完了《狱中书简》，一轮落日——那样圆，那样大，像鲜红的珊瑚球一样，把整个江面笼罩在一脉淡淡的红光中，面前像有一种细细的丝幕柔和地、轻悄地撒落下来。（刘白羽《长江三日》选段）

《长江三日》前两天都是在过激流险滩，最后一天作者写江水平静，他将这样的航行过程隐喻到中国革命从艰苦斗争到获得光明的历程。这一段又将中国的社会主义建设与国际无产阶级斗争历史结合起来，显示了中国道路在世界民族解放中的突出地位。文章跨越古今时间、越过宏大空间，纵横捭阖，创造了交响乐般的艺术效果。

（三）类比想象

在某类相似点的提醒下，从物想到人，或者由人想到物，就是类比想象。这类想象可以起到深化主题作用。如：

我的心不禁一颤：多可爱的生灵啊！对人无所求，给人的却是极好的东西。蜜蜂是在酿蜜，又是在酿造生活；不是为自己，而是在为人类酿造最甜的生活。蜜蜂却又多么高尚啊！

透过荔枝树林，我深沉望着远远的田野，农民在田里，辛勤地插秧。

---

① 散文中穿插传说故事，语言要精当简要，不然就很容易偏离主题。写作者务必要注意此项提醒。

他们用双手建设自己的生活,实际也是在酿蜜——为自己,为别人,也为后世子孙酿造着生活的蜜。

这个黑夜,我做了个奇怪的梦,梦见自己变成一只小蜜蜂……酿造着未来……(杨朔《荔枝蜜》)

杨朔这篇散文写得波折起伏,他先从不喜欢蜜蜂切入,这就是写作上的欲扬先抑手法。然后写到荔枝蜜的香甜,由荔枝蜜而引出与养蜂人老梁的对话,抒情的重点就落在了赞扬蜜蜂上。作者并没有就此止笔,而是将田里辛勤劳作的农民,类比成蜜蜂。晚上自己做梦也变成了一只小蜜蜂,文章以对蜜蜂的高度认同收尾,可谓结构严谨。再如:

莫高窟确实有着层次丰富的景深(depth of field),让不同的游客摄取。听故事,学艺术,探历史,寻文化,都未尝不可。一切伟大的艺术,都不会只是呈现自己单方面的生命。它们为观看者存在,它们期待着仰望的人群。一堵壁画,加上壁画前的唏嘘和叹息,才是这堵壁画的立体生命。游客们在观看壁画,也在观看自己。于是,我眼前出现了两个长廊:艺术的长廊和观看者的心灵长廊;也出现了两个景深:历史的景深和民族心理的景深。(余秋雨《莫高窟》选段)

这一段将《莫高窟》分为前后两部分,前半部分从色彩和线条方面描写莫高窟从北魏至元代的雕塑艺术风格,后半部分写莫高窟作为一座艺术宝库带给人们的滋养和震撼。作者用一个"长廊"意象,将两者类比在一起。

二、描写有细节

(一)描摹要细致

散文的描写要粗中有细,"粗与细,是个辩证的统一。粗,才能放肆笔墨,浮想联翩,容纳大的密度;粗,才可以不需要完整的故事情节,不必全面展现人物性格形成发展的过程;粗,才能腾出笔墨,精细刻画主体形象。细,在某一关键部分,把人物、事件、景象的本质特征展现出来,渲染浓郁的生活气氛,酿就诗一样的意境。"(皇甫修文,2015:190)对重点刻画的意象细致描写,才可以形成整篇文章的意境。如:

微微的云在我们顶上流着；岩面与草丛都从润湿中透出几分油油的绿意。而瀑布也似乎分外的响了。那瀑布从上面冲下，仿佛已被扯成大小的几绺；不复是一幅整齐而平滑的布。岩上有许多棱角；瀑流经过时，作急剧的撞击，便飞花碎玉般乱溅着了。那溅着的水花，晶莹而多芒；远望去，像一朵朵小小的白梅，微雨似的纷纷落着。据说，这就是梅雨潭之所以得名了。但我觉得像杨花，格外确切些。轻风起来时，点点随风飘散，那更是杨花了。——这时偶然有几点送入我们温暖的怀里，便倏的钻了进去，再也寻它不着。（朱自清《绿》选段）

这一段写梅雨潭瀑布，先写瀑布周围环境，从上向下写，上面是"微微的云"，下面是"岩面与草丛"。先写瀑布的声响，再写瀑布的形态，肯定方面写形态为"大小的几绺"，否定方面写形态为"不复是一幅整齐而平滑的布"。接着写瀑布水珠洒落的形态，"飞花碎玉般乱溅"，水珠色泽，"晶莹而多芒"，水珠形态，"像一朵朵小小的白梅，微雨似的纷纷落着。"或者像杨花更为贴切，"轻风起来时，点点随风飘散，那更是杨花了。"最后一句写飞散的瀑布水珠与人的互动，"有几点送入我们温暖的怀里，便倏的钻了进去，再也寻它不着"，是点睛之笔。这样带有心灵感觉的句子不需要多，多则空泛，但一定要有，有则意境全出！

（二）对话要简洁

散文不是小说，不需要交代故事来龙去脉，人物对话也要简洁，不描写神态、动作、外貌等伴随情状。如：

奶奶说："真看不出！它那么不一般，却怎么连墙也垒不成，台阶也垒不成呢？"

"它是太丑了"。天文学家说。

"真的，是太丑了。"

"可这正是它的美，"天文学家说，"它是以丑为美的。"

"以丑为美？"

"是的，丑到极处，便是美到极处。正因为它不是一般的顽石，当然不能去做墙，做台阶，不能去雕刻，捶布。它不是做这些顽意儿的，所以常常就遭到一般世俗的讥讽。"（贾平凹《丑石》选段）

这里只简要交代奶奶和天文学家的对话，不描写他们各自的神态、动作等，这些对话为文章中心立意奠定了基础。杨朔《荔枝蜜》"我"与养蜂员老梁的对话也写得非常简洁，只字不提老梁的来历，他说话的神态、动作、表情一概略过，使整篇对话都围绕赞扬蜜蜂勤奋精神而存在。

三、语言有妙趣

（一）描写有诗意

1. 音律美

利用汉语声调高低起伏，产生平仄相间的句子，以便读起来朗朗上口。如：

六月，并不是好时候，没有花，没有雪，没有春光，也没有秋意。那几天，有的是满湖烟雨，山光水色，俱是一片迷蒙。西湖，仿佛在半醒半睡。（宗璞《西湖漫笔》选句）

花，平声，雪，仄声；单音节与动词"没有"匹配。春光，平声，秋意，平仄；双音节与动词"没有"匹配。"满湖烟雨"，仄平平仄；"山光水色"，平平仄仄。"一片迷蒙"，平仄平平；"半醒半睡"，仄仄仄仄。这些词语大致能保持平仄相对。

2. 声色美

利用汉语色彩词、叠音词、拟声词等描写意象，唤起读者的审美感知，以便于使描写生动。如：

道旁古木参天，苍翠欲滴，似乎飘着的雨丝儿也都是绿的。飞来峰上层层叠叠的树木，有的绿得发黑，深极了，浓极了；有的绿得发蓝，浅极了，亮极了。峰下蜿蜒的小径，布满青苔，直绿到了石头缝里。（宗璞《西湖漫笔》选句）

这里的色彩词如：苍翠欲滴、绿、黑、蓝、深、浓、浅、亮，容易引起读者的视觉感知。叠音词如"层层叠叠"、联绵词如"蜿蜒"，容易引起读者的语音感知。这样的描写能让读者看到、听到、闻到文字里的现实世界，是精美散文成功感动读者的重要手法。

3．修辞妙

（1）比喻

有的青苔，形状也很有趣，如耕牛，如牧人，如树木，如云霞，有的整片看来，布局宛然，如同一幅青绿山水。（宗璞《西湖漫笔》选句）

将青苔比作耕牛、牧人，具有田野闲适意蕴；比作树木、云霞、青绿山水画，具有精致艺术效果。比喻总是本体与喻体之间有相似点，写作者一定要注意所取的喻体本身也要有美感，否则，对意象的刻画将难以引发读者审美感知。

（2）排比

西湖胜景很多，各处有不同的好处，即便一个绿色，也各有不同。黄龙洞绿得幽，屏风山绿得野，九溪十八涧绿得闲。（宗璞《西湖漫笔》选句）

幽、野、闲，三个句子排比，写出了西湖不同胜景不同的绿色。

（3）夸张

忽见路旁的树十分古怪，一棵棵树身虽然离得较远，却给人一种莽莽苍苍的感觉，似乎是从树梢一直绿到了地下。（宗璞《西湖漫笔》选句）

"从树梢一直绿到了地下"，是一种夸张的说法，写出了西湖苏堤两旁树木绿意盎然的情状。

（4）通感

那是满地的新荷，圆圆的绿叶，或亭亭立于水上，或婉转靠在水面，只觉得一种蓬勃的生机，跳跃满池。（宗璞《西湖漫笔》选句）

绿色的生机是视觉感觉，本来无形不可触摸，作者把它转化为可观的动态动作"跳跃满池"，写出了西湖花港新荷生机蓬勃情状。

（二）哲理有韵味

叙事类散文可以在收尾处揭示哲理，但总结必须精要、简短，使结尾达到余音绕梁的效果，若拖沓则容易破坏散文的形象性、生动性。如贾平凹《丑石》用抒情语篇模式收尾："我感到自己的可耻，也感到了丑石的伟大；我甚至怨恨它这么多年竟会默默地忍受着这一切？而我又立即深深地感到它那种不屈于误解、寂寞的生存的伟大。"这是对丑石的忏悔，也是对具有丑石精神的人的忏悔。再如贾平凹《三游华山》亦是最后一段总结哲理，深化文章主旨。

参考文献

曹世钦，1994. 怎样写抒情散文[M]. 北京：同心出版社.
皇甫修文，2015. 文体诗学[M]. 北京：光明日报出版社.
叶朗，1998. 胸中之竹[M]. 合肥：安徽人民出版社.
袁行霈，1987. 中国诗歌艺术研究[M]. 北京：北京大学出版社.

第七章　小说创作型文体

第一节　小说构思与叙事结构

一、小说构思与矛盾冲突

（一）题材选择

小说文体根据题材可以分为：历史小说、公案小说、神魔小说、家庭小说、意识流小说、乡村小说、城市小说等；根据主题分为：问题小说、改革小说、创业小说、爱情小说等。

小说构思首先要确定题材选择范围，并提炼主题。作者在现实生活中，接触各类人物、各类事件，结合时代精神，什么样的主题震撼他的心灵，引发他的灵感，将决定他的选材范围，影响他创作所反映的地域特色。假如反映国家乡村振兴主题，他就得将自己的注意力放在农村上，并缩小到一个具体的环境，比如山东菏泽郓城县，环境描写要有平原地理特色，人物语言要有中原官话特色；同时故事人物要涉及城市，以具体人物联系政府机关、高校、商业界、文化界、社会集团等多个领域，以便于产生跌宕起伏的故事情节，丰富人物性格特征。

选定人物之后，作家要使主人公摊上大事，将其放置于矛盾冲突之中，为了解决冲突，他使尽浑身解数，与众多人物发生联系，由此可以构建起跌宕起伏的情节。

（二）构建矛盾冲突

1. 自然界与人的冲突

"人力定然胜于天"，这一句谚语在日常生活中，不痛不痒。如果进入小说，则可以使读者看到自然的伟力，人肉体的渺小，人意志的强大，生命的尊严和悲壮，都可以细节化，从而产生震撼人心的艺术效果。

2. 个人内心世界的冲突

现实生活中，冲突并不总表现为肉体面临死亡的险境，但很多人内心都会出现冲突，选择其中一种行为，另一种拥有合理理由的行为就被否定。比如毕飞宇《青衣》，主人公筱燕秋选择让学生春来登台演出合理，毕竟培养学生是教师的光荣使命；选择自己亲自登台演出也合理，因为她为了这个角色等待了二十年。然而登台主要演员只能有一位，她内心的冲突就必然很剧烈了，小说的悲剧性就更强了。

3. 个人追求与社会规约的冲突

现实生活中，所有追求都不会一帆风顺，总是有个人选择与社会规约之间的矛盾。比如《红楼梦》宝黛爱情就无法实现，因为他们的恋爱不符合封建大家族借助姻亲关系，进一步巩固和提升家庭社会地位的追求。有情人不能成眷属，小说的悲剧色彩就容易吸引读者。再比如张承志《北方的河》，一个汉语文学专业本科生迷恋地理学，想考地理学研究生，但社会现实是，他应该先服从分配去计划生育办公室，而一旦干了这个工作，他就更无法追求自己的地理学梦想。仅仅一个报考资格，他都要费尽精力。最后不得不找老同学帮忙，而所托同学，与自己是情敌关系。这就又引发了主人公内心的冲突。重重矛盾，是推动人物性格变化以及推动情节发展的动力。

4. 反派人物与理想社会的冲突

小说的主人公并不都是正面人物，有时候那些反面典型，也让读者青睐。比如巴尔扎克塑造的守财奴，守财奴不是不符合资本主义主流思想意识形态，或者说他还是主流中的代表人物，但这种社会思想意识是病态的，异化的，不合乎人类社会理想。小说家假想的读者，就会站在正义和理想化的一面，与作家一起批判这个人物。作家揭露得越深刻，读者占据正义的感情就越容易被满足。

接下来确定小说的叙事结构，或者说，确定作者与自己的故事人物之间的关系，是作者全盘操控自己的人物；还是作为故事的一员，参与观察自己的人物；甚至作为局外人，观察故事自身进展。这三类结构，将产生三类不同的叙事语言。

二、小说叙事结构类型

（一）小说的交际系统

小说跟散文同为叙事文体，但具有不同的交际体系。散文的交际体系是平面的：作者跟故事处于同一条线（或者说故事中的"我"就是作者本人），读者处于另一条线，双方在阅读中交汇，成为二维平面交际系统。小说是一个立体的交际系统：作者自身处于一条线，故事处于一条线，读者处于另一条线，作者在写作中与自己的故事交汇（或者说故事中的"我"不是作者本人，是他虚构出来的），他心中同时还装着读者，这是一套三维交际体系；读者在阅读中与作者和故事同时交汇，这是另一套三维交际体系。

小说第一套交际系统，将决定作者的叙事语言。如果作者像全知全能的上帝一样全盘操控故事人物，知道故事的全部结局，称作全聚焦叙事结构；如果作者是故事中的某个人物，或者贴附于故事人物心灵之中，称作内聚焦叙事结构；如果作者如一台摄像机一样，拍摄故事情节，他却跟故事人物一样仅知道拍摄到的情节，称作外聚焦叙事结构。

（二）全聚焦叙事结构

徐岱（2010：209）云："在这类模式中，叙事者所掌握的情况不仅多于故事中的任何一个人物，知道他们的过去与未来；而且活动范围也异常之大。"胡亚敏（2004：25）说：叙述者"不仅自己眼观六路，耳听八方，将各类人物的外貌、家世、言行等尽收眼底，而且还可以借助焦点的自由移动，使人物互相观察。"

中国传统白话小说采取的都是这种叙事模式。如《三顾茅庐》诸葛亮出谋划策之后，刘备"顿首拜谢"，接着出现叙事者语言"只这一席话，乃孔明未出茅庐，已知三分天下，真万古之人不及也"，这一句评论显示叙事者比故事人物诸葛亮、刘备等都预先知道"三国鼎立"历史格局。

当然这不是说，故事人物是作者手里的木偶，无法按照自身性格逻辑和生活逻辑发展。实际上，情节发展受制于因果规律，而不以作家意志为转移。有些时候可能作家原来安排好的人物结局，却被性格发展规律完全打破，作家也只能改变原计划，任其合理发展下去。

（三）内聚焦叙事结构

徐岱（2010：222）云："内聚焦模式又称'同视界式'和'人物视点式'。在这类模式中，叙述者好像是寄居于某个人物之中，借着他的意识与感官在视、听、感、想，所知道的和人物一样多。他可以就是某个人物本身，而这个人物在小说里可以是主角（如日记、书信体小说），也可以是一般的见证人（如菲兹杰拉德《了不起的盖茨比》中的青年商人尼克·卡罗威）；他也可以并不直接在作品里露面，但却始终粘附于某个人物的内心深处，成为他的灵魂的窥探者。"

中国现代小说这类叙事模式较多，如鲁迅《孔乙己》中，"我"是故事见证人；《药》中，华老栓见证刽子手康大叔，酒馆茶客见证夏瑜遇害。

（四）外聚焦叙事结构

胡亚敏（2004：33）说："这种聚焦方式也限制了叙述者对事件的实质和真相的把握，它像一台摄影机，摄入各种情景，但却没有对这些画面做出解释和说明，从而使情节也带有谜一样的性质。"

西方现代小说，海明威《老人与海》是这类叙事模式。作家在人物故事之外，假如故事人物不主动倾诉他在想什么，读者完全不能知道到底在发生什么。

三种模式各有缺点，全聚焦常常使人觉得叙事者喋喋不休，内聚焦留下很多盲点，使读者不得尽兴。外聚焦过于冷漠，不能描写人物心理，也不便于细致刻画人物，申丹（2019：256）认为只"适用于戏剧性强，以不断产生悬念的情节小说"，中国小说家一般不使用这类结构模式。

一般来说，一部小说一个叙事结构类型，但结构模式也可以融合。比如鲁迅《祝福》，开头和结尾以内聚焦模式叙述，中间以全聚焦模式叙述。

小说的结构模式确定之后，接着确定以哪个人物为叙事视角展开故事情节，采用什么人称形式：是作者本人叙事（在作品中称作"隐含的作者"

叙事），还是故事中某个人物叙事；第一人称叙事，第二人称叙事，还是第三人称叙事。

三、叙事视角

（一）全聚焦叙事

莫言《红高粱》是全聚焦第一人称叙事，"我"是全知叙事者，知道"我爷爷""我奶奶""罗汉爷爷"等很多人的一举一动，但他不参与故事情节，是一个故事外的讲述者。为了增加故事的真实性，"我"还是这些历史事实的调查者，要查阅县志、实地调查故事发生地点、采集当地流传的民谣。第一人称"我"参与故事情节，也可以形成全聚焦叙事视角。如狄更斯《大卫·科波菲尔》"我"参与故事事件，在"我"之外，还有一个"隐含的作者"，他担任着全聚焦叙述者角色，任何一个故事人物的神态、动作都可以被他透视。一般而言，全聚焦第一人称叙事，作者在作品中太急于暴露自己的观点，会对读者造成强大的压力。第二人称叙事，作者总是与另一人对话，仅适用于心理分析，用于其他叙事也会对读者形成压力（读者会感觉到有人跟自己说话）。作家常常选择第三人称叙事，这样的视角方便作者跟随自己的人物展开叙事，同时方便作者本人叙事，既可以产生生动的形象感，也便于作者隐含地表达审美感受、发表各类评论。

如毕飞宇《青衣》采用的就是这类叙事视角。我们选取其中的片段，以观察不同叙事视角所产生的艺术效果。

春来还是那样生硬，然而，口气上毕竟有所松动了。筱燕秋抓住了春来的手，慌忙说："没的，你没有抢我的戏！你不知道你多出色，可我知道。出一个青衣多不容易，老天爷要报应的——你演A档，你答应我！"她把春来的手捂在自己的掌心里，急切地说，"你答应我。"

春来是青衣演员筱燕秋的学生，她担心自己不能上台扮演主角，跟老师说，要跳槽去电视台工作。筱燕秋提出让学生演主角，自己甘愿做替补。这是两个故事人物在叙事，她们的活动就好像电视画面一样逼真。

春来抬起了头来，望着她的老师。这么些日子来春来还是第一次这样正眼看她的老师。筱燕秋仔细地研究着春来的目光，这是一种疑虑的目光，一种打算改弦更张的目光。筱燕秋全神贯注地看着春来，就好像春来的目光一移开立即就会飞走了似的。炳璋一直注视着春来，他从春来细微的变化当中看到了玄机。那绝对是七不离八的。

春来和筱燕秋对视眼神的刹那，剧团团长乔炳璋一直在观察师徒两人，他在掂量到底如何挽留青衣青年演员春来。这一段从作者角度叙事，三个人物之间的眼神交流，就好像背景一样被推远，作者掌握每一个人的行动目的：春来疑虑，筱燕秋担心，乔炳璋考虑剧团生存。

可是放弃A档毕竟是筱燕秋在炳璋的面前亲口承诺的，这个承诺是一把剑，筱燕秋亲眼看着自己被这把剑劈成两个，一个站在岸上，另一个则被摁在了水底。当水下的筱燕秋企图浮出水面的时候，岸上的筱燕秋毫不犹豫地就会用鞋底把她踩向水的深处。岸上的筱燕秋感到了水下的窒息，而水下的筱燕秋则亲眼目睹了谋杀的冷酷。岸上和水下的两个女人一起红眼了，怒目相向。筱燕秋在水底与岸上两头挣扎，疲惫万分。

放弃扮演主角，甘做替补，是筱燕秋为了挽留青年演员做出的选择和承诺。但她对自己的演技和水平太自信了，她怎么忍心放弃等待了二十年的登台机会？从作者角度叙事，更容易让读者感受到筱燕秋内心的挣扎，更能体会到故事的悲剧色彩。也就是说，从作者角度叙事，实际隐含了作者的评价立场。

全聚焦第三人称叙事，可以自由转换人称，因为作者高于其中任何一个故事人物。如下面一段选自张承志《北方的河》：

真是这里，他默念着，真是这条路。我全认出来啦，我想起来啦。十几年前，他就是从这个山嘴转过来，一步步踏上被暴雨冲得沟渠纵横的道路的。他把最后一块白荞麦粉条馅饼塞进嘴里，用两只手握牢车厢板，开始专注地望着渐渐向前方倾斜下去的高原。瞧，这些山沟和老黄土帽，朝着黄河倾斜下去啦，朝着黄河，整个陕北高原都在倾斜。他出神地想，这陕北高原对黄河的倾斜是默默的，不露痕迹的，就像红脸后生对他的蓝花花婆姨一样。这不像你，他嘲笑自己说，你现在是强忍着激动。你从新疆大学校门到火车站，曾经给同学吹了一路，吹你对这条河的向往。

其中第一人称"我全认出来啦,我想起来啦",是直接引语,是故事人物视角叙事。第二人称"这不像你,他嘲笑自己说,你现在是强忍着激动。你从新疆大学校门到火车站,曾经给同学吹了一路,吹你对这条河的向往",是故事人物视角叙事,他在自言自语。段落之中的第三人称"他",是作者附着于"他"视角叙事。作家要注意保持叙事视角转换自然有序,一旦凌乱,读者就难以理解了。

(二)内聚焦叙事

内聚焦叙事,有比较强的真实性。其中第一人称叙事最多,一般而言"我"都不是故事主角,当然更不是作者本人。比如部编本九下《孔乙己》里,"我"是酒店小伙计,从他的角度观察小说主人公"孔乙己",假如他的眼睛不能看到的,就只能求助于别人讲述补充,比如孔乙己好久没到酒店喝酒,有人说他偷丁举人家的东西被打折了腿。再如阿城《棋王》也是这类叙事视角,它可以产生如生活般的真实感。下面摘取片段,以体会不同叙事视角所达到的艺术效果。

我叹了一口气,说:"下棋这事儿看来是不错。看了一本儿书,你不能老在脑子里过篇儿,老想看看新的。下棋可不一样了,自己能变着花样儿玩。"他笑着对我说:"怎么样,学棋吧?咱们现在吃喝不愁了,顶多是照你说的,不够好,又活不出个大意思来。书你哪儿找去?下棋吧,有忧下棋解。"

"我"在跟王一生谈论:人为什么而活。王一生认为读书不错,但那时代没有书可读,找不到书!象棋不错,用具简单,变化无穷,可以消解忧愁,结缘朋友,上达哲理。这是"我"跟故事人物王一生叙事,声音情状如在读者眼前,十分真切。

我说当然,心里一动,就又问他:"你家里到底是怎么个情况呢?"他叹了一口气,望着屋顶,很久才说:"穷。困难啊!我们家三口儿人,母亲死了,只有父亲、妹妹和我。我父亲嘛,挣得少,按平均生活费的说法儿,我们一人才不到十块。我母亲死后,父亲就喝酒,而且越喝越多,手里有俩钱儿就喝,就骂人。邻居劝,他不是不听,就是一把鼻涕一把泪,弄得人家也挺难过。我有一回跟我父亲说：'你不喝就不行？有什么好处呢？'他说：'你不知道酒是什么玩意儿，它是老爷们儿的觉啊！咱们这日子挺不易，你妈去了，你们又小。我烦哪，我没文化，这把年纪，一辈子这点子钱算是到头儿了。你妈死的时候，嘱咐了，怎么着也要供你念完初中再挣钱。你们让我喝口酒，啊？对老人有什么过不去的，下辈子算吧。'"

"我"不清楚王一生家里到底什么情况，就询问他。从他的讲述中，我知道他家里经济很差，妈妈最初不支持他玩象棋，但临终还是为儿子留了一幅自己亲自磨制的无字象棋。内聚焦第一人称叙事，受时空局限，凡是这个人物不能观察到的情况，都只能依赖别人转述。即便是转述，它仍然处于故事的先后时间顺序上，对推动情节发展、洞察人物性格有价值，且仍能保持逼真的生活现实性。

采用内聚焦第一人称叙事时，作者要表达自己的观点，可以使用两种方法。第一，通过人物之口表述出来，如《棋王》，作者通过人物"我"和王一生表达人生必须有严肃的追求目标主题思想。"我"酷爱读书，在没有书读的年代，也不放弃思考人生；棋王下棋，追求达至哲学境界。第二，描写人物命运，通过故事结局，暗示作者的立场，这称作"隐含的作者"叙事，以隐蔽的方式发表评论。如部编本九下《孔乙己》，孔乙己不是旧型知识分子的代表，也不是当权阶级需要的人才，因为他连秀才也没有考中。但他坚持读书人的基本道德底线——诚信，每次喝酒欠费必定付清。他掌握知识的目的不是改造社会，他时刻替酒店小伙计"我"惦记的事情是有朝一日升迁为掌柜，要记住"回"字有四种写法。在孔乙己看来，读书就是为了晋身，有朝一日改变自己的身份、地位。他穷得不能安身立命，去偷人家的书，在他的价值体系中这却不是肮脏的偷窃行为。他学会了一套百姓听不懂的语言体系——文言，成了旧体制的受害者。当别人质问他为什么偷书，他就说一些之乎者也之类的文言，搪塞过去。当别人嘲笑他为什么连秀才也不中，他又用这一套语言体系遮掩过去。他的这一套语言体系在儿童眼里也那么滑稽可笑。文言割裂了他与群众的关系，成了他个人的遮羞布，他却懵懂无知。这些客观的叙事中隐含鲁迅复杂的感情：同情孔乙己穷困潦倒，憎恶文言这种语体造成了知识分子与百姓之间深深的隔膜。小说里隐蔽的评论是作家思想的标尺，只有对社会现实深入思考的严肃作家，才能凭这一条交流通道与读者沟通。

内聚焦叙事结构也可以采用第三人称，以便于分析人物心理。如王蒙《春之声》，通过描写主人公岳之峰在闷罐子车里由见闻引发的联想，以辐射型叙事线索，表达了中国人民铿锵有力地大步迈进改革开放新时代的激动心情。

（三）内、全聚焦融合叙事

有些小说家还可以将全聚焦叙事与内聚焦叙事结合起来，到达一种既有生活真实，又掌控故事全局的艺术效果。如部编本高一必修下《祝福》，前后一段的叙事视角都取自故事人物"我"，属于内聚焦叙事。"我"在旧历新年时间回到鲁镇，遇到祥林嫂，她问道："一个人死了之后，究竟有没有魂灵的？""我"不敢正面回答她，因为她的变化太大了，像一个乞丐一样，我又了解她的遭遇，也许"说不清"更让"我"觉得安心些。最后故事结尾，在祥林嫂死了之后，"我"看到雪花飞舞中的鲁镇，想象着祭祀的香气吸引天地圣众赐予人们幸福。

中间的部分有全聚焦叙事特点，因为这个叙事者知道鲁四老爷、四婶、卫婆子、柳妈、祥林嫂等每个人物的语言、动作、神态等细节信息。祥林嫂被婆家抢走卖为山里媳妇，经过卫婆子之口转述，可见这个隐藏的叙事者就生活在鲁镇。他没有公开地发表自己的评论，只是隐藏在每一个故事人物身上，将鲁镇所发生的一切展现在人们面前。

两种叙事视角不相杂乱，转换自然，主要原因是作家使用了巧妙的连接手段。第一次连接"先前所见所闻的她的半生事迹的断片，至此也联成一片了"，这一句很自然地过渡到下面的全知视角。每个人与祥林嫂的交流都被叙事者尽收眼底，包括他们说话时的语气、祥林嫂的神情与反应等细枝末节。祥林嫂捐了门槛也不能参与祭祀这样的重大活动，对她的打击应该是巨大的，因为她害怕死了之后被锯成两半。她变得"记性尤其坏，甚而至于常常忘却了去淘米"，四婶对她很不满意，"祥林嫂怎么这样了？倒不如那时不留她。"接着转入故事人物"我"内视角叙述，"当我还在鲁镇的时候，不过单是这样说；看现在的情状，可见后来终于实行了。""我"在鲁镇听到了四婶这话，跟上文的全知视角叙事就天衣无缝地接起来了。

任何一种叙事视角，都可以产生审美效果，主要看故事本身适合什么样的叙事视角。比如毕飞宇的《青衣》是悲剧，全聚焦就有更强的震撼力。阿城的《棋王》写的是人生哲学问题，全聚焦就容易造成概念化的评论太多，内聚焦则可以借助人物形象表达思想，更生动些。内聚焦结构不便于展示人物心理活动，因此意识流小说，采用全聚焦第二人称或第三人称叙事为宜。全聚焦第三人称叙事，作者要注意视角转换自然，并且尊重思维顺序。这一点我们在绪论中已经提及。美国小说家贝尔（2014：91）说："作者很容易疏忽大意，把视角突然切换到另一人物身上，或者切换到一个人物看不到的角落里去。"

四、叙事场景与叙事语调

选定叙事结构和叙事视角，运笔之时，作者要描写一个场景，让主人公或者小说中的人物置身其中，展示主人公的社会及家庭关系，随着人物出场逐渐补充与他有关的背景故事，并将背景信息利用闪回等手段揉入小说情节脉络之中。美国小说家贝尔（2014：24）云："小说的虚构世界是与场景有关的。它涉及的不只是客观的地理空间，而且还要描述在特定的氛围中发生的事情。"

作者开头就为全篇叙事定下了感情基调。徐岱（2010：272）说："在情节与情态小说[①]里，作家重视语调主要为的是帮助文本实现风格化，因为语调作为作家主体性的表现，凸显着鲜明的创作个性。而在情调小说中，作家重视语调是为了通过它结构全篇、构成审美焦点。"比如部编本九下《孔乙己》为内聚焦叙事，叙事者"我"为酒店小伙计，但小说开篇语调沉稳，并不带有少年稚气，这为全篇奠定了沉重的感情基调，为孔乙己的悲剧结局做了铺垫。再比如张承志《北方的河》以心理描写为主体内容，开篇提到地理名词，"峡谷两侧都是一样均匀地起伏的黄土帽。不，地理书上的概

---

① 笔者按语，指以心理描写为主的小说。

念提醒着他，不叫'黄土帽'，叫'梁'和'峁'。"热衷地理学的青年学子凭借对地理学知识的科学表述，为小说奠定了青春激越的基调。由此可见，选择什么样的叙事语调跟小说主题有密切联系。

美国小说家贝尔（2014：118）谈到开篇设置场景有两种方法：第一，先设定地点，然后开始行动；第二，先从"中间部分"行动开始，然后按照需要，落实故事地点。前面所举《孔乙己》是第一类；《北方的河》是第二类。设置场景的目的是引入冲突，比如《孔乙己》开头场景引入孔乙己与社会环境的冲突；《北方的河》引入主人公与爱人的冲突。

作者在叙事过程中，是围绕一个人物，情节安排上坚守一条叙事主线，还是围绕一个或多个人物，带出多条叙事线索，则一般取决于故事的复杂程度。

第二节 小说叙事线索类型

一、叙事线索结构类型

（一）单线型

单线型指构成情节的线索只有一条，一般围绕故事主人公展开，故事情节根据开端、发展、高潮、结局来安排的叙事线索结构类型。

如阿城《棋王》以棋王王一生迷恋棋艺，达到哲学致胜境界，与县里九名棋手，其中包括冠军、亚军、季军，一起开战，最终一人战胜九人为线索叙述情节。小说为内聚焦叙事，"我"为叙事者，"我"是一个下乡知青，跟一群知青在农场干活。

故事开端以"我"的眼睛观察世界："车站是乱得不能再乱，成千上万的人都在说话。"有个知青拉住"我"下棋，"我"却心不在焉。有个同学找"我"打牌，发现我在跟"棋呆子"一起下棋。"我"这才把眼前的知青同学，跟"王一生"的大名联系起来。通过"我"讲述了王一生棋名由来，"看上一盘，必要把输家挤开，与赢家杀一盘。"后来他觉得马路棋手水平太低，就专门找高手挑战。有个同学的父亲，是国内高手，摆下了宋代残局，被王一生破解。后来碰到一个拾破烂老头，"被老头儿连杀三天而仅赢一盘"，他从此就帮老头儿拾破烂。接着继续回到当前时间叙事，"我"跟王一生讨论"吃"，"我"家道中衰，但仍坚持"吃饭，不但是肚子的需要，而且是一种精神需要。"王一生对"吃"的要求却非常实在，小说描写了他在火车上进餐的细节，插叙了他颗粒米饭也不放过的故事，他下棋的时候注意到"一粒干缩了的饭粒儿"，"迅速将那个饭粒儿放进嘴里，腮上立刻显出筋络。""我"跟他讲杰克·伦敦的《热爱生命》，讲巴尔扎克《邦斯舅舅》，他认为这些都是"馋"的故事，而不是饥饿的故事。"我"询问他跟拾破烂老头儿如何相识。王一生认真讲述他的故事，他从拾破烂老人那里得到一本棋谱，并得到老人面授技艺，对棋路的理解上升到道家哲学高度。

故事发展转眼到了夏季，王一生到农场来拜访"我"。大锅饭吃得胃酸，"我"用蛇肉招待王一生，约了农场的棋艺高手倪斌一起下棋。王一生讲述了妈妈从最初反对儿子下棋，到支持儿子下棋的经过，临终前妈妈将一幅无字棋留给儿子作纪念，这幅棋是妈妈"捡人家的牙刷把"磨制的。倪斌拿来了家里从明代传下来的棋具，"乌木做的棋子，暗暗的发亮。字用刀刻出来，笔划很细，却是篆字，用金丝银丝嵌了，古色古香。"倪斌还回忆起以前家里吃燕窝的奢华生活。两人交手厮杀，最后倪斌输得心服口服，他提到"咱们地区，要组织一个运动会，其中有棋类。地区管文教的书记我认得，他早年在我们市里，与我父亲认识。"并告诉他回到他们农场报名就可以参赛。

故事高潮，倪斌讲起祖上为元代名士倪云林，因而祖传棋艺融进了禅宗思想，他评论王一生棋艺："不晓得他是什么路，总归是高手了。"将近半年之后，倪斌说他已经报名参加地区的比赛，大家想知道王一生的情况，就请假到总场去找他。见到文体干事询问情况，却没有王一生的名字，而倪斌被分到了球类组。总场决出各类代表队准备到区里比赛，大家准备返回时，碰到了王一生，才知道他因为经常请假找人赛棋，表现不好，因此未被允许参赛。倪斌就说："去文教书记家，说是看看王一生还有没有参加比赛的可能。"倪斌将自家祖传的棋具送了礼，说王一生可以参赛了。但王一生不接受朋友这样慷慨的支持，"那是他父亲的棋呀！东西好坏不说，是个信物。我妈妈留给我的那副无字棋，我一直性命一样存着，现在生活好了，妈的话，我也忘不了。倪斌怎么就可以送人呢？"

故事结局，倪斌透露他为了缓解生活压力，宁愿牺牲祖传棋具，"棋不能当饭吃的，用它通一些关节，还是值的。"王一生坚决不参赛，但坚持要跟区里决赛的前三名一起厮杀，好多人闻风而来，竟然有九人一起厮杀！冠军身体不便，要求在家里下棋，"专有几个人骑车为在家的冠军传送着棋步"。经过激烈角逐，最后只剩下与冠军的那盘棋。在残局无法维持的情况下，冠军终于自己出面了，他请王一生留一点儿情面，握手言和。看热闹的人渐渐散去之后，"我"把王一生交给我保管的无字棋还给他，他呜呜大哭，一场恶战的胜利成果是对妈妈最好的报答。

小说叙事线索也可以由一个次要人物依次串联众多人物而成。如刘绍棠《蒲柳人家》，描写一群人物以及与他们相关的一系列故事。小说通过一个六岁的顽皮孩子何满子，引出一个个人物，串起一个个故事。小说开篇写何满子不愿穿花肚兜，惹奶奶生气，由此引出一丈青大娘；又由奶奶管不了满子，向爷爷告状，引出何大学问；由满子被爷爷栓在立柱上，引出"救星"望日莲。之后，由何满子跟望日莲的关系，引出周擒，进而引出吉老秤、郑端午、柳罐斗等人物。作品中一些貌似散乱的情节和生活场景，也由满子到处乱跑乱转、耳闻目睹，依次串联起来，从而构成一个和谐的艺术整体。小说表现了冀东运河滩上的风土人情，生动地描述了20世纪30年代中期，冀东北农村在中国共产党领导下深入开展抗日救亡运动的生活场景，塑造了一批英勇斗争的朴素农民形象。

（二）复线型

复线型指构成情节的线索有两条及两条以上。绝大部分长篇小说，都是复线型情节结构。复线小说可以分作四个层次（胡亚敏，2004：130）：① 主线，围绕主人翁发生的，并在故事中起支配作用的故事线；② 副线，贯穿整个作品的次要人物的一系列事件；③ 作为背景的小故事，这些小故事可以出现在作品的一个或几个片段之中；④ 非动作因素，即作品中关于哲学、社会、历史、道德等的思考和论述。

根据线索之间的关系分为：平行复线、主次复线、明暗复线。

1. 平行复线

中国古典小说，将平行复线描述为"花开两朵，各表一枝"。

如《蒲柳人家》开篇写"何满子被爷爷拴在葡萄架的立柱上，系的是拴贼扣儿。"为什么何满子受到爷爷的惩罚？主要原因是捣蛋不听奶奶的话。接着先写奶奶一丈青，"一丈青大娘骂人，就像雨打芭蕉，长短句，四六体，鼓点似的骂一天，一气呵成，也不倒嗓子。她也能打架，动起手来，别看五六十岁了，三五个大小伙子不够她打一锅的。"她不仅胆气过人，还是个热心肠，"这个小村大人小孩有个头痛脑热，都来找她妙手回春；全村三十岁以下的人，都是她那一双粗大的手给接来了人间。"再写爷爷何大学问，走南闯北，颇有见识，敬重学问，"两枝"在吵架处汇合。

2. 主次复线

主次复线，指全书处于表达主题上的主人公只有一两人，副线的其他人物皆为丰富主题而设置。如《红楼梦》以宝黛爱情故事为主线，以贾王史薛四家兴衰为副线，穿插的袭人、晴雯等人物故事有利于揭示故事主题。人人都有情，下层人跟上层人一样都有自己的感情世界。作品的非动作因素比如对中国古典诗词的领悟以及评价都是通过作品人物之口表达的。

3. 明暗复线

明暗复线指明写处于情节位置的主要人物和事件，暗写处于情节之中的其他人物。如鲁迅《药》明线写华家为生了痨病的儿子买人血馒头治病，暗线写夏家儿子反满清被砍头。

故事开端，"秋天的后半夜，月亮下去了，太阳还没有出，只剩下一片乌蓝的天。"华老栓趁着天还没有亮出门，"远远里看见一条丁字街，明明白白横着。"作者没有正面写夏瑜被杀头的场面，而是侧面写围观的群众，"老栓也向那边看，却只见一堆人的后背；颈项都伸得很长，仿佛许多鸭，被无形的手捏住了的,向上提着。静了一会,似乎有点声音,便又动摇起来,轰的一声,都向后退;一直散到老栓立着的地方,几乎将他挤倒了。"夏瑜的革命行为不被群众理解,这样的叙事隐含着作者悲凉的感情。

故事继续发展写华老栓走到家里,小栓他妈妈整顿灶火,将人血馒头烤熟。"小栓撮起这黑东西,看了一会,似乎拿着自己的性命一般,心里说不出的奇怪。十分小心的拗开了,焦皮里面窜出一道白气,白气散了,是两半个白面的馒头。"夏瑜的鲜血被群众吞在肚里,华老栓夫妇希望这样的热血能救儿子的命,"仿佛要在他身上注进什么又要取出什么似的。"夫妇俩热切的心情被写活了。

故事高潮写华老栓茶店里聚集群众谈论夏瑜革命的事儿。大量的内幕由卖人血馒头的康大叔告知,他是"满脸横肉的人,披一件玄色布衫,散着纽扣,用很宽的玄色腰带,胡乱捆在腰间。"他对夏瑜满不在乎,"不就是夏四奶奶的儿子么?那个小家伙!"康大叔一直夸夏三爷有见识,主动告官,杀了夏瑜,免得自己受累,"夏三爷真是乖角儿,要是他不先告官,连他满门抄斩。"夏瑜关在牢里劝牢头阿义造反,而牢头只想从他身上捞取点儿金钱,"你要晓得红眼睛阿义是去盘盘底细的,他却和他攀谈了。他说:这大清的天下是我们大家的。你想:这是人话么?红眼睛原知道他家里只有一个老娘,可是没有料到他竟会这么穷,榨不出一点油水,已经气破肚皮了。他还要老虎头上搔痒,便给他两个嘴巴!"听讲的群众,一下子高兴起来,"义哥是一手好拳棒,这两下,一定够他受用了。"康大叔又透露,夏瑜只说"可怜",听讲群众,并不同情夏瑜,"打了这种东西,有什么可怜呢?"康大叔申辩说,"是说阿义可怜哩!"听讲的群众很不理解了,"疯话,简直是发了疯了。"康大叔最为欣慰的是,从这件事上得到好处的人是阿义、夏三爷和华老栓:"我可是这一回一点没有得到好处;连剥下来的衣服,都给管牢的红眼睛阿义拿去了。——第一要算我们栓叔运气;第二是夏三爷赏了二十五两雪白的银子,独自落腰包,一文不花。"这一段对夏瑜之死的叙述都是暗线描写,处于明线的是茶客。这里隐含作者的评论,从百姓对夏瑜误解之深上,批判辛亥革命青年不了解国情,不能发动群众的革命是假革命。

在故事结局，华大妈和夏四奶奶都去给儿子上坟，两条情节线索汇合。华家儿子坟上只有零星的小花。夏家儿子坟上，有人送的花圈，"这没有根，不像自己开的。——这地方有谁来呢？孩子不会来玩；——亲戚本家早不来了。——这是怎么一回事呢？"夏四奶奶不理解花圈来历，她也不理解儿子的革命思想，"瑜儿，他们都冤枉了你，你还是忘不了，伤心不过，今天特意显点灵，要我知道么？"她甚至寄希望于灵异的怪鸟，证明儿子是被冤枉的，"瑜儿，可怜他们坑了你，他们将来总有报应，天都知道；你闭了眼睛就是了。——你如果真在这里，听到我的话，——便教这乌鸦飞上你的坟顶，给我看罢。"这里也隐含了作者的评论，连自己的亲生母亲也不理解辛亥革命青年的思想，这更让人心生悲凉。鲁迅通过这一部小说，指出辛亥革命的不彻底性，中国社会病痛已深，需要更多的人唤醒沉睡的民众。

（三）环线型

环线型指作品没有贯穿全篇的主人公，缺少一个贯穿整个作品的主线。作品由很多小故事组成，内容具有开放性。这种情节类型也被称作"糖葫芦式"。按照环形是否套嵌，分为连环型和并列型。

1. 连环型

连环型总是在一个情节末尾出现另一个主人公或转移故事场景，引出另一个情节。如《儒林外史》，全书依靠批判科举制度对人的钳制和腐蚀为主题，串联起诸多小故事。

2. 并列型

并列型指作品由多个并列的相对独立的小故事组成。如阿城《遍地风流》，由五个小故事构成，每个故事都独立。如《峡谷》写了一个骑手，"结结实实一脸黑肉，直鼻紧嘴，细眼高颧，眉睫似漆。"他中途休息，到客栈进餐，"一刻功夫，一碗肉已不见。骑手将嘴啃进酒碗里，一仰头，喉节猛一缩，又缓缓移下来，并不出长气，就喝汤。一时满屋都是喉咙响。"《溜索》写怒江边上溜索的领头人胆气过人。《洗澡》写一个蒙古骑手，停在河边跟"我"一起在凉水里洗澡,他朝经过的蒙古族姑娘说:"草原大得很,白云美得很,男子应该像最好的马。"他穿好衣服,唱着蒙古歌曲,骑马纵横而去。《雪山》写燃着篝火进入梦境,梦到粉红光芒惊醒,却原来是"晨光中的山顶。痴痴的望着,脑中渐渐浸出凉与热,不能言语。山顶是雪。"一派圣洁之光。《湖底》写秋天在关外光着身子跟大伙到湖底摸鱼,用炭火烤了水面,"湖水颤动起来,让人眼晕,呆呆地看着水底。灰黄色裂开亿万条缝,向水面升上来。都是鱼。"五个小故事围绕一个主题:我国边疆地区的自然风光与内地迥异,男人彪悍无比。

(四)辐射型

辐射型指以故事人物心绪为线索展开叙述,意识流小说多使用这类结构。如王蒙《春之声》属于内聚焦叙事结构,使用第三人称,便于表现人物心理活动。岳之峰接到父亲平反的信件,决定回家乡探望。一路上伴随着闷罐子车的乒乒乓乓声,他想起了很多事情:欢乐的童年;生活的城市广州;"地主"身份带给他的耻辱;东西方科技差异巨大;过去物质匮乏、现在物质丰富;过去人群稀少、现在到处都熙熙攘攘;过去交通靠双脚、现在交通有铁路;解放前在北京搞平津学生大联欢,后来在北京初恋。闷罐子车里拥挤不堪,他想到与其埋怨不如去创造"美丽舒适的客运列车"。他让座位给抱孩子的妇女,这位妇女说一口流利北京话,学习德语。他终于分辨清楚了,幻觉中的法兰克福儿童声音,来自身旁的录音机,放着德语歌曲。三首德语歌曲后面,"是约翰·斯特劳斯的《春之声圆舞曲》,闷罐子车正随着这春天的旋律而轻轻地摇摆着,熏熏地陶醉着,袅袅地前行着。"小说结尾写岳之峰下了车,他反而留恋起闷罐子车来,"他好像从来还没有听过这么动人的歌。他觉得如今每个角落的生活都在出现转机,都是有趣的,有希望的和永远不应该忘怀的。春天的旋律,生活的密码,这是非常珍贵的。"这充满希望的结尾,深化了小说主题,提示春天已经到来,奋斗的中国人要珍惜当下,创造美好生活。随着闷罐子车沿路行进,岳之峰的思绪不断地穿梭:从过去到未来,从北京到广州,从西北家乡到莱茵河畔法兰克福。整篇小说以他的思绪为线索展开叙述。

二、叙事线索语义类型

(一) 对立冲突

对立冲突表现为善恶对立、美丑对立、盛衰对立、信念理想对立等。如阿城《棋王》倪斌有一幅家传的精美棋具，王一生只有一幅妈妈磨制的无字棋。可是倪斌认为棋不能当饭吃，他为了更好的生活条件，愿意用自己的精美棋具打通关节，做交易。王一生却将妈妈的无字棋带在身边，性命一样地守护着。在他一人车轮大战九人，胜了冠军之后，"我"把替他保存的无字棋，"给王一生看。王一生呆呆地盯着，似乎不认得，可喉咙里就有了响声，猛然'哇'地一声儿吐出一些粘液，呜呜地说：'妈，儿今天……妈——'"这就赞扬了王一生将下棋看作高贵的、纯洁的精神追求，境界远远超越世俗生活。冠军评论他："你小小年纪，就有这般棋道，我看了，汇道禅于一炉，神机妙算，先声有势，后发制人，遣龙治水，气贯阴阳，古今儒将，不过如此。"

(二) 真假转换①

情节从假象逐步揭示真相，常常出现于成长主题中。如欧·亨利的《最后一片叶子》，这部小说写华盛顿贫民窟的两个年青画家苏和琼西同她们的邻居贝尔曼之间发生的故事。琼西在寒冷的十一月患上了严重的肺炎，并且其病情越来越重。她将生命的希望寄托在窗外最后一片藤叶上，她固执地以为藤叶落下之时，就是她生命结束之时。她的朋友苏将她的想法告诉了邻居贝尔曼。令人惊奇的事发生了：尽管屋外的风刮得那样厉害，最后一片叶子已经枯萎发黄，却仍然挂在树上。她因此重拾生存的信念，顽强地活了下来。原来是年过六旬的贝尔曼，在一个风雨交加的夜晚，画了最后一片藤叶，但他因着凉染上了肺炎。在他生命的最后时刻，他终于完成了这幅画。这一片画成的叶子鼓励琼西活了下来。

有时候，情节逐步揭示事件真相，常常出现于社会反讽主题中。如莫泊桑的《项链》，这部小说写一位爱慕虚荣的玛蒂尔德想在舞会上出风头，

---

① 这一语义类型情节，当代汉语小说中少见，因此以经典外国作品为例。

她用丈夫积攒下的400法郎做了一件礼服，还从好友那里借来一串美丽的项链。可她竟然把借来的项链丢失了，在这种情况下，她只有隐瞒着好友，慢慢挣钱以赔偿。从此，她辛苦劳动、节衣缩食，十年之中，玛蒂尔德的手变得粗糙了，容颜也衰老了。后来，她偶然得知了她丢失的那条项链不过是一条价格低廉的人造钻石项链，而她赔偿的却是一挂真钻石项链。作家借此表达物质欲望对人生的伤害。

（三）追求实现

追求是一个生命哲学话题，常常出现在爱情主题或创业主题中。追求必然攻坚克难，伴随着艰难曲折的历程，因此故事情节以曲折为主要标志。

如张承志《北方的河》，这部小说为爱情主题和事业主题双重奏。主人公在追求报考地理学专业研究生同时，也在恋爱。他第一次恋爱是在新疆插队做知青的时候，女友海涛为了争取回城的机会，抛弃了他。在所有人都指责海涛背信弃义的时候，他选择原谅这个姑娘，为她打点行李，把她送到车站。但是他拒绝接受姑娘留下的纪念照片。第二次恋爱，是他从新疆大学毕业，准备报考地理学硕士专业，寻访黄河的时候，有位姑娘来此地寻找拍摄灵感，与他相遇。回到北京后，姑娘的艺术拍摄被退稿，能力不被认可。她需要倾诉，需要被理解。而徐华北在倾听并理解她！徐华北为她的作品写了一篇艺术评论，发表在权威期刊《摄影艺术》上。这个徐华北在新疆做知青时，曾经抛弃自己的初恋姑娘，不顾一切地向海涛写诗求爱。海涛觉得徐华北为人不正派，不为他的情诗所动。主人公觉得这一次却不同，这姑娘追求艺术，道路很不顺利，而徐华北确实有艺术才华。为了姑娘的前途，他决定再一次放弃爱情，"向前跑吧，别回头，我祝你成功，也祝你幸福。"为了报考硕士，主人公可谓足够勤奋，除了翻译日文《中国》，他还学习了地理系的地理学专业以及历史系的考古专业的课程。他"把练习题做了一遍又一遍，只要一出错，他就咬住错处狠攻硬背。他决定把这几页习题做上一百遍，一直到考试前三天才住手。政治课也一样，他从旧书店里买了两本哲学和政治经济学的小册子，把它们全都剪成词条，塞在右面衣袋里。骑着自行车赶路时，他左手扶着车把，右手摸出一张，瞥过几眼，默诵一遍，然后塞进左边衣袋里。"但是没有想到的是，因为被分配到计划生育办公室，他拒绝去报到，这却成为他拿到考研准考证的障碍。尽管有方言学秦老师的帮助，还是没有取得进展。徐华北有个姑父做领导干部，他愿意为此事助力。小说并未写主人公最终结局，给读者留下诸多遐想。

（四）追求难遂

不是所有追求都能有结果，有时候总是遇到各种各样的障碍让主人公不得不变成悲剧角色。这类情节也经常出现在爱情主题或奋斗主题中。

如毕飞宇的《青衣》是一个悲剧故事，主人公筱燕秋对自己的美以及对"嫦娥"这个艺术角色有足够的自信心。团里另一个年轻演员李雪芬，是"嫦娥"B档角色，发展出了李派唱腔。"《奔月》公演以来，筱燕秋就一直霸着毡毯，一场都没有让过。"在慰问坦克兵时，李雪芬要求上场，成功演出之后，"李雪芬就是在这个时候和筱燕秋在后台相遇了，面对面，一个热气腾腾，一个寒风飕飕。"筱燕秋一杯开水洒向了李雪芬脸上，从此一个演员住在医院，另一个演员去做了戏剧教师。《奔月》一戏，一停就是二十年，终于有烟厂的老板愿意资助，重新开张。她终于可以再次登台，可是世事变迁——她已经没有"嫦娥"的身段了。她果断地减肥，而体重一旦下降，她的脸却变成了"寡妇脸"，体力不支，唱腔也出了问题。为了能留住春来继续做青衣演员，而不是跳槽去电视台，她愿意成为"嫦娥"替补演员。让她成为悲剧主角的最重要原因是：她没有为艺术而生存的意识，千百年来的戏子低贱思想纠缠着她。团长只是希望将她的戏分一半给春来，她终于又享受到作为舞台上大放光芒的"嫦娥"的幸福时光。就在戏剧公演之前，她发现自己怀孕了，为了能登台演出，她不能手术流产，只能吃打胎药。医生要求她四个小时后蹦跳，她忍住痛苦奋力地跳，以至于邻居误以为楼上在装修。筱燕秋入戏太深，觉得自己就是嫦娥。一连演了四场。药物流产不净，导致内膜发炎，在输液之时，她睡了过去。当筱燕秋赶到剧场，弟子春来已经装扮整齐，登上了舞台。而筱燕秋也淡定地画了彩妆，穿了戏装，在剧场外的雪地里舞蹈，任凭从子宫流出来的鲜血洒于白雪之上。小说戛然而止，极具凄厉的悲壮色彩。

第三节　小说情节结构艺术

一、叙事时间艺术技巧

小说情节是时间的艺术，特别是在按照时间先后叙述的时候，为了避免平铺直叙，就得注意：第一，围绕中心详略得当，以形成叙事节奏；第二，编排情节曲折跌宕，以引发阅读期待；第三，使用闪回或闪前手法，插叙以使情节相对集中，增加冲突。

（一）详略得当

"故事中事件的时间长度是以生活中的钟表时间单位标识的，如秒、分、小时等，而情节中事件的时间长度是以书面语言的阅读时间单位标识的，如词、句子、段落等。"（陈鸣，2016：81）在能突出主题的情节事件上多多着墨，甚至一秒的时间也可以占据较长篇章；没有事件可说的时间上，一笔带过。形成叙事时间跟情节长度参差错落的情致，这被称作叙事节奏。

如阿城《棋王》，虽然王一生参加了诸多赛事，但整篇小说只写了四次下棋：第一次，王一生与"我"下棋，引进小说主要人物王一生；第二次，与拾破烂的老头下棋，引进王一生学习并理解道家棋艺境界；第三次，与倪斌下棋，引进倪斌的家传棋具，将倪斌对棋具的感情和王一生对棋具的感情对比；第四次，与九人同时展开车轮大战，其中包括区赛的前三名。其中第四次下棋写得最为详细，因为这一次最能突出中心：棋艺不能当饭吃，而人除了吃饱，还要有精神追求；妈妈的无字棋是母亲支持儿子、爱护儿子的一片真心，要妥善保管、珍之重之。

（二）倒叙期待

部编本高一下中的《祝福》使用了倒叙手法，先写故事结局，即祥林嫂临死前询问灵魂有无。一般而言，倒叙将事件结果放在开头，会引发读者对事件原因的期待。祥林嫂为什么会死，她为什么问灵魂和地狱这类问题？接下来的内容还是按照时间记叙。小说收尾之时，要照应开头，再写结局，如《祝福》回到描写旧历新年的炮竹声，用热闹的景象反衬祥林嫂生死之凄惨，增加小说的悲剧色彩。

（三）闪回闪前

在小说叙事进程中，闪回指回溯过去的事件；闪前指预叙未发生的事件。前者常常构成情节上的冲突；后者则引起读者阅读下文的期待。张承志《北方的河》记叙主人公找朋友徐华北帮忙，希望取得研究生报考资格。而此时徐华北凭借自己的一篇摄影艺术评论，帮助他的女友在权威杂志发表了摄影作品。他跟徐华北成了情敌关系。此时闪回到两人在新疆插队之时的矛盾，徐华北不顾跟他的朋友情分，向他的前女友海涛写情诗，海涛对徐华北为人不信任，两人才没有被徐华北拆散。徐华北抛弃了西北的初恋姑娘，也没有与生活在一起的心直口快的牧人告别，就回城了。如此薄情的男人，现在又一次站在了自己的对立面上。但这一次他让步了，因为徐华北从小就追求艺术，终于遇上了喜欢艺术的姑娘，两人有共同语言。主人公从爱护姑娘的艺术才华角度出发，再一次大度放弃爱情。小说之中的闪回情节，将两人之间的过节讲清楚了，也让读者了解到徐华北为了个人追求，自私自利、薄情寡淡的性格。

（四）蒙太奇组接

小说叙事还可以将发生在不同时间和空间的事件放在一起叙述，这被称为蒙太奇手法。它本是电影镜头艺术手法，指利用镜头的组合产生新意义，使两个镜头的并列形成新特质，揭示事物之间的内在联系。如王蒙《春之声》把过去和现在剪辑组接在一起，反映了结束动乱年代、步入经济改革时代的中国人民高昂的奋斗激情。

（五）对比反差

在小说记叙过程中，作者要注意将紧张激烈的情节与舒缓轻松的情节交叉叙述，以便于形成张弛有度的叙述节奏。不然读者过于紧张或过于松弛，都不利于调动他们的阅读情绪。

除此之外，将有较大差异的人物放在一起叙述，也可以造成对比反差。比如阿城《棋王》中，王一生和倪斌对待棋艺和棋具的态度就形成对比。再如部编本九上《故乡》中，世故却仇视富人的杨二嫂和厚道却被压榨的闰土形成对比，杨义（1986：149）评价说："把闰土为主、豆腐西施为副的两种人生道路，容纳在作者开阔而浩茫的心宇之中，融化在作家的哲理思考、生活感受和审美判断之中，神情妙理，亦悲亦慨。"

（六）波折丛生

为了避免平铺直叙，小说家还常常将情节安排得跌宕起伏，一件简单小事，总是有重重阻碍。故事人物克服阻碍的过程就是读者获得精神愉悦的过程。如部编本八上《社戏》写赵庄看戏以及吃豆两件事，都历经波折。"我"看戏心愿终于实现的过程中，有十三折之多：一折写"叫不到船"；二折写外祖母很气恼；三折写母亲宽慰外祖母；四折写"我"急得直哭，母亲劝慰；五折写小朋友都去了，戏已经开演，"我"万分着急；六折写"我"生闷气，母亲和外祖母安慰；七折写看戏的小朋友回来，兴高采烈地讲戏，只有"我"不高兴；八折写双喜提议找八叔的大航船；九折写外祖母和母亲担心一群孩子独自驾船不合适；十折写双喜打包票；十一折写外祖母和母亲终于笑着同意了；十二折"双喜拔前篙，阿发拔后篙"，飞一般向赵庄进发，看戏的心愿终于得以实现；十三折写沿途风景好，烘托当晚心情之大好。之所以写得这么曲折，无非想突出"我"看戏的心情非常迫切。小伙伴们帮了大忙，"我"终生都难忘他们对"我"的深情厚谊。叙事巧妙地将"低落"情绪，如一折、四折、五折、七折、九折，和"平缓"情绪如二折、三折、六折，还有"高亢"情绪如八折、十折、十一折穿插安排，使情节跌宕起伏，看戏心愿得以实现的喜悦之情就跃然纸上了。

二、叙事逻辑艺术技巧

（一）悬念释疑

陈鸣（2016：83）认为悬念可以"使前叙事件与相关的后叙事件在因果叙事逻辑的基础上构成某种叙事期待的效应"。其设置方法是：故事人物公开讨论一个指向未来的人物或计划，却在说话当下时间不交代具体内容。利用读者急于探究的心理有序推进情节发展，在必要的时候释疑。如麦家的《暗算》写黄依依协助701研究院副院长安在天破解光密，而未能实现自己的爱情。小说以内聚焦第一人称叙事，"我"是安在天。黄依依不接受调令，并与铁部长提出破解难题之后，要带走一个人。小说写道：

铁部长说："破了光密就要离开，还要带走一个人。"

我问："谁？"

铁部长很奇怪地盯了我一眼，说："这是人家的隐私，我怎么知道！"

这就是公开讨论指向未来的人物和计划。黄依依向安在天求爱，安在天不得不道出秘密：自己的妻子并没有死，而是去执行秘密任务了。黄依依破解了光密之后，仍回到自己原来的单位。小说写道：

铁部长望着她笑："还要带一个人走？"

她沉吟半晌，"算了，人我就不带了。"

铁部长笑道："既然有约在先，我也不能食言，你要带就带吧。"

黄依依说："关键是带不了啊。"

铁部长说："为什么？"

黄依依说："人家是有妇之夫。"

答案揭晓，铁部长终于明白黄依依跟安在天只能成为朋友的结局。

（二）伏笔呼应

陈鸣（2016：87）认为伏笔可以"使前叙事件与相关的后叙事件在因果叙事逻辑的基础上构成某种叙事索引的效应"。其设置方法是：前叙看似无关紧要的事或者物，却为下文将要出现的人物或事件提供暗示。有伏笔就要有呼应，看似无关紧要的环节才能成为作家独有匠心的经营。比如毕飞宇的《青衣》开头写烟厂老板愿意出资支持《嫦娥》再次公演。他在酒席期间，向筱燕秋敬烟，被拒绝之后，说："可惜了。你不肯给我到月亮上做广告。"这是一种暗示，是小说的伏笔之处。烟厂老板凭借金钱优势，能摆布演员，使她们为了自己演出。第六章写"筱燕秋终于和老板睡过了。这一步跨出去了，筱燕秋的心思好歹也算了了。"呼应了前面烟厂老板傲慢的举止。一方面她觉得千百年来，戏子都是如此，为自己的行为开脱。另一方面她又觉得自己肮脏。这造成筱燕秋内心巨大的冲突，也增加了小说的悲剧性。后面还写到公演之时，春来打扮得整整齐齐出演"嫦娥"，而烟厂老板就坐在观众席里，欣赏春来演出。老板有钱，可以找到愿意替自己卖力唱戏的演员。多么残酷的社会现实！小说里的这些呼应之笔，表达了作者对社会物质欲望的批判。

三、叙事情趣艺术手法

（一）含蓄叙事

中国审美艺术并不认为所有事件都应该被叙述出来，更有审美趣味的是虚实相生，读者自己会补充没有叙述出来的内容。

如毕飞宇的《青衣》中很多片段表面上看是实写人物动作，其实却是虚写人物心理，使小说产生了如舞台表演的审美效果。摘取其中的片段：

筱燕秋低下头，失神地看着自己的身影。现在正是午后，筱燕秋的影子很短，胖胖的，像一个侏儒。筱燕秋注视着自己的身影，夸张变形的身影臃肿得不成样子，仿佛泼在地上的一滩水。

这里实写筱燕秋时隔二十年，知道可以再次公演《嫦娥》之时的动作，她注视自己的身影。虚写她的心理：她再也没有当年的自信，覆水难收，她的美已经不存在！

筱燕秋就那么望着老团长，突然也笑了一下，可是没能收住。她笑出了声来，一阵一阵的，两个肩头一耸一耸的，像戏台上须生或者花脸才有的狂笑。许多人都听到了筱燕秋出格的动静，她们从病房里探出脑袋，一起望着筱燕秋。筱燕秋就知道傻笑，膝盖一软，顺着楼梯的沿口一头栽了下去，从四楼一直滚到了三楼半。

这里实写筱燕秋在热水烫伤李雪芬之后，自己也不知所措地傻笑，甚至狂笑，一直到摔下楼梯，虚写筱燕秋的心理：她并不是嫉妒李雪芬，她自信自己才是嫦娥，但两个主角到了今天这一步，也是她自己没有想到的。她倔强地认为自己并没有错，同时她也知道应该为李雪芬的伤势负责任，这也是令人痛苦的事实。

（二）诗意叙事

有时候作家通过"言在此而意在彼"的叙述使小说产生诗意的效果。如：

筱燕秋愣在原处，看着无序的身影在自己的面前急速穿梭，耳朵里充斥着慌乱的脚步声。脚步声轰隆轰隆的，从后台移向了过道，从过道移向了远处，最后变成了远处汽车的马达声。眨眼的工夫后台就空荡荡的了，而过道更空荡，像通往月亮的路。（毕飞宇《青衣》选段）

这里从一个当事者的视角描写筱燕秋耳朵里听到的逐渐远去的声音，实际上是写众人在忙着救护被热水烫伤的李雪芬。筱燕秋眼睛里看到的渐渐空荡的剧场，是写她这出其不意的举动，破坏了剧团的人际环境，自己成为孤立无援的"嫦娥"。

过道里旋起了一阵冬天的风，冬天的风卷起了一张小纸片。孤寂的小纸片是风的形式，当然也就是风的内容。没有什么东西像风这样形式与内容绝对同一的了。这才是风的风格。冬天的风从筱燕秋的眼角膜上一扫而过，给筱燕秋留下了一阵颤栗。纸片像风中的青衣，飘忽，却又痴迷，它被风丢在了墙的拐角。又是一阵风飘来了，纸片一颠一颠的，既像躲避，又像渴求。小纸片是风的一声叹息。（毕飞宇《春衣》选段）

这里写冬天风里的一张小纸片，作家并不直白地叙述说"时间到了冬天"。这是小说里写叙事时间的艺术手法。明写冬天的环境，虚写筱燕秋凄楚的心情，或者说这里的环境描写隐喻筱燕秋的心情：就在公演前，她发现自己怀孕了，盼了二十年的登台演出，很可能就是一场幻梦；对于她来说，这无疑像冬天的寒风一样凄凉！寒风中的小纸片又被比喻成青衣，这个形象描写出了故事人物又悲哀又渴望的心情。这一段环境描写不仅暗示人物心情，渲染了故事氛围；在故事层面上，还是一个转折性预兆，小说情节改变进程，下面转入了筱燕秋吃打胎药物的叙述。

小说里的环境描写具有以下功能：第一，制造真实情境，为故事人物提供活动场景；第二，揭示故事发生的时间；第三，衬托故事人物心情；第四，促使人物行动，比如下雨会引发故事人物出门收衣服等举动。环境描写会展现作家的语言功底、艺术造诣，但也会使画面呈现静止状态，拖慢故事情节，因此作家应该慎重对待小说的环境描写，将其与故事人物刻画完全糅合在一起。

无论是含蓄叙事还是诗意叙事，都可以尽可能多地调动读者参与故事的热情，使小说更有意味。

情节为人物性格发展提供逻辑线索，作者需要刻画一些细节。美国小说家贝尔（2014：206）说："生动直白的细节是一个独立的、描述性的元素，比如一个手势、一个画面、一个行动，但其中蕴含的意义空间极大。这样的细节可以瞬间照亮一个人物、一个场景或者一个主题。"

第四节　小说人物刻画艺术

一、小说人物设置

（一）人物关系设置

作家小说中的人物地位并不平等，陈鸣（2016：124）认为"从人物与小说情节关系上，人物类型可以分为主要人物和次要人物。主要人物是主要情节线索上的人物，直接控制并推进小说情节的发展方向；而次要人物则是从属性的人物，通常是间接地调控小说情节的演变方向。"小说要塑造众多人物，应围绕主要人物的行动目标设置次要人物。小说的主要人物总是有所追求，他求真理、求爱情、求名誉、求地位、求金钱，等等，那么围绕他的追求目标，就存在帮助他和阻扰他的人，以此构建起刺激他行动的人物网络。法国学者格雷马斯（2001：257-262）将小说人物的结构关系概括为三组六类：第一组是主体与客体关系，即主人公与其追求对象；第二组是施动者与受动者，即人物互动关系上主动的一方与被动的一方；第三组是协助者与阻碍者，即帮助主人公的人和阻扰主人公的人。人物关系不是一成不变的，随着故事情节发展，可以向着相反方向变化。

比如张承志《北方的河》围绕主人公的爱情问题，出现了第一任爱情对象"海涛"，而她为了回城，抛弃了主人公；第二任爱情对象是在黄河边遇到的摄影姑娘，而她为了发表自己的摄影作品，爱上了主人公的朋友徐华北，为了支持姑娘的摄影艺术梦想，他这次选择主动放弃爱情。对于主人公而言，徐华北就是一个爱情的阻碍者；两位姑娘就是爱情的客体。

一般来说，小说的次要人物促使主要人物行动，不一定都要细致刻画其性格。但任何一部小说，都必须依靠生动的主人公形象给读者留下深刻印象。为了充分描写主人公丰富复杂的性格，作者应该为他的发展设计一条曲线。

（二）主人公情感路线设置

主人公行动结构包括他的目标，即他想做什么；动机，即他为什么这么做；路径，即他利用主客观条件、通过什么方法去实现目标。尽量使写出的每一次目标、动机和路径都有差异，以产生不同的叙事意义，深入刻画主人公丰富的性格特点。陈鸣（2016：175）"根据隐含作者的叙述声音与主人公的人物弧线之间的叙事逻辑关系"，将人物弧线分为三种类型。

1. 灵魂升华型

灵魂升华型"通常表现为，作者将人性向善的叙述声音藏匿于主人公的情感动作线中，并通过主人公的情感净化或灵魂升华等方式表征小说的叙事主题"。（陈鸣 2016：175）

比如张承志的《北方的河》中，主人公经历了两次爱情。第一次，主人公被女友抛弃，在女友众叛亲离的状况下，他还是大度地将女友送到车站，但拒绝接受女友留下的纪念照片。第二次，他自己选择了主动放弃，因为徐华北懂艺术，可能更能懂这位喜欢摄影艺术的姑娘。但他觉得只要这姑娘被徐华北欺负，他一定用尽全力把她保护起来。主人公超越肉身的情意，赋予小说崇高的意义。

2. 灵魂迷失型

"在迷失型的人物弧线中，小说主人公往往在追逐物欲、情欲、名利等世俗欲望的过程中执迷不悟，最终失去自我并受到惩罚，但作者对此并不会采取简单而粗暴的指责或批判，而是细致耐心地挖掘并展示主人公迷失自我的缘由，质疑其为世俗欲望所困的行为选择，进而传递出隐含作者的人文关怀。"（陈鸣，2016：178）

比如毕飞宇的《青衣》中，筱燕秋为了得到嫦娥角色，有两次过失。第一次，她太自信，觉得自己就是嫦娥，她一定要独自占领舞台。李雪芬为《奔月》戏剧饰演嫦娥用尽精力，却被筱燕秋一缸子开水泼了脸，烫成重伤。第二次，她没有了自信和底气，因为时隔二十年之后，她的体形变了，已经成为臃肿的中年妇女，如何能再次扮演貌若天仙的嫦娥？二十年来，她对戏剧人物的理解更强了，想要登台的愿望也更强了。为了再次登台，她终于向金钱低头，向烟厂老板献上身体。毕飞宇为主人公安排了一个悲壮的结局，表明了作家本人的同情态度。

3. 人格成长型

作家为小说主人公设置成长的种种障碍，随着主人公突破障碍成长起来，作家在叙事声音层面对其进行鼓励和赞扬。如果是全聚焦叙事，作家可以采取直接评论方式，表达自己的立场；或者通过安排故事结局隐含地表达立场。如果是内聚焦叙事，作家可以通过故事人物隐含地揭示此类意义。

比如阿城《棋王》中的王一生那样喜欢棋艺，偏偏连报名参赛资格也没有。他家里一贫如洗，连温饱都没有保证，妈妈临死前给他磨制了一副无字棋，他命一样带在身边。车轮大战，胜了九人之后，他抱住妈妈留下的无字棋，嚎啕大哭。随着主人公的成长，作家赞同人除了吃饭，还要有精神追求和感情依赖。作家通过故事人物"我"的感受，表达了对王一生的赞扬。小说写道：

夜黑黑的，伸手不见五指。王一生已经睡死。我却还似乎耳边人声嚷动，眼前火把通明，山民们铁了脸，肩着柴禾林中走，咿咿呀呀地唱。我笑起来，想：不做俗人，哪儿会知道这般乐趣？家破人亡，平了头每日荷锄，却自有真人生在里面，识到了，即是幸，即是福。衣食是本，自有人类，就是每日在忙这个。可困在其中，终于还不太像人。倦意渐渐上来，就拥了幕布，沉沉睡去。

二、生动刻画主要人物

（一）正面描写

1. 人物肖像

鲁迅善于用简洁的文字描写肖像，他一下子就能抓住人物特点进行描写，如部编本九上《故乡》描写杨二嫂的句子：

我吃了一吓，赶忙抬起头，却见一个凸颧骨，薄嘴唇，五十岁上下的女人站在我面前，两手搭在髀间，没有系裙，张着两脚，正像一个画图仪器里细脚伶仃的圆规。

这里几笔就画出了杨二嫂霸道市侩的形象，几个名词值得注意："凸颧骨""薄嘴唇""圆规"，前两个名词不给人温和感，都可以联想到杨二嫂的刻薄；后一个名词"圆规"有冰冷、傲气感，可以联想到杨二嫂的霸道。

2. 肢体动作

小说的动作描写中，惯常性动作对交代小说背景很有价值，比如写某人出门常常带相机，对交代他的兴趣爱好是一种提示。惯常性动作对揭示人物性格有作用，比如部编本高一下《装在套子里的人》用"套子"作为隐喻，"他所以出名，是因为他即使在晴朗的天气也穿上雨鞋，而且一定穿着暖和的棉大衣。他的雨伞总是用套子包好，表也总是用一个灰色的鹿皮套子包好。"句子里有频率副词"总是"，这些惯常性动作说明别里科夫一直就是一个不接触外界新鲜事物的保守人物。这些描写在情节进展过程中作为背景信息出现。

大部分动作描写是一次性动作。作家要在动词使用上下功夫，以便于使所描写人物为读者留下深刻印象。

老板没有起立，乔炳璋却弓着腰站起来了。他用酒杯的沿口往老板酒杯的腰部撞了一下，仰起了脖子。酒到杯干。（毕飞宇《青衣》）

剧团团长乔炳璋向烟厂老板敬酒，动词"站""撞""扬"，显示团长为了筹集演出的钱，向老板屈尊时的真诚。他敬酒的两个细节：第一，酒杯下移到老板酒杯腰部，在酒席上是谦卑的表现。第二，酒到杯干，在酒席上是让对方满意的表现。这两个细节使一个为了剧团生存而重视人际交往的团长浮现于读者面前。

3. 神态动作

面部神情也是作家应该注意刻画的。这对于展现人物当时的心理状态，以及塑造人物性格有重要价值。如：

筱燕秋对自己的受伤一点都没有在意。受伤的似乎是别人，她只不过是一个旁观者，偶然看见的罢了。她那种事不关己的样子使你相信，即使有人把她的脑袋砍下来，放在了桌面上，她也能镇定自若地，不慌不忙地眨巴她的眼睛。（毕飞宇《青衣》）

这一段里有几个动词：事不关己、镇定自若、不慌不忙，表现了筱燕秋停演嫦娥之后，生活极度不愉快，她完全不在意约会时崴了脚，她就是一个木偶冷美人，而且冷得倔强。

筱燕秋突然觉得对面站着的就是二十年前的自己，二十年前的筱燕秋就在自己的面前，亭亭玉立。筱燕秋迷惑了，像做梦，像水中观月。眼前的一切都像梦幻那样飘忽起来了，充满了不确定性。筱燕秋停下来，侧着看，用那种不聚集的、近乎烟雾的目光笼罩了春来。（毕飞宇《青衣》）

这一段写筱燕秋在欣赏自己的学生，但同时她又觉得春来就是二十年前的自己。动词迷惑、飘忽、不聚集、近乎烟雾、笼罩，都表现了她当时朦胧的醉态，她到底还是欣赏起了自己，而不是学生春来。

4. 人物语言

贝尔（2014：174）提醒作家："使用对话的目的是推动故事发展，制造张力,引起读者的兴趣,揭示人物的性格。"一般来说,小说家可以不打断自己的叙述流,一直用概述或者转述的方式,显示故事人物的语言。直接引语使用引号,将它们跟叙述流的分界凸显出来,对于塑造人物较为有利。因此小说家在情节需要或者人物性格需要的时候,使用直接引语,将凸显故事人物主体意识,给读者留下深刻印象。

毕飞宇《青衣》很少语言描写,只要人物开口说话,就在推动情节发展,如:

"你不知道!"筱燕秋心痛万分地说,"你不知道你是多好的青衣——你知道你是谁?"

春来歪了歪嘴角,好像是笑,但没出声。春来说:"嫦娥的Ｂ档演员。"

筱燕秋脱口说:"我去和他们商量,你演Ａ档,我演Ｂ档,你留下来,好不好?"

春来怕自己不能演嫦娥Ａ档,就以退为进,说要离开剧团去电视台工作,筱燕秋为了留住春来,自己主动让戏给学生。接着小说描写筱燕秋矛盾心理,等待了二十年的机会不属于自己,多么遗憾。

能显示人物性格的语言,总是留给读者更为深刻的印象,如部编本高中选择性必修中册《荷花淀》,有几句话描写游击队员的妻子:

"听说他们还在这里没走。我不拖尾巴,可是忘下了一件衣裳。"

"我有句要紧的话得和他说说。"

"听他说,鬼子要在同口安据点……"水生的女人说。

"哪里就碰得那么巧,我们快去快回来。"

"我本来不想去,可是俺婆婆非叫我再去看看他——有什么看头啊!"

这些女人一方面有觉悟,支持丈夫的工作,另一方面又舍不得丈夫,想方设法要见上一面。不是借口忘了一件衣裳,就是借口还有要紧的话,甚至还借口婆婆要求去看望,自己还补充一句"有什么看头",把女人情意绵绵又不愿意直白表达的含蓄情状描写得淋漓尽致。她们不怕鬼子据点,一心想跟心上人见面。反映人物性格的语言,是作家善于观察生活的表现。他们要在作品里塑造各类不同人物,让人物自己说话,而不是作家代替他们说话,这对于作家而言,并非易事。

5. 人物心理

（1）从第三人称视角描写，使用心理动词

十几年他见过多少条河啊，黄河、湟水、白龙江和洮河、额尔齐斯河与伊犁河、甚至内蒙古的锡林河以及青海的通天河。这些河流在他的脑海里飞溅激荡，他感到兴奋得有些晕眩。他看见了那么多熟识的面影和那么多生动的故事，他觉得这些河流勾划出半个中国，勾划出一个神秘的辽阔北方。这片苍茫的世界风清气爽，气候酷烈，强硬的大路笔直地通向远方。（张承志《北方的河》）

使用"感到""觉得""想"等这些心理动词，可以描写故事人物心理。这里写主人公一想起自己考察过的河流就激动万分。它们在他的头脑里奔涌不止，让他"兴奋得有些晕眩"。

（2）从第三人称视角描写，使用肢体动词

前面我们谈含蓄叙事艺术的时候，提到过可以使用动作描写，来含蓄地表达故事人物心理。这里所谈的肢体动词，所描写内容仍然是心理，只是使用了形象的表达手段，如：

刚一进门筱燕秋便扑在了他的身上，胳膊箍住他的脖子，用力往里收。她的腹部贴在他的腹部，一吸一吸的。他感到了她的努力。她用力忍着，一种强烈而又迅猛的伤恸。（毕飞宇《青衣》）

筱燕秋得知《嫦娥》戏剧将重新开张，自己可以有再演嫦娥的机会。这里明写她搂着丈夫的动作，暗写她的心情，动词"扑""箍""收"，说明她很激动，以至于很用力。动词"吸""忍"又证明时隔二十年，青春不再，她是多么难过。

（3）从第一人称视角描写

"那时我急得心火上蹿，因为我连自己被大卡车拉到了哪里全都不知道。"他感慨地走在一条土巷子里，默默地想着。（张承志《北方的河》）

引号之前的内容，都是直接引语形式，展现了故事人物的心理活动。这一类心理描写，作家也可以用第三人称转述的方式，从叙述角度加以描写，这样能起到作家跟故事人物在一起、与故事人物感同身受的效果。

申丹（2019：308-309）认为小说家需要合理安排自己的叙述与人物语

言及心理活动的展示,以取得良好的表达效果。可以从以下角度思考:①注意人物的主体意识与叙述主体意识之间的关系;②注意叙述语境对人物话语的客观压力;③注意叙述语流是否连贯、顺畅、简洁、紧凑;④注意人物话语与读者之间的距离;⑤注意人物话语之间的明暗度以及不同的音响效果等。

(二)侧面烘托

小说中也可以不正面描写人物,而是从其他人的反映方面,或者从环境烘托上来侧面描写人物。前面谈诗意的叙事时,谈了环境烘托作用。这里主要谈前一类情况。

如阿城《棋王》里倪斌跟王一生下棋,小说这样写道:

走出十多步,王一生有些不安,但也只是暗暗捻一下手指。走过三十几步,王一生很快地说:"重摆吧。"大家奇怪,看看王一生,又看看脚卵,不知是谁赢了。脚卵微微一笑,说:"一赢不算胜。"就伸手抽一颗烟点上。王一生没有表情,默默地把棋重新码好。两人又走。又走到十多步,脚卵半天不动,直到把一根烟吸完,又走了几步,脚卵慢慢地说:"再来一盘。"大家又奇怪是谁赢了,纷纷问。王一生很快地将棋码成一个方堆,看看脚卵问:"走盲棋?"脚卵沉吟了一下,点点头。两人就口述棋步。好几个人摸摸头,摸摸脖子,说下得好没意思,不知谁是赢家。

脚卵是倪斌的诨号,他有祖传的棋具、棋艺,但也只是赢了第一盘,接着从他下棋的举动上看,"半天不动,直到把一根烟吸完,又走了几步",说明王一生棋艺比较高,倪斌感觉难以对付。走盲棋的时候,众人看不出门道,从大家的反映看,这是高手之间的竞争。小说最后写王一生同时大战九人,冠军一开始在家里口述棋步,后来亲自出面,请求王一生手下留情。也是侧面描写王一生棋艺高超。

(三)欲扬先抑

开篇对要赞扬的人物贬抑,容易引发读者兴趣。比如马烽《我的第一个上级》就使用了这种手法塑造了一个基层干部老田。他走路"低着头，驼着背，倒背着手，迈着八字步"；讲起话来少气无力，"好像什么事都不能使他激动"。"我"这个刚从水利学校毕业的科班生，跟了这样又"疲沓"又"怪"的领导，感到很不满。"我"来的第九天，山洪暴发了。老田凭借他的经验，指挥若定，他知道防洪最应该着力的地方。他甚至对全县的每一水库，每段河堤，每个水闸，每条支渠都了若指掌，不用地图就能成功地指挥全县抗洪。决口成功合拢，故事达到高潮。正当人们欢呼雀跃的时候，老田昏倒在水里，当他醒来，第一句话就是给抗洪过程中遭受批评的老姜道歉。平易近人又务实能干的老田因此给读者留下深刻印象。

（四）人物映衬

作家可以用次要人物映衬主要人物。从主要人物与次要人物关系划分，可以分为：主从型、对立型。前者是主要人物与次要人物有共同的追求，形成主次关系；后者是次要人物跟主要人物追求不一致，形成对立关系。

1. 主从型

部编本高一上《哦，香雪》中，用次要人物凤娇来烘托主要人物香雪，凤娇只是羡慕火车上"白白净净的年轻乘务员"，但她从来不敢主动追求。而香雪为了个人尊严，愿意用家里的鸡蛋换一个铅笔盒，为此她宁愿一个人在夜里步行三十里返回家里。这样勇敢的行为，凤娇做不出来。

2. 对立型

如阿城的《棋王》中，次要人物倪斌为突出主人公王一生而存在。王一生对待棋具和倪斌对待家传棋具的态度形成鲜明对比；王一生对棋艺的追求与倪斌对待棋艺的态度也形成对比。

小说要塑造众多人物，如何让笔下的人物各具特色，使人物行为符合其身份地位、性格特征、受教育程度、职业背景等状况，美国小说家贝尔（2014：52）认为"人物日记"对作家来说是有效方法。"据我所知，以人物的口吻写日记是最有效的创作工具之一。""在早期，人物日记可以让你

'听到'人物以其自身独有的风格说话。你必须做到这一点，才能让笔下的人物形成各自的特色。"

第五节　小说核心内容与艺术风格

一、小说核心内容类型

（一）以情节为中心

一般来说，侦探题材小说和历史小说，应该以情节为中心。这样便于写出跌宕起伏的故事情节，塑造可信的人物形象。我国四大名著中的《三国演义》《水浒传》《西游记》都是以情节复杂多变取胜。

（二）以人物为中心

以爱情、家庭、创业为题材的小说，应该以人物为中心，以便于塑造典型人物，反映时代风貌。《红楼梦》里有很多人物给读者留下深刻印象：贾宝玉、林黛玉、薛宝钗、晴雯、贾母、王熙凤、尤三姐、刘姥姥等各阶层人物都有自己的特点。

（三）以心理为中心

意识流小说以心理描写为中心。这类小说故事的安排和情节的衔接，一般不受时间、空间或逻辑、因果关系的制约，往往表现为时间、空间的跳跃、多变，前后两个场景之间缺乏时间、地点方面紧密的逻辑联系。时间上常常是过去、现在、将来交叉或重叠。这种小说常常是以一件当时正在进行的事件为中心，通过触发物的引发、人的意识活动不断地向四面八方发射又收回，经过不断循环往复，形成一种辐射型的立体结构。王蒙的《春之声》就是此类小说。

（四）以情调为中心

情调小说故事往往简单，作家追求诗意的叙述。徐岱（2010：265）云："叙述的情调模式通常又可以进一步分为两类：意境叙述和氛围叙述。"前者主要通过表现场景而刻画意境；而后者主要通过表现背景而刻画氛围。无论哪一类，都是以抒情语篇模式为小说的核心内容。郁达夫《沉沦》、张承志《北方的河》属于这类小说。

文学上常常说"风格即是人"。对于作家而言，终其一生，就是为了创作出带有个人风格的作品，而语言将决定小说的艺术风格。因此，小说语言就是作家最终要追求的目标。

二、语言决定艺术风格

（一）风格定义

威克纳格认为风格是"语言表现的外表；不是观念，不是材料，而只是外在形式——词汇的选择、句法的构造"（王元化，1982：15），"它一部分被表现者的心理特征所决定，一部分被表现的内容和意图所决定"（王元化，1982：18）。他把风格分为三类：智力的风格、想象的风格、感情的风格，并认为："智力的风格，其特性为清晰性；想象的风格，其特性为生动性；情绪的风格，其特性为激情。"（王元化，1982：25）我们认为整篇文本分出三类风格，难以操作。风格是在交际过程中发生的，因此没有交际环境，就无法谈论风格。翟燕（2015：28）认为："根据不同的情况、不同的语境、不同的语言使用场景、不同的使用者和不同的话题，语言的风格也多种多样。风格可以是涉及全部时间所运用的口头语言或书写语言，也可以是某一个时段所运用的语言。风格的不同种类可以称为风格的分异。"

我们认为首先按照语体，即口语和书面语分类；再按照文体分类，区分不同文体的风格。因为这就可以将口语与书面语相区别，一个作家可能讲话很严肃，但书面语里表现幽默。再按照文体区分，因为文体本身就是作者与读者不同交际目的而产生的书面语。一个作家可能写诗非常激越，而写小说却非常矜持。

小说是书面语文体，但小说应该区分叙述语言与对话语言，因为前者是作家叙事，后者是故事人物叙事，作家为了刻画人物性格，有些用语习惯是人物描写需要。作家本人叙事有更多的书面语色彩甚至有地域色彩，更能体现他本人的语言风格。翟燕（2015：28）认为"引起这些多种类的风格分异的原因可能是作者受到的地域或社会语言的使用背景的影响，或者是影响作者创作的背景或是其他的因素"。我们依据差异，将小说语言风格分为：口语风格、书面语风格、地域风格、异质语言风格（即吸收的外来语）四类。

（二）小说语言风格类型

1. 口语风格

口语风格指作者所使用的口语词汇及口语表达方式。如果该口语词汇及表达方式是故事人物对话与作家叙述语言一致的用语，那么才真正体现为作家风格。作家常使用口语里的哪些词汇和哪些表达方式，将反映他对生活观察的深度和广度。

2. 书面语风格

书面语风格指作家的叙事语言所使用的词汇及表达方式。这一部分将集中体现作家的艺术风格，可以分为轻松幽默型、沉郁顿挫型、刚健激越型、柔婉明媚型、冲淡客观型、绚烂多彩型等。"风格即是人"，常常指这类风格。比如老舍属于轻松幽默型，鲁迅属于沉郁顿挫型，路遥属于刚健激越型，冰心属于柔婉明媚型，叶圣陶属于冲淡客观型，贾平凹属于绚烂多彩型。使用哪些词汇和句式参项定义这些艺术风格，还需要语言学者进一步研究，以便于为作家写作形成个人风格提供一些参考。

3. 地域风格

地域风格指作家所使用的词汇及表达方式，属于哪个方言片区语言。比如赵树理语言有西北方言色彩，老舍语言有北京话色彩。一个作家根植于大地，必然带有一方水土色彩，如果作家只能使用标准语创作，那么势必不能生动地描绘生活在这块土地上的人们。

4. 异质语言风格

异质语言风格指作家所使用的偏离标准语的词汇及表达方式。这部分风格反映作家对外来文化的吸收程度，也反映作家的创作背景差异。比如五四时期作家，鲁迅的欧化色彩很低，而同时期老舍欧化色彩更浓。

总之，一个小说家要成为语言运用大师，需要成就自己的风格，才能在文学史上独树一帜。

参考文献

陈鸣，2016. 小说创作技能拓展[M]. 北京：中国人民大学出版社.

胡亚敏，2004. 叙事学[M]. 武汉：华中师范大学出版社.

申丹，2019. 叙事学与小说文体学研究[M]. 第四版. 北京：北京大学出版社.

徐岱，2010. 小说叙事学[M]. 北京：商务印书馆.

杨义，1986. 中国现代小说史. 第一卷[M]. 北京：人民文学出版社.

翟燕，2015. 老舍的文学语言风格与发展[M]. 上海：复旦大学出版社.

[美]贝尔，2014. 冲突与悬念：小说创作的要素[M]. 王著定，译. 武汉：中国人民大学出版社.

[法]A. J. 格雷马斯，2001. 结构语义学[M]. 天津：百花文艺出版社.

[德]歌德，等，1982. 文学风格论[M]. 王元化，译. 上海：上海译文出版社.

第八章 戏剧创作型文体

第一节 戏剧构思与戏剧冲突

一、戏剧构思与剧本构造

(一) 戏剧题材选择

戏剧是综合的舞台艺术,它包括剧本、演员表演、音乐、舞台美术等因素。根据艺术形式差异,将戏剧分为:话剧(以对话为核心内容)、歌剧(以演唱为核心内容)、舞剧(以舞蹈为核心内容),我国还有宾白和唱词为核心内容的戏曲。

歌剧语言多为诗歌形式,还要配合音乐、舞蹈。我们这里仅讨论对话为核心内容的戏剧剧本。戏剧作家要充分了解舞台表演在这门综合艺术中的重要性,所写剧本要适合演员在有限时间和在舞台的狭小空间内演出。

戏剧题材来源于生活,主题来源于时代。

(二) 剧本构成

普菲斯特(2004:19)将剧本分为两个层次,"印刷文本通常可以被明确地分为两个层次,这种区分在印刷排版中就已经体现出来了:一层是发生在戏剧角色之间的对话,另一层是不以对话形式在舞台上表现的文字部分。"前者称为"第一文本",后者称为"第二文本"。

第二文本指示舞台效果,主要有两类:指涉戏剧角色和环境。其中指涉角色有:人物上下场的时间和方式、体形和扮相、面具和服装、手势和表情、对话的元语言要素以及角色间的组合和互动。指涉环境有:发出指令以控制布景、道具、灯光、音乐和音响、人造烟雾或舞台机械等特效,还有转场和分幕——还包括"开放式"舞台上的"转换"。(普菲斯特,2004:21)

（三）第一文本语言构成

戏剧语言不仅要注意人物说什么，还要注意怎么说，老舍（1981：23-24）认为："作者必须苦思熟虑：如此人物、如此情节、如此地点、如此时机，应该说什么，应该怎么说，一声哀叹或胜于滔滔不绝；吞吐一语或沉吟半晌，或许强于一泻无余。说什么固然要紧，怎么说却更为重要。说什么可以泛泛交代，怎么说却必须洞察人物性格，说出掏心窝的话来。说什么可以不考虑出奇制胜，怎么说却要求妙语惊人。无论说什么，若总先想一想怎么说法，才能逐渐与文学语言挂上钩，才能写出自己的风格来。"老舍从创作的角度说明了戏剧语言是戏剧的生命。戏剧语言主要包括以下几种形式：

1. 对　话

第一文本的主体是戏剧人物的对话。对话要惟妙惟肖，孙绍振（1987：302）认为："对话之难还不仅在于区分作者与人物语言的不同，而且在于区分不同人物之间语言的不同。"理想的戏剧对话是"在两个或更多的处于对立的状态、且相互之间处于高度紧张关系的角色之间的无中断的双向交流"。（普菲斯特，2004：164）这类对话是戏剧冲突的外在表现，因此也是最有"戏味"的语言。

2. 独　白

独白指消失了对话的关系者，不存在不同发话者上下文之间的语义对比，而只有一个语义方向的语言。人物对话过程中，也可以存在独白，这"可能是交际中断的结果，而中断的出现有可能是对话伙伴间的渠道严重破裂甚至不存在（例如由于主观或客观的原因导致他们不愿交流或无法交流），也可能是因为他们使用的代码严重分歧，从而导致不理解或极大的误会，或是他们所指称语境根本不同，以至无法取得交流所必需的起码的一致"。（普菲斯特，2004：164-165）独白可以表达戏剧人物内心的冲突。

3. 自　语

自语就是允许角色出声地思考，自己对自己发话。自语除了具有交流功能外,"还有几种结构和形式方面的功能:如可以作为两场戏之间的连接,避免空场而导致行动的断裂;开幕时的自语可以展望情节的发展,闭幕时的自语则可总结情节的发展,其他地方的自语又可以使行动放缓,造成对情节进行反思的效果"。(普菲斯特,2004:164-165)

4. 旁　白

"旁白与独白的共同之处在于,它不是针对舞台上的另一角色;它与独白的不同之处在于说话者在舞台上不是单独一人,也不认为是自己独处舞台,更没有忘记别人在场。"(普菲斯特,2004:175)旁白有叙事功能,可以向观众告知戏剧情境的背景及发话者的意图,从而给后续情节造成悬念。

(四)戏剧文本交际系统

戏剧跟小说交际系统的区别之一体现在作者跟故事人物之间的关系上:作者不能跟自己的故事人物直接交际,比如他不能透视人物心理,只能通过人物动作或者语言,侧面刻画心理活动;或者由人物通过独白方式表演出来。再比如他也不能对故事人物直接评论,他只能将自己的感情和立场隐含地表达出来,比如通过安排人物结局,来表达他的思想感情。如果作家有太强的操控人物的意识,就会把人物变成自己的传声筒,因此作家必须尊重人物自身的身份地位、受教育程度、职业等因素,让人物表现自己,使人物感动观众。戏剧跟小说交际系统的区别之二体现在故事人物与读者关系上,故事人物与剧场外的读者是间接关系,他们不能直接交流,故事人物有些语言并不是日常生活所需,其目的是引发读者感情共鸣,戏剧美学上称此为"诗学功能"(普菲斯特,2004:150);故事人物与剧场内的读者,也就是观众,可以直接交流,就算演员没有跟他的观众直接说话,他的每句话、每一个眼神、每一个动作无不在演给观众看。演员唯一的上帝是观众。这就是戏剧与小说的最大差异。一台成功的戏剧是演员与观众共同交流的结果。

理解这个交际系统,对于作者想要用戏剧形式讲述故事非常重要。上一章我们谈小说冲突时,提到了矛盾冲突是建构故事性的首要因素。对于戏剧而言，冲突则必须被强调到最高位置，以便于故事在短时间内激发矛盾，产生戏剧性效果呈现于舞台之上。

二、戏剧冲突

（一）定　义

法国戏剧理论家布轮退尔（Bruntière，2002：469-480）在《戏剧的规律》中明确把冲突作为戏剧艺术的本质特征，"戏剧的总的规律是通过自觉意志的行动本身来确定的；戏剧的类型是以意志所遇到的障碍的性质来做区分的。"他进一步解释说（乔治·贝克，1985：50）："戏剧是表现人的意志与限制和贬低我们的自然力的各种力量相冲突的；它把我们中间的某个人放到舞台上去生活，并且在那里进行斗争，以反抗命运，反抗社会法律，反抗他的某个同类，反抗他自己——如果需要的话，反抗野心、盘算、偏见、愚蠢，反抗他周围的人的恶意。"戏剧冲突（conflict of dramaturgy）主要表现为两大类型：第一，人的内心矛盾，即性格冲突；第二，人与人之间的矛盾，即社会冲突。

（二）性格冲突

性格冲突指戏剧人物内心充满矛盾的力量，充分展示人之所以为人的复杂性。黑格尔（1996：270）认为："这种方式的冲突的根源在于精神的力量以及它们之中的差异对立，因为这种矛盾是由人的行动本身引起来的。"比如勇猛的拳击手面临可能的失败时，是否选择作弊，他得跟自己诚实的道德形象作斗争；怯懦的人，面临真爱时，是否放弃不成功的婚姻，他得跟自己已有的生活作斗争；温柔乖巧的人，面临生存威胁时，是否放弃曾经费尽精力维护的社会关系，他得跟自己因温柔而生的懦弱作斗争等，不一而足。戏剧人物要在矛盾冲突中，选择做什么、不做什么。只有剧情凸显了剧烈的内心冲突，才是性格冲突戏剧。外在表现为：剧中有明显的人物形体动作、充满潜台词的对话或者用人物独白的方式凸显人物内心冲突。这些均被美学家称作"动作"。黑格尔（1996：279）认为推动性格冲突,并最终解决冲突的动因,是理性,是普遍的力量,"各种理想性的旨趣必须互相斗争,这个力量反对那个力量。这些旨趣就是人类心中的有关本质的要求,也就是动作的本身必然的目的;它们是本身有辩护道理的,符合理性的,因此就是心灵性事物的普遍永恒的力量。"

依此标准衡量,曹禺的《北京人》无疑是一部值得欣赏的性格冲突戏剧。其中曾文清是因懦弱而毁掉个人幸福,最终选择死亡的悲剧角色。他跟曾思懿是封建包办婚姻,他喜欢表妹愫方,却不敢去爱,只能选择避开。他出走没有多久又落魄返回,因为他没有能力过艰难的生活。他活得没有希望,只能走向死亡。愫方寄人篱下,温存体贴,他分担曾文清的痛苦,安慰寂寞的瑞贞,甚至体贴凶狠的曾思懿。她一直希望曾文清在外面混出个样儿来,两人能终成眷属,而曾文清因无法忍受艰苦的生活,选择放弃爱情理想。他自己也觉得愧对愫方,曾思懿又自作主张地打算让愫方填房。愫方的希望彻底破碎了,曾文清终于觉得愧疚,吞食鸦片自尽。当所有的希望都化为泡影,她选择跟袁教授等人勇敢投入新生活,对旧制度从温顺走向倔强抵抗,她的动机自始至终都是为了追求光明、幸福的生活。剧中有明显的人物形体动作、充满潜台词的对话,以表示人物复杂的内心矛盾。

(三)社会冲突

黑格尔(1996:263)认为人与自然的冲突这类题材不适合用戏剧表现:"一般说来,追究风暴、沉船、旱灾之类的自然灾祸的原因较适合于史诗而不适合于戏剧。"①

戏剧适合用来表现人与人之间的矛盾对立,而这种对立其本质是社会冲突,它包括爱情对立冲突、身份地位冲突、社会观点(价值观)对立冲突、阶级对立冲突、战争双方冲突、正义与非正义道德冲突等,涉及个人、社会、国家等主题。

一般来说,一部戏剧集中笔力反映一条冲突线索,因为舞台演出时间有限制,舞台空间有限制。《雷雨》是一部集爱情对立冲突、阶级对立冲突、

---

① 也有人并不认可这样的说法,"只要是属于人类的,就能用戏剧来表现。"(乔治·贝克,1985:48)

社会观点冲突于一身的戏剧。该剧贯穿着四条冲突线索，掀起跌宕起伏的情节浪潮，创造了震撼心灵的舞台艺术。第一条线是周朴园与鲁侍萍身份与地位的冲突。这一条线主要写始乱终弃的爱情，描写社会身份低微的侍萍难以摆脱悲剧命运。第二条线是四凤与蘩漪和周萍的冲突。这一条线索主要写爱而不得的爱情：其一是四凤的爱情，四凤爱周萍，并不爱周冲，结局四凤知道了周萍是自己的同母哥哥，触电身亡，周冲也因救援四凤而死，周萍自杀；其二是蘩漪的爱情，她以继母身份陷于不合人伦的爱情，周萍不能忍受这种不道德的生活，爱上了四凤，蘩漪终难寄托自己的感情而疯狂报复。第三条线是周朴园与蘩漪的冲突。这一条线描写蘩漪反抗周朴园家长式统治，这是社会观点的对立，描写了蘩漪追求自由的悲剧命运。第四条线是周朴园与鲁大海的冲突。两人是雇主与员工的关系，也是父子关系，这一条线是亲情让位于利益的悲剧，这是阶级利益的对立，揭露了周朴园作为资本家的凶恶嘴脸。四凤只想跟着周萍离开周公馆，而周冲认为四凤应该读书，四凤对这样的提议并没有兴趣，如此看来，四凤与周冲之间是社会观点冲突。

剧作家从戏剧冲突出发，就是从戏剧最紧张的场面出发，他在这里要认真分析自己创造的人物所面临的困境，提炼戏剧主题，根据主题选择材料。乔治·贝克（1985：102）说："对一个剧作者来说，紧张场面中的人物，就是他的人的资料，他必须仔细研究这些资料，直到完全了解他们，并且能清楚地辨别出，在他们所提供的资料之中哪些是对他的目的有用的，哪些是没有用的。"

第二节　戏剧叙事结构

一、戏剧叙事手段

乔治·贝克（1985：61）认为，从故事出发比从人物或者某种概念出发，更容易写成戏剧："从故事入手的人，比起从思想或者人物入手的人来，他离他的目的要近得多。"剧作家要善于讲故事。

戏剧剧本分为第一文本和第二文本,再加上演员和观众之间可以交流,因此相对于小说,戏剧的叙事系统比小说也更复杂一些。

(一) 第一文本叙事

1. 情节之内的角色叙事

第一,说明性质的叙事介绍。由角色通过对话或独白方式介绍情节进展,情节介绍并不完全与戏剧本体分开,这就可以使叙述性情节介绍到戏剧情节的过渡成为流畅的、不中断的过程。中国古典戏剧中这类说明性质的叙事介绍较多,如:

老蔡婆婆是也。楚州人氏,嫡亲三口儿家属。不幸夫主亡逝已过,止有一个孩儿,年长八岁。俺娘儿两个,过其日月。家中颇有些钱财。这里一个窦秀才,从去年间我借了二十两银子,如今本利该银四十两。我数次索取,那窦秀才只说贫难,没得还我。他有一个女儿,今年七岁,生得可喜,长得可爱。我有心看上他,与我家做个媳妇,就准了这四十两银子,岂不两得其便! (关汉卿《窦娥冤》楔子)

这里蔡婆婆介绍故事背景。接下来剧情进入她等待窦天章把女儿窦娥送来,以做儿媳。

第二,记叙性质的角色表演。由角色通过对话或独白方式推进情节进展,让观众了解曾经发生过、正在发生以及未来可能发生的事情。如:

曾思懿 (斜眼看着文清,似乎十分认真地)[①]怎么样?这件事?——我可就这么说定了。(仿佛是不了解的神色) 咦,你怎么又不说话呀?这我可没逼你老人家啊!

曾文清 (叹息,无可奈何地)你,你究竟又打算干什么吧。

曾思懿 (睁大了眼,像是又遭受不白之冤的样子)奇怪,顺你老人家的意思这又不对了。(做出那"把心一横"的神气) 我呀,做人就做到家,今天我们那位姑奶奶当着爹,当着我的儿女,对我发脾气,我现在都为着你忍下去! 刚才我也找她,低声下气地先跟她说了话,请她过来商量,大家一块儿来商量商量——

[①] 括号内为对话的元语言要素,是第二文本中的叙事。

曾文清 （忍不住，抬头）商量什么？

曾思懿 咦，商量我们说的这件事啊？（认定自己看穿了文清的心思，讥刺地）这可不是小孩子见糖，心里想，嘴里说不要。我这个人顶喜欢痛痛快快的，心里想要什么，嘴里就说什么。我可不爱要吃羊肉又怕膻气的男人。

曾文清 （厌烦）天快亮了，你睡去吧。

曾思懿 （当作没听见，接着自己的语气）我刚才就爽爽快快跟我们姑奶奶讲，——

曾文清 （惊愕）啊！你跟妹妹都说了——（曹禺《北京人》第三幕）

曾思懿表示将要允许丈夫纳表妹愫方为妾，她以为这样就满足了丈夫的心意，其实她不了解两个人所期待的天长地久的爱情。这两个人之间的对话正在推动剧情发展，为愫方放弃幻想，最终走上革命道路埋下了伏笔。

2. 情节之外的角色引进叙事

独立于戏剧角色之外的人物（某个角色或导演）引出戏剧故事，如普菲斯特（2004：92）所说："外在于戏剧情节的角色所致的开场诗和退场诗，他们或是无名的致辞者，或是讽喻性人物，或是神仙，或是作者自己的化身。无论它们采取演员以诗人形象出现的方式，还是由人物上场概述戏剧情节的前事甚至剧情。"

这类叙事，在中国古典戏剧中较多。几乎每个上场人物都有上场诗和下场诗，就算是市井小民也不例外，这类诗歌多是作者叙事，如：

（卜儿蔡婆上，诗云）花有重开日，人无再少年。不须长富贵，安乐是神仙。（关汉卿《窦娥冤》楔子）

蔡婆婆上场诗意在说明自己年事已高，家境尚可。她属于市民阶层，未必读过诗书，这里的人物上场诗，属于作者角度的叙事。

（二）第二文本叙事

1. 舞台指示环境中的叙事

处于第二文本的舞台指示可以帮助作者表达自己的评论立场，如何冀平《天下第一楼》第三幕的舞台指示：

今天是大年初六，饭庄店铺大开张。福聚德伙计们簇拥着王子西将那两块老年间的铜幌子，当当正正地挂在门前。而后，掌案的把砧板剁得当当响，掌勺的啪啪啪地敲着炒勺，账房把算盘拨拉得劈啪响，百年老炉中的炉火像浇上了油，烧得呼呼窜火苗子，这就是旧时买卖家讲究的"响案板"，以求新年里买卖兴隆。

这并不是那种仅仅关系到布景的舞台指示，它们本身就是文学结构的一部分——是一个叙述和描写文本，它事先就将阐释的视角隐含在随后的戏剧性表演中。这个视角高于角色视角，通过隐含的作者向读者（观众）表达观点。"福聚德"一帮伙计忙碌的身影，向读者（观众）赞美主人公卢孟实精明能干、善于经营的特点。

2. 舞台指示人物中的叙事

舞台指示人物可以包括人物上下场的时间和方式、体形和扮相、面具和服装、手势和表情、对话的元语言要素以及角色间的组合和互动。其中手势和表情、对话的元语言要素都有叙事功能，如：

思懿换了一件蓝毛嘎的薄棉袍，大概不知已经说了多少话，现在似乎说累了，正期待地望着文清答话。她一手拿着一碗药，一手拿着一只空碗，两只碗互相倒过来倒过去，等着这碗热药凉了好喝，最后一口把药喝光，就拿起另一杯清水漱了漱口。（曹禺《北京人》第三幕）

这里的第二文本舞台人物指示，说明曾思懿和曾文清谈话已经谈了很久，她认为自己所谈的事情能引起曾文清的兴趣，所以正期待他回答。

（三）贯穿全剧的意象叙事

戏剧也可以安排贯穿全剧的意象，并通过意象传达隐喻意义。意象使戏剧具有诗意。

比如曹禺的《北京人》，剧情自始至终都贯穿着"北京猿人"形象，有时候他是真实存在的，可以帮助袁教授打跑逼债的人，帮助他拿行李；有时候他是剪影，是袁教授女儿手上的玩具；有时候他是人类学家袁教授桌上的研究对象。袁教授说他：想爱就爱，想恨就恨，真实而淳朴，比现代所谓的文明人更懂得人应该活得有尊严。北京人寄托了作家的隐喻意义，他引导曾家大院的人为了追求光明的人生而勇敢走出大宅子。贯穿全剧的曾老太爷的棺木也是一个意象，这座上了一百多遍油漆的棺木，是曾老太爷的命根子，最后因为债务被暴发户杜家人抬走。它寄托了作家的隐喻意义，是封建腐朽制度的象征。它压制着活人，使活人变得没有生气，没有追求，没有希望。再比如老舍《茶馆》贯穿全剧的裕泰茶馆也是一个意象，寄托了作家对社会变迁的思考。

在了解剧本如何叙事的基础上，作家要理解整本戏剧如何形成结构，才能有利于推动剧情进入高潮阶段，产生较强的戏剧效果。乔治·贝克（1985：64）说，作家要将故事按照逻辑形成情节，"剧作者把故事编排起来以使他在演出时能获得他所期望的感情反应。为了创造和维持兴趣，剧作者给故事以他认为是巧妙的、简单的或复杂的结构，并且从中分辨出悬念、吃惊和高潮诸要素，然后把它们展示出来，恰好达到他的目的所必需的限度。"

二、戏剧叙事结构

（一）剧情中心三幕结构

从戏剧冲突角度安排戏剧结构，就是以情节为中心。大卫·巴波林（2016：20-21）谈到影视剧创作，认为尽管有些剧作达到五幕、七幕，但其基本形式都是三幕剧，因为所有的事件都有开端、发展、结局。经典戏剧结构，第一幕要设置激励事件，提出关键问题。第二幕利用戏剧冲突引导故事进入高潮。第三幕解答开头的关键问题。这个观察符合剧本事实。也同样适用于戏剧。中国传统杂剧一般是四折，按照开端、发展、高潮、结局四部分叙事，现代戏剧仍沿袭这个结构模式。

第一幕在一部戏剧中最难写，它将决定情节发展逻辑。剧作家要使观众了解（乔治·贝克，1985：189）："一、他的人物都是什么人；二、他的人物在什么地方；三、故事发生的时间；四、他的人物之间的现在和过去的关系中是什么引起故事。"

比如《雷雨》第一幕激励事件是鲁贵已经知道自己的姑娘四凤与周萍的

恋情，而且他还知道周萍跟自己的继母蘩漪有私情。蘩漪要求四凤妈将她带离周公馆。蘩漪儿子周冲向自己的母亲坦白，他爱上了家里的四凤。这就提出一个关键问题：四凤到底爱谁，周萍还是周冲？她的爱情能继续吗？

第二幕，周萍厌恶与蘩漪的不正当关系，但仍不敢光明正大跟四凤谈恋爱，鲁侍萍到周公馆后，蘩漪以周冲不能娶四凤为由，要侍萍带四凤走。鲁侍萍与周朴园会面，侍萍揭露了周朴园的伪善面目，带四凤离开周公馆。此为故事发展阶段。

第三幕，周冲到四凤家里找四凤诉说衷肠，被鲁大海赶走。稍后周萍与四凤约会，也被鲁大海阻碍，鲁侍萍放走了周萍，四凤随着追出家门。此为故事高潮阶段，四凤很明确地承认爱周萍，两人爱情冲突达到高潮。

第四幕，蘩漪再次请求周萍带自己离开周公馆。周萍跟鲁大海坦白与四凤相恋的决心。四凤冒雨到周公馆找周萍倾诉，鲁侍萍赶来，蘩漪封锁大门，周朴园揭穿真相：周萍与四凤为同母兄妹关系。四凤触电身亡，周冲也随之触电而死。周萍拔枪自杀。此为故事结局，四凤的爱情之梦破灭。

在戏剧中，情节和人物是两位一体的，这跟小说叙事很不相同。小说家可以与故事人物一起叙事，戏剧家却只能让故事人物表现自己。大卫·巴波林（2016：97）说："情节是人物，人物是情节，因为一旦人物采取了有意义的动作，他们就在驱动情节，不论你是否喜欢。与之相反，由于这种关联在两个方向都有效，一旦一个事件发生，引发主角有意义的反应，那么不论你是否喜欢，在观众的眼中人物就已经发展了。"戏剧的中心是人物，一般有三类结构。

（二）人物中心结构

1. 开放式结构

开放式结构以主人公为中心，按照时间先后顺序，自事件开端、发展、高潮、结局叙事。中国传统戏剧基本都是这一类结构。

2. 闭锁式结构

闭锁式结构指在高潮中依靠人物语言不断闪回，在"发现"中突转情节。根据情节需要，设置多种互为关联的铺垫。比如《雷雨》第一幕通过鲁贵与四凤的对话，闪回周萍与继母蘩漪的不正当关系。蘩漪发现四凤跟她之间的情人竞争关系后，要求四凤妈将她带走。第二幕周朴园与鲁侍萍见面，闪回两人过去的爱情坎坷道路。周朴园同意她跟儿子周萍见面，但要求她不能暴露自己的身份。剧中多处提到下雨电线刮断了，漏电，需要修理，以免有人发生意外。这就为后文四凤和周冲触电身亡埋下伏笔。剧情在过去和现在之间穿梭，尽管事件发生时间持续较长，但可以将戏剧冲突强烈地集中在一起。《雷雨》写了一天内周朴园和鲁侍萍两家两代人的恩怨纠葛。

3. 人物展览式结构

人物展览式结构也称为"卷轴式的平面结构"。这种戏剧结构没有统一的情节，也没有一个非此不可的中心人物，只是像图画一样，将人物一个个展览出来，把一个个情节镶嵌进去。它是一种以刻画人物群像为主，通过人物群像的刻画来展示社会风貌的戏剧结构方式。其特点是采用"剪影式"的方法，截取生活几个横断面，展现社会风俗，展示时代的变迁和历史的发展。如老舍《茶馆》就是此类结构。

乔治·贝克（1985：20）认为："由于一切戏剧家都必须服从时间的限制，立刻得到观众注意便成为必要。戏剧没有可以浪费的时间。那么他怎样去赢得这种注意呢？要通过剧中所作所为，通过性格描写，通过剧中人物的语言；或者通过其二者或三者的结合。"戏剧作家要了解如何塑造人物，并通过动作和语言推动情节发展，揭示人物性格特征。

第三节　戏剧人物形象塑造

一、人物动作、语言

（一）性格成长曲线

作者要为主要人物设计一条性格成长曲线，让主要人物在戏剧冲突中，完成自身选择，将整部戏剧推向高潮。大卫·巴波林（2016：15）说："人物必须被迫在冲突中进行艰难的抉择。人物在困境的压力之下，面对邪恶或者冲突的十字路口，他们真正的性格会通过他们的选择行为揭示出来，观众也会从他们正确或错误的决定中学习到生活经验。"前面我们谈小说人物塑造时，提到作家要为人物性格成长设计路线，这一条写作原则，在戏剧创作中就尤其重要。

无论剧情以社会冲突为主，还是性格冲突为主，都必须逼迫人物面临考验，做出选择，做什么、不做什么，有所交代，才能产生戏剧性。

（二）出场动作和语言

一般来说，一部戏剧一个主人公的话，主人公出场要费点儿精力。首先，应该有良好的铺垫，通过次要人物侧面介绍，让观众初步了解这个人，引起观众的期待愿望。再者，作家要挑选合适的时机让主人公上场，并且一出场，就要通过他的动作和语言显示性格。乔治·贝克（1985：25）说："'剧本是感情到感情最短的距离。'所要表达的感情，乃是观众的感情。被传达的感情乃是剧中人物的感情，或者是剧作者从对剧中人物的观察而得来的感情。对剧作者说来，动作的重要性正在于，动作是激起观众感情的最迅速的手段。"

如《雷雨》第一幕开场：

鲁贵　（喘着气）四凤！

四凤　（只做听不见，依然滤她的汤药）

鲁贵　四凤！

四凤　（看了她的父亲一眼）喝，真热，（走向右边的衣柜旁，寻一把芭蕉扇，又走回中间的茶几旁听着。）

鲁贵　（望着她，停下工作）四凤，你听见了没有？

四凤　（厌烦地，冷冷地看着她的父亲）是！爸！干什么？

鲁贵　我问你听见我刚才说的话了么？

四凤　都知道了。

鲁贵　（一向是这样为女儿看待的，只好是抗议似的）妈的，这孩子！

四凤　（回过头来，脸正向观众）您少说闲话吧！（挥扇，嘘出一口气）

呀！天气这样闷热，回头多半下雨。（忽然）老爷出门穿的皮鞋，您擦好了没有？（拿到鲁贵面前，拿起一只皮鞋不经意地笑着）这是您擦的！这么随随便便抹了两下，——老爷的脾气您可知道。

鲁贵　（一把抢过鞋来）我的事不用你管。（将鞋扔在地上）四凤，你听着，我再跟你说一遍，回头见着你妈，别忘把新衣服都拿出来给她瞧瞧。

四凤　（不耐烦地）听见了。

鲁贵　（自傲地）叫她想想，还是你爸爸混事有眼力，还是她有眼力。

四凤　（轻蔑地笑）自然您有眼力啊！

观众可以看到鲁贵开场所做的事情，是给周朴园擦皮鞋。也可以看到他的姑娘四凤并不喜欢这么一个趋炎附势、唯利是图的爸爸，爸爸说什么，女儿都不放心上，甚至假装没听见。四凤做事认真，嫌弃爸爸皮鞋擦得马虎。鲁贵干脆把皮鞋扔地上。鲁贵想在鲁侍萍面前炫耀自己的混世本领，"叫她想想，还是你爸爸混事有眼力，还是她有眼力。"女儿反讽了一句："自然您有眼力啊！"这样的开场，不仅交代了人物关系，也表现了人物性格。

再如《茶馆》第一幕开场：

唐铁嘴　（惨笑）王掌柜，捧捧唐铁嘴吧！送给我碗茶喝，我就先给您相相面吧！手相奉送，不取分文！（不容分说，拉过王利发的手来）今年是光绪二十四年，戊戌。您贵庚是……

王利发　（夺回手去）算了吧，我送你一碗茶喝，你就甭卖那套生意口啦！用不着相面，咱们既在江湖内，都是苦命人！（由柜台内走出，让唐铁嘴坐下）坐下！我告诉你，你要是不戒了大烟，就永远交不了好运！这是我的相法，比你的更灵验！

唐铁嘴出场的动作是"惨笑"，"不容分说，拉过王利发的手来"要给茶馆老板王利发相面；王利发的动作是"夺回手去"，"由柜台内走出，让唐铁嘴坐下"，告诫唐铁嘴应该戒烟。两人的语言能显示各自的性格，唐铁嘴以相面、看手相、算命为业，是个城市无产者、江湖骗子。他说："送给我碗茶喝，我就先给您相相面吧！手相奉送，不取分文！"这几句话，显示他油滑钻营、骗吃骗喝、还厚颜无耻。王利发是个精于处世的小商人，他说："我告诉你，你要是不戒了大烟，就永远交不了好运！这是我的相法，比你的更灵验！"他一下子就点破了唐铁嘴的骗局，非常精明干练，接着他又很自信地说自己给唐铁嘴的建议肯定有效，说明他能够抓住别人的心理特点，善于应酬。

形体动作和语言，能交代剧情内容，也同时反映人物性格，引发观众注意力，调动观众感情。剧作家开场就必须抓住观众的心。剧作家尤其需要注意剧中人物在所发生故事的此种情境下（表现为戏剧之中的场面），按照他本人的性格逻辑，会做什么、说什么。其中一个人物采取行动，其他跟他有关的人物又如何行动。

（三）自我或他人评价

作者不能对他描写的人物直接评论，这是剧作家跟小说家非常明显的差异。作者只能通过剧中人物自我评价，或者通过剧中其他人物评价。如曹禺《北京人》中的一段：

江泰　哦，譬如他吧，哦，（对文，苦恼地）我真不喜欢发牢骚，可你再不让我说几句，可我，我还有什么？我活着还有什么？（对袁）好，譬如他，我这位内兄，好人，一百二十分的好人，我知道他就有情感上的苦闷。

曾文清　你别胡说啦。

江泰　（黠笑）啊，你瞒不过我，我又不是傻子。（指文对袁爽快地）他有情感上的苦闷，他希望有一个满意的家庭，有一个真了解他的女人同他共处一生。（兴奋地）这点希望当然是自然的，对的，合理的，值得同情的，可是在二十年前他就发现了一个了解他的女人。但是他就因为胆小，而不敢找她；找到了她，又不敢要她。他就让这个女人由小孩而少女，由少女而老女，像一朵花似的把她枯死，闷死，他忍心让自己苦，人家苦，一直到今天，现在这个女人还在——

江泰是曾家的上门女婿，跟人类学家袁任敢及自己的内兄曾文清一起聊天，他揭穿了曾文清与表妹埋藏二十年的苦闷感情。江泰准确地指出这位内兄过于"胆小"，只能让表妹愫方"成天在这样一个家庭里朽掉，像老坟里的棺材，慢慢地朽，慢慢地烂，成天就知道叹气做梦，忍耐，苦恼，懒，懒，懒得动也不动，爱不敢爱，恨不敢恨，哭不敢哭，喊不敢喊，这不是堕落，人类的堕落？"江泰的评论可谓一针见血，同时也代表了作家对故事人物曾文清的评价。

（四）次要人物映衬

没有戏剧人物的冲突，就没有戏剧冲突，戏剧就缺乏吸引力，因此戏剧总会塑造正反对照两派角色。如《屈原》没有靳尚的狠毒，也不能显示屈原的磊落。《雷雨》没有周朴园的虚伪，也不能显示侍萍的深情。这些对立面角色是剧作家写作时，为突出人物形象有意安排的，因此代表作者的评论立场。当读者看到戏剧舞台上两类对立形象，每个人都会更深切地同情正派人物。

有些时候，戏剧人物之间不是正反两派关系，而是衬托关系。第一类：正面衬托，次要人物与主要人物相得益彰。如《屈原》用美丽的婵娟衬托屈原高洁的灵魂，《天下第一楼》用玉雏儿的美丽、厨艺衬托卢孟实的超然、才华。第二类：反面衬托，次要人物与主要人物呈现对立关系。如《屈原》用邪恶的南后反衬正义的屈原。衬托的次要人物也是剧作家创作时有意安排的，同样代表作者的评论立场。

二、潜台词

剧作家不仅要关心人物说了什么，还要关心没说出来，但在人物心里的语言，或者说心理动作。"在戏剧与影视剧中，动作包括剧中人物的外部动作和内心动作两个方面，外部动作是指与台词伴随着的动作，如走路、舞蹈、拳击、厮打等等一切可以让观众直观到的动作；内心动作是指人物复杂、剧烈的内心活动。后者比前者更丰富、更重要。"（李荣启，2005：212）这就是潜台词。潜台词是形成剧本戏剧性的重要因素，也是体现戏剧动作性的重要源泉。李荣启（2005：217）认为"由于潜台词能准确地传达出人物潜在的心理动机和真正的话语目的，从而引发某种深层的心理交锋，形成剧本内在的戏剧性，因之，人物语言的动作性，实际上就是由潜台词的作用造成的"。

我们认为可以从外在的语言标识以及内在的戏剧冲突寻找潜台词，包括：第一，不完整句，如果剧中人物心情激动，不能完整地表达自己的意思，那么也是人物内心活动剧烈的时候，必定有潜台词。第二，有戏剧动作无戏剧台词处，人物只能做出某个动作，却无法用语言表达，这其中也蕴藏着潜台词。第三，使用婉曲、双关等手法以取得含蓄修辞效果处，或反语以取得讽刺效果处。第四，戏剧冲突高峰之处，人物之间你来我往的对话，往往也隐藏着人物心理活动，是潜台词的蕴藏处。前三者跟舞台台词有关，从外在形式上，很容易把握潜台词。第四类涉及戏剧欣赏心理，是比较隐蔽的潜台词。

（一）不完整句处

〔静默，窗外天空断断续续地传来愉快的鸽哨声。
曾文清 （感愧的眼光，满眼含着泪，低声）愫方，我，我——
愫　方 （低头不语）
曾文清 （望望她也低下头，喂嚅）陈奶妈来，来看我们来了。
愫　方 （忍着自己的哀痛）她，她在前院。
〔思懋然又从书斋的小门匆忙探出身来。
曾思懿 （满面笑容，招手）文清，陈奶妈在外面找你呢。你快走了，还不跟她老人家说两句话？来呀，文清！
〔愫方望着文清毫无生气地随着思懿由书斋小门下。（曹禺《北京人》第一幕）

曾文清离家之前，愫方送了他一幅画，被老鼠咬了，愫方想要补画一下，却被曾思懿揶揄了一顿，她只好欲言又止。曾思懿借口给老太爷送参汤，留曾文清和愫方单独相处，却又突然杀回，故意打断两人的谈话。这一段里曾文清见了心爱的表妹愫方说不出话，"愫方，我，我——"这句话不完整，表明他无法表达对愫方的感情，只能眼含热泪。愫方也无法表露对曾文清的爱恋，她只好"低头不语"。

（二）有戏剧动作无台词处

在人物内心比较复杂时，戏剧动作比戏剧台词更有审美上的张力。

〔愫方望着文清毫无生气地随着思懿由书斋小门下。
　　〔冷冷的鸽哨响。
　　〔磷磷石道上独轮水车，单调的轮轴声。
　　〔远处算命瞎子悠缓的铜钲声。
　　〔一两句遥遥市街上的"酸梅的汤儿来……"
　　愫　方　（伫立发痴，蓦然坐在一张孤零零的矮凳上嘤嘤隐泣起来）（曹禺《北京人》第一幕）

　　曾文清　（费力地）谢谢你送给我的画。
　　愫　方　（低头不语）
　　曾文清　（慢慢由身上取出一张淡雅的信笺）昨天晚上我作了几首小东西。（有些羞怯地走到她的面前）在，在这里。
　　愫　方　（接在手中）
　　曾文清　（温厚地）回头看吧。
　　愫　方　（望着他）一会儿，我不能送行了。（曹禺《北京人》第一幕）
　　愫方跟曾文清已经有多年诗歌绘画唱和经历，两个人心有灵犀，可曾文清怯懦，不敢打破旧式婚姻，也不能亲近表妹。所选第一段写愫方体贴他的难处，只好暗自落泪。所选第二段写就算两人有机会单独相处时，她也多是沉默。这样想爱不能爱的感情折磨两个人，长达二十年之久。所举的两段剧情之中，愫方只有"哭泣""接在手中"的动作，没有语言，却胜有万语！

　　（三）使用婉曲双关处
　　戏剧人物对话中，使用婉曲、双关等修辞手法，可以产生含蓄的修辞效果，也蕴藏着丰富的潜台词。
　　袁　圆　（赞美地指着笼里的鸽子，天真地）这个有名字不？
　　曾文清　（缓缓点头）有。
　　袁　圆　（恳切地）叫什么？
　　曾文清　（沉静地）它，它叫"孤独"。（曹禺《北京人》第一幕）

袁教授的女儿袁圆向曾文清要只鸽子，问鸽子叫什么名字，曾文清说叫"孤独"。这是婉曲的修辞手法。鸽子就是曾文清的化身，虽然他天天能见到表妹，可能他有爱不敢爱，只能孤独地待在旧式婚姻里，在第二幕里他说愫方也同样"就像那只鸽子似的，孤孤单单地困在笼子里。"

愫　方　（眼睛才从那鸽笼移开）文清！

曾文清　（停步，依然不敢回头）

愫　方　奶妈说你在找——

曾文清　（转身，慢慢抬头望愫）

愫　方　（又低下头去）

曾文清　愫方！

愫　方　（不觉又痛苦地望着笼里的鸽子）

曾文清　（没有话说，凄凉地）这，这只鸽子还在家里。

愫　方　（点头，沉痛地）嗯，因为它已经不会飞了！（曹禺《北京人》第三幕）

愫方本来满怀愿望，希望曾文清在外面闯出一条道路，最终完成两个人朝夕相处的夙愿，结果曾文清害怕外面的风浪，又回到了曾家，不得不继续接受曾思懿的揶揄讽刺，跟愫方的感情仍然没有希望。愫方说鸽子不会飞了，也是在说给曾文清听，这是一句双关修辞的话。

（四）剧烈的戏剧冲突处

戏剧冲突高潮阶段，涉及感情当事者双方，有很多话不能明说的情况下，将蕴藏着丰富的潜台词。

曹禺《北京人》明线是一部性格冲突戏剧，暗线是一部社会思想观点冲突戏剧：革命派以人类学家袁教授、袁教授的女儿袁圆、曾家孙媳曾瑞贞为代表，他们要砸烂旧世界，创造新世界；妥协派以曾家大儿子曾文清、曾家女婿江泰为代表，他们不得不向旧势力屈服，前者无力反抗，后者反抗但不具实力。最终愫方脱离了妥协派，跟曾瑞贞一起走进了革命派队伍。

妥协派和革命派的冲突在第三幕达到高潮，在曾瑞贞打算跟袁教授和袁圆走之前，她跟愫方深入交谈了一次。愫方心中充满希望，她觉得曾文清能在外面闯出一片天地，两个人的感情仍会有着落，从她跟曾瑞贞的谈话上可以看出来："他走了，他的父亲我可以替他伺候，他的孩子，我可以替他照料，他爱的字画我管，他爱的鸽子我喂。连他所不喜欢的人我都觉得该体贴。"

曾瑞贞 （逼出一句话来）你真的相信爹就不会回来么？

愫　方 （微笑）天会塌么？

曾瑞贞 你真准备一生不离开曾家的门，这个牢！就为着这么一个梦，一个理想，一个人——

愫　方 （悠悠地）也许有一天我会离开——

曾瑞贞 （迫待）什么时候？

愫　方 （笑着）那一天，天真的能塌，哑巴都急得说了话！

曾瑞贞 （无限的悯切）愫姨，把自己的快乐完全放在一个人的身上是危险的，也是不应该的。（感慨）过去我是个傻子，愫姨，你现在还——（曹禺《北京人》第三幕）

曾瑞贞觉得愫方不应该把毕生精力都消耗在等待一场希望渺茫的爱情上面，因为那个男人不值得她爱。曾文清就是一个废物，他不能给愫方光明和未来。愫方所说的"天塌"的时候，就是曾文清不得不回来的时候，她相信这样的事情不会发生。曾瑞贞是曾家孙辈里被包办婚姻坑害的年轻人，她不能忍受这样没有希望的生活，走上了革命道路。虽然愫方跟曾文清二十年的感情没有结果，她还在坚持，"你现在还——"隐藏的潜台词是：愫姨，你现在还继续犯傻。

就在她们谈话不久，曾文清真的回来了，他害怕外面的风浪，又回到了曾家大院，当曾瑞贞和愫方看到他，心都凉了：

曾瑞贞 （呆望，低声）我看，天，天塌了！（突然回身，盖上自己的脸）

愫　方 （回头望见文清，文清正停顿着，仿佛看不大清楚似的向她们这边望）啊！

［文清当时低下头，默默走进了自己的屋里。（曹禺《北京人》第三幕）

愫方这个感叹词"啊",隐藏的潜台词是:真想不到,曾文清不能为了两个人的感情奋力打拼,最终还是选择退缩。"愫方呆呆地愣在那里。"曾文清辜负了愫方的期待,他自己也觉得很惭愧,"默默走进了自己的屋里。"①曾文清没有语言,他的动作包含着潜台词。

作家不仅可以在第一文本中塑造人物形象,还可以利用第二文本描写人物。

三、第二文本对人物的塑造

(一)环境的舞台指示

环境方面的舞台指示可以为故事的发生地点提供真实的空间,还可以烘托人物心情,也可以成为塑造人物的凭借,如:

东皇太一庙之正殿。与第二幕明堂相似,四柱三间,唯无帘幕。三间靠壁均有神象。中室正中东皇太一与云中君并坐,其前左右二侧山鬼与国殇立侍,右首东君骑黄马,左首河伯乘龙,均斜向。马首向左,龙首向右。左室为一龙船,船首向右,湘君坐船中吹笙,湘夫人立船尾摇橹。右室一片云彩之上现大司命与少司命。左右二室后壁靠外侧均有门,左者开放,右者掩闭。(郭沫若《屈原》第五幕)

这些舞台布景描写关押屈原的东皇太一庙周围环境,它不仅仅提示故事发生的地点,这里的神像成为屈原批判的对象,是风、雷、电的对立面。在屈原的眼里东皇太一、东君、大司命、少司命统统象征着黑暗势力的帮凶,湘夫人象征没有反抗精神的奴隶,河伯象征斗争精神不够顽强的人们。因此这里有关环境的舞台提示也有塑造人物性格的作用。

(二)人物的舞台指示

人物动作、装扮、表情、手势、对话元语言因素等方面的舞台指示,是戏剧人物塑造的重要部分。

屈原手足已戴刑具,颈上并系有长链,仍着其白日所着之玄衣,披发,

---

① 此属于第二文本中的舞台指示,描写人物动作表情。

在殿中徘徊。因有脚镣行步甚有限制，时而伫立睥睨，目中含有怒火。手有举动时，必两手同时举出。如无举动时，则拳曲于胸前。（郭沫若《屈原》第五幕）

屈原披发、徘徊、怒视、举手、曲拳等这些动作，展示了一个斗争的诗人形象。

戏剧的核心任务是塑造人物，随着剧情展开，人物性格要逐渐丰满：整部戏剧第一文本充分展示人物的语言动作、心理动作（潜台词方式表达），第二文本充分描写人物形体动作、表情、肖像等，甚至以环境烘托其心情。

参考文献

李荣启，2005. 文学语言学[M]. 北京：人民出版社.

孙绍振，1987. 文学创作论[M]. 沈阳：春风文艺出版社.

王行之，1981. 老舍论剧[M]. 北京：中国戏剧出版社.

[法]布轮退尔，2002. 戏剧的规律[C]//周靖波选编. 西方剧作论选（下）. 北京：北京广播学院出版社：469-480.

[英]大卫·巴波林，2016. 故事技巧：如何创作出引人入胜的剧本[M]. 王旭峰，侯克明，译. 北京：人民邮电出版社.

[德]黑格尔，1996. 美学. 第一卷[M]. 朱光潜，译. 北京：商务印书馆.

[德]普菲斯特，2004. 戏剧理论与戏剧分析[M]. 周靖波，李安定，译. 北京：北京广播学院出版社.

[美]乔治·贝克，1985. 戏剧技巧[M]. 北京：中国戏剧出版社.

第九章　实用文体

第一节　说明语篇模式的科技说明文

一、科技说明文的文体规范

小学三年级开始，学生接触科技说明文。它的文体特征是：通篇使用说明语篇模式。科技说明文要了解一定的专业知识背景，使用合适的科技词语，充分显示作者的客观立场，按照人们对事物的认知规律进行介绍。

（一）使用科技词语

所介绍的事物或者事理属于哪一个领域，就要使用哪一领域的科技词汇，摒弃口语词汇。比如医学领域：用"头部"，不用"脑袋""头"；用"胸部""胸腔"，不用"胸脯"；用"药物"，不用"药"；用"药方""处方"，不用"药单子"等。比如电子信息领域：用"界面"，不用"屏幕"；用"下拉菜单"，不用"框子"等。比如语言学领域，用"词条""词目"，不用"词"；用"义项"，不用"词义解释"；用"语法结构"，不用"词语组合""词语搭配"等。大家可以发现，前者是专业人士常说的词汇，后者是百姓常说的口语词语。

因此写作科技说明文，首先对该事物所属的专业领域词汇要有一定了解。

（二）充分显示作者的客观立场

科技说明文不能有任何抒情文字，目的是避免所写内容带有作者个人主观意识，扰乱读者对其科学性认真思考。这是它跟知识小品文①之间的重要区别。

怎么做到科学严谨呢？

1. 数据显示科学性

部编本五上《太阳》中写"太阳离我们有一亿五千万米远。到太阳上去，如果步行，日夜不停，差不多要走三千五百年；就是坐飞机，也要飞二十几年。"这里给出了太阳距离地球的距离，他以步行和坐飞机两种方式到达太阳所花费的时间为例，说明这个距离到底有多长。

再如部编本五上《什么比猎豹的速度更快》，将不同物体快速奔跑的速度用数字表示出来，就清楚到底哪类物体移动速度更快了："人在奋力奔跑的时候，速度能够达到 24 千米每小时。""鸵鸟奔跑的最高速度是 72 千米每小时。""猎豹的奔跑速度可达 110 千米每小时。""游隼在俯冲时的速度可达 320 千米每小时。""喷气式飞机"，"大约是 1 050 千米每小时。""火箭的最大速度能达到 4 万千米每小时。""有的流星体运动的最大速度能达到 25 万千米每小时。""光的速度是惊人的，大约是 30 万千米每秒。"这些数据都是科学测算出来的，是科技说明文科学性的重要标识。

2. 说明要全面

变态茎分好几种。马铃薯和洋姜长得肥肥胖胖，叫做块茎；荸荠、慈姑和芋头长得圆头圆脑，叫做球茎；洋葱和大蒜头，长得一瓣一瓣的，好像鳞片一样，叫做鳞茎；藕和马铃薯长得像根一样，就叫做根状茎。（部编本四上《它们是茎，还是根？》）

根据科学分类，将变态茎分为：块茎、球茎、鳞茎、根状茎四类。这

---

① 学术论文是学者在相关学术体系框架内讨论问题的文章类型，这些框架包括相关专业领域全体专家共同遵循的概念、理论、研究范式等。学术论文的特点是：术语多、专业性强、论证逻辑性强。但任何学术都可以传达给普通百姓，使百姓了解相关领域的研究观点及有价值的思想。这类文体称作知识小品文，它处于散文与实用文体的边缘，此由专家学者的写作目的决定，是作者在科学前提下，追求人生趣味的表现。笔者所著《语言学核心素养培养模式研究——文本解读方法与实践》将这类文章归入实用文体之中。本书第二章已阐明它可以归入实用文体，也可以划归为散文，成为散文的边缘文体。

个写作前提就得依赖于相关领域的专业知识。没有植物学的基础知识不可能列举完整。

哪些天体上可能有生命存在呢？这个天体又必须具备什么样的条件呢？人们了解了生命起源的过程之后，认为至少应有这样几个条件：一是适合生物生存的温度，一般应在零下五十摄氏度至零上一百五十摄氏度之间；二是必要的水分，生命物质诸如蛋白质、核酸和酶的活力都和水紧密相关，没有水，也就没有生命；三是适当成分的大气，虽然已发现少数厌氧菌能在没有氧气的条件下生存，但氧气和二氧化碳对于生命的存在是极为重要的；四是要有足够的光和热，为生命体系提供能源。（部编本六上《宇宙生命之谜》）

根据科学分类，作者列举了人类生存的基本条件：第一是温度、第二是水、第三是大气、第四是光和热。这需要生物学的知识为背景，不然也不能把人类生存的基本条件列举完整。这一段介绍是下文科学家推测火星可能有生命存在的依据，然而在进一步的科学勘探中，发现"火星表面没有生命存在"。科学家又进一步猜测，在其岩层中可能有生命。"近年来，通过对落在地球上的一些陨石进行分析，发现陨石上存在有机分子，说明太空可能存在生命。"人们寻找人类同伴的探索仍在持续。

（三）说明顺序符合人们认知规律

对一种事物介绍说明，要遵循人们对客观事物的认知规律，比如我们总是从表面逐渐接近本质认识一种事物；从简单的因果关系理解事物原理；从外部到内部认识建筑；从部分到整体认知体积较大的物体；等等。

如部编本五上《太阳》，为了说明"没有太阳，就没有我们这个美丽可爱的世界"，先从没有太阳，就没有植物说起，因为植物需要光合作用才能生长。接着谈没有太阳也就没有动物，因为动物要依赖植物生存。接着谈与人类生活密切相关的物资，要么来源于植物，要么来源于动物，甚至地下的煤炭也来源于太阳。接着谈自然界的自然现象跟太阳的关系，如雨、风。最后谈太阳还有"杀菌能力"。这个逻辑顺序先是食物链顺序，然后是大、小顺序，符合人们对事物的认识规律。

再如部编本五上《松鼠》先介绍松鼠的外貌；然后介绍它的生活习性；重点介绍冬天松鼠的生活习性；然后介绍松鼠的洞穴；最后介绍松鼠的繁殖规律。介绍顺序遵循从外表到本质的认知规律。

再如部编本六上《故宫博物院》先整体介绍，"故宫建筑群规模宏大壮丽，建筑精美，布局统一，集中体现了我国古代建筑艺术的独特风格。"然后沿着从天安门往里走的顺序介绍午门、汉白玉石桥、太和门、太和殿、中和殿、保和殿、乾清宫、交泰殿、坤宁宫和东六宫西六宫、御花园、神武门、景山。其中重点介绍三大殿，尤以"太和殿俗称金銮殿"为重中之重。"内廷"主要介绍御花园。最后结尾，再次总揽全局，"站在景山的高处望故宫，重重殿宇，层层楼阁，道道宫墙，错综相连，而井然有序。这样宏伟的建筑群，这样和谐统一的布局，不能不令人惊叹。"介绍顺序跟游览顺序一致，详略跟建筑的主要功能一致，符合读者认识建筑物的一般规律。

二、科技说明文写作禁忌

（一）忌讳使用人称代词叙述

作文选中的《海豚的自述》是一篇介绍海豚生物特性的文章，但该文使用了海豚自述的记叙文外壳。这不符合科学文体规范，任何主观化的手段都应当避免。前文我们介绍过，如抒情语篇模式，是纯粹主观的表达，忌讳使用于科技说明文之中。海豚作为一个叙述者，介绍自身的生活习性，也是主观化的手段。

比如下面的一段话：

我属哺乳纲鲸目海豚科，体长1.5~2.0米，身体为细梭状，额部缓然增高；上、下颌骨各有牙齿90~110颗，仅前两颈椎愈合，有些种类3~4颈椎愈合；共17属40种，分布于太平洋、印度洋和大西洋热带海域沿岸，或在大河口甚至河流中生活。我们主要吃鱼和乌贼。妊娠期为12个月，每胎一崽。

应更改为：

海豚属哺乳纲鲸目海豚科，体长 1.5～2.0 米，身体为细梭状，额部缓然增高；上、下颌骨各有牙齿 90～110 颗，仅前两颈椎愈合，有些种类 3～4 颈椎愈合；共 17 属 40 种，分布于太平洋、印度洋和大西洋热带海域沿岸，或在大河口甚至河流中生活。海豚以鱼和乌贼为主食。妊娠期为 12 个月，每胎一崽。

自述方式不行，童话方式不行，寓言方式也不行。这些都属于记叙语篇模式产生的文体，都难免带有主观感情色彩，是科技说明文忌讳使用的文体形式。

（二）忌讳以口语词替代科技词汇

作文选中的《家乡的石榴》中有一段不符合科技说明文文体规范的表述：

石榴不仅是一种营养丰富的水果，它的皮还是一种治拉肚子的良药。记得有一年秋天，我拉肚子，吃了医生开的药不见效果。奶奶就用石榴皮熬水，让我喝下去，结果很快就好了。

修改成下面的表述：

石榴不仅是一种营养丰富的水果，石榴皮还可以治疗腹泻。石榴皮性温、味甘酸涩，具有生津止渴、收敛固涩、止泻、止血的功效，能使肠黏膜收敛，所以能有效地治疗腹泻、痢疾等症，对于痢疾杆菌、大肠杆菌有较好的抑制作用，能够很好地治疗腹泻。

科技说明文应避免口语化词汇，使用科技术语，因此"拉肚子"改成"腹泻"。科技说明文也不允许出现叙事者，因此，其中的记叙语篇模式需全部删除，特别是时间短语"有一年秋天"、人称代词"我"、亲属称谓名词"奶奶"都必须删除。

三、科技说明文的篇章结构

科技说明文多使用"总—分—总"的篇章结构，这是一种横向式结构，如上面所谈的《故宫博物院》就是此类结构模式。如果事物并不能被轻易认识，则常常使用纵贯式结构，即按照逻辑顺序进行说明，下面利用部编本八下《时间的脚印》论述此类篇章结构。

第一个结构段是第一至第三自然段，总说时间被岩石记录下来。

第二个结构段是第四至第二十一自然段，写岩石一层层平铺记录时间。

第三个结构段是第二十二至第三十自然段，举例说明哪些岩石能记录下地球历史。

第四个结构段是第三十一自然段，写读懂岩石的记录不容易，一旦明白，还可以根据岩石记录寻找宝藏。

这个说明顺序符合事理逻辑顺序：时间能被岩石记录下来—怎么记录—哪些岩石可以记录哪些时间—读懂岩石时间并不容易。先简略地说明有这么一种现象，然后一步步详细地深入阐述，越是详细、细致，读者就会发现还有很多疑惑，那只能读者沿着当前的介绍自己继续探索了。能引发读者对于某一知识领域好奇心的科技说明文是优秀的读物。

这篇文章很注意从具体的事例介绍，引出话题，引发读者的兴趣，慢慢逐步深入介绍。比如第二个结构段可以分为三层：第一层先导入，用北京铜壶滴漏计时铺垫。第二层介绍由于哪些破坏作用，导致岩石生成。第三层再进一步深入介绍岩石平铺堆积记录地球时间，每一层的顺序不会错乱。再比如第三个结构段从一种"砾岩"引出话题，岩石上能看到地壳运动，然后介绍石头的颜色不同，则说明地球上的气候有变化，有擦痕则可能冰河从这里经过。然后再深入谈各类化石都可以记录地壳运动。最后补充说明岩石记录的时间还有很多，说不完。这些说明顺序，都是按照事理逻辑顺序展开的。

科技说明文与议论性散文的篇章结构有近似之处，主要指横向式"总—分—总"说明文与阐述性议论文相似，因为它们是将事物或事理分成几个平行的方面安排结构。纵贯式说明文与思辨类议论文篇章结构相似，因为它们依靠逻辑顺序进行写作。

第二节　议论和抒情语篇模式的演讲稿

一、演讲目的与语篇模式

演讲有不同的目的，有时候，在介绍人物或事件的过程中，渗透着作者个人的主观评价，如部编本高一下《在马克思墓前的讲话》；有时候，向听众阐释自己的观点，如部编本八下《应有格物致知精神》；有时候，向听众阐释事件的过程，如部编本高一下《青蒿素：人类征服疾病的一小步》；有时候，鼓舞听众采取某种人生态度，部编本八下《我一生中的重要抉择》；有时候，鼓动听众支持或反对某团体、某个人、某观点，如部编本八下《最后一次讲演》。不管出于何种目的，演讲稿必须打动听众，调动对方情绪，使之与演说者的意旨互动。因此它最核心的语篇模式是议论。

二、演讲稿文体的语言特点

前面我们所讨论的文体，无一不是书面语。唯独演讲稿是口语语体的文体。它必须具有口语的典型特征，即句子短小。如果有人记录过自己的口语，就能发现，无论我们说什么信息，问候也好，谈一些专业话题也好，从不使用长句子。因为我们日常说话，每一次呼吸，能说出的句子，所容纳的词汇数量有限。当然，演讲稿跟一般随口说的口语还不一样，它是一种规范性很强的口语。为了用语言打动听众，演讲稿还必须注意句子修辞有力、词语声音铿锵、音节和谐。又因为演讲稿是说给听众的，因此它还常常有跟听众现场互动的语言。

（一）短句子为主

1. 长句子的焦点信息有限

这几天，大家晓得，在昆明出现了历史上最卑劣最无耻的事情！（部编本八下《最后一次讲演》）

这句话里，前面的两个小句，词语很少，后面的一个小句较长，但演讲者会在"在昆明""出现了"处停顿,"历史上最卑劣最无耻的事情","最卑劣""最无耻"两个形容词会得到强调,成为这个小句的唯一焦点。听众便会被他的焦点吸引,跟随他的情绪一起互动。

现在李先生为了争取民主和平而遭受了反动派的暗杀,我们骄傲一点说,这算是像我这样大年纪的一代,我们的老战友,献出了最宝贵的生命!(部编本八下《最后一次讲演》)

这句话里,其他小句都较短,只有第一个小句较长,演讲者会在"现在""李先生""为了争取民主和平"处停顿,"遭受了反动派的暗杀"一句中"暗杀"这个动词会得到强调,成为这个小句的唯一焦点。听众便会为李公朴遭受的不平而愤慨。

2. 使用双音节央元音词语

我们看,光明就在我们眼前,而现在正是黎明之前那个最黑暗的时候。我们有力量打破这个黑暗,争到光明!我们的光明,就是反动派的末日!(部编本八下《最后一次讲演》)

这几句话里双音节词语如"光明""眼前""黎明""黑暗""力量""打破""争到""末日",其中五个词语主元音是[ɑ],央元音发音洪亮,有气势。双音节词语声音节奏铿锵,在语流中,容易跟句子的其他成分匹配。

3. 修辞有力

特务们,你们想想,你们还有几天?你们完了,快完了!

翻开历史看看,你们还站得住几天!你们完了,快了!快完了!(部编本八下《最后一次讲演》)

这两句,句子所用词语大体一致,是反复修辞手法。一次用在指责特务们"自己在慌啊!"一次用在相信人民,"都是我们的人,都是我们的力量!"两段形成对照,强调敌人"快完了",以鼓舞激励现场听众。

(二)与听众互动

部编本八下《我一生中的重要抉择》,作者王选是计算机信息处理专家,曾被誉为"当代毕昇",由他领导研制成功的"汉字激光照排系统"为我国新闻出版业普及推广中文计算机排版做出了重大贡献。这是他给北大学生演讲的题目，教材所选的是第六个抉择。

文章开头，他首先与听众拉近距离。因此他不是谈自己家喻户晓的科技成就，而是谈自己从技术第一线上退下来，从领导岗位上退下来，他谦卑地称"我是属于高峰过去的一个科学工作者。"他将自己比喻成夕阳，将眼前听讲的学生比喻成朝阳，"我知道自己是一个下午四、五点钟的太阳；各位呢，上午八、九点钟的太阳，这是本科生；硕士生呢，九、十点钟的太阳；博士生呢，十点、十一点钟，如日中天的太阳。"

阐述完第六个选择之后，他有一段提醒自己保持清醒头脑的文字，也是跟听众交流，他并不认为自己应该享受盛名，他提醒自己处于犯错误的危险年龄上。这样谦虚而平易近人的语言，便于听众接受他的演讲思想：

名人和凡人差别在什么地方呢？名人用过的东西，就是文物了，凡人用过的就是废物；名人做一点错事，写起来叫名人轶事，凡人呢，就是犯傻；名人强词夺理，叫做雄辩，凡人就是狡辩了；名人跟人握握手，叫做平易近人，凡人就是巴结别人了；名人打扮得不修边幅，叫真有艺术家的气质，凡人呢，就是流里流气的；名人喝酒，叫豪饮，凡人就叫贪杯；名人老了，称呼变成王老，凡人就只能叫老王。（笑声，掌声不断）这样一讲呢，我似乎慢慢在变成一个名人了，在我贡献越来越少的时候，忽然名气大了。所以要保持一个良好的心态，认识到自己是一个非常普通的人，而且正处在犯错误的危险的年龄上。

在演讲结束之际，他鼓励青年学生将自己放入到大家一起合作的事业中，实现自身的价值：

最后我送给大家一个公式，来结束我的这场"狗皮膏药"式的演讲，这是美国心理学家荣格的一个公式，我非常赞赏，就是"I plus We equals to Full I"，大家很强调要体现自我价值，体现自我价值，需要把自己溶在"We（我们）"这个大集体里面，最终完全体现自我价值。我非常赞赏这个公式，把这个公式奉献给大家——"I plus We equals to Full I"，谢谢。

三、以理动人，但议论不同于思辨性散文

演讲稿是口语语体，又需要讲理，这样它跟书面语语体的议论就存在一些差异。首先它忌讳像书面语那样使用长句子，其次连接分句的关联词语很明显比书面语少，它在议论上最明显的特征是：思辨色彩没有书面语缜密。

（一）不求推理严密

大家都知道明朝的大理论家王阳明，他的思想可以代表传统儒家对实验的态度。有一天王阳明要依照《大学》的指示，先从"格物"做起。他决定要"格"院子里的竹子。于是他搬了一条凳子坐在院子里，面对着竹子硬想了七天，结果因为头痛而宣告失败。这位先生明明是把探察外界误认为探讨自己。

王阳明的观点，在当时的社会环境里是可以理解的。因为儒家传统的看法认为天下有不变的真理，而真理是"圣人"从内心领悟的。圣人知道真理以后，就传给一般人。所以经书上的道理是可"推之于四海，传之于万世"的。经验告诉我们，这种观点是不能适用于现在的世界的。（部编本八下《应有格物致知精神》）

这一段反对王阳明心学，认为心学不重视"格物"，就是不重视物理实验。但是他的驳论对于证明他的观点作用不大。原因是王阳明反对的是空想，对着竹子空想七天是没有用的。他坚持的仍是儒家传统思想，即从身边的小事亲自实践，获得恒常真理。因此王阳明不是"格"外界之物，而是"格"社会之理。作者从这里就得出王阳明反对格物致知，那是误解。后文说，这种观点培养出来的学生倾向于理论，不重视动手实践能力，这个确实是心学的弱点。那么就得注意去论证心学为什么导致学生偏重理论，这就追溯到他们在哲学上"格"错了方向。前文我们论述过，驳论一定要揭示对方错误的实质，而不能批得不痛不痒，抓不住要害。然而演讲过程中，演讲者与听众处于同一时空，依靠语音符号理解意义，他不能像面对书面语一样，仔细推敲作者的逻辑推理步骤，只要作者在说理，而且讲得

通俗易懂，他就会主动跟随演讲者的思路继续前进。一篇演讲稿只要能明确地反对什么，赞成什么，告诉听众怎么做，就符合基本的逻辑规律，能形成完整的纵贯式结构演说。本文就是如此。

（二）不求段落衔接严谨

部编本八下《我一生中的重要抉择》，按照为什么要扶植年轻人——如何扶植年轻人——希望年轻人勇敢奋斗这样的纵贯式结构安排。为什么要扶植年轻人，作者用了英国的凯文迪许实验室事例和自己的亲身经历。这两个段落之间，没有过渡句衔接，这在书面语里，会造成阅读上的陡转，为读者理解问题造成障碍。而演讲，是演讲者与听众现场交流，他甚至可以付诸于身体副语言造成衔接：

……布莱克看到了这种趋势，他赶紧抓住机会，鼓励年轻人开辟新天地，取得了杰出的成绩。所以实际上扶植年轻人是一种历史的规律。

我觉得世界上有些事情也非常可悲和可笑。当我26岁在最前沿，处于第一个创造高峰的时候，没有人承认。我38岁搞激光照排，提出一种崭新的技术途径，人家说我是权威，这样说也马马虎虎，因为在这个领域我懂得最多，而且我也在第一线。但可悲的是，人们对小人物往往不重视……

所选的部分上文谈"英国的凯文迪许实验室，出了25个诺贝尔奖获得者"，因为他们大胆扶植年轻人，下一段是从自己的亲身经历出发，谈扶植年轻人很有必要。如果是书面语，这两段之间大约会有这样的衔接：

在中国尤其需要按照世界科学发展规律，大力扶植年轻人，因为我们处于一个必须赶超西方科技的时代。然而，很可惜，中国还残存一些对年轻人成长不利的文化因素。就拿我自己的亲身经历来说吧……

王选谈到自己的亲身经历，肯定与听众有眼神或者其他身体副语言的交流。听众对他年轻时期遭遇的坎坷，虽然有可能第一次听说，但并不感觉突兀。

这一段最后一句话，他说："院士是什么，大家不要以为院士当前的就是权威，就是代表，这是误解，现在把我看成权威，这实在是好笑的，我已经五年脱离第一线，怎么可能是权威？世界上很难找到60岁以上的计算机权威，只有60岁以上犯错误的一大堆。（笑声，掌声）"现场的笑声，并不是听众对眼前的院士报以嘲笑，而是他们第一次听院士说自己是过时的科学家，对科学家的勇敢精神表示赞叹。现场的掌声表示院士的演讲引发了年轻人的心灵感应，在年轻时代有人愿意扶植你一把，还不赶快努力？

（三）调动听众情绪，胜过缜密逻辑

《我一生中的重要抉择》中，王选教授有一段文字论述，说院士头衔是一个过去时态，"院士者，就是他一生辛勤奋斗，做出了贡献，晚年给他一个肯定，这就是院士。（笑声，长时间的掌声）"现场的笑声，是对这位谦逊的科学家予以肯定，大家敬佩这位年轻时代扎扎实实奋斗，不接受任何采访，不虚夸、不张扬的科学家。掌声表明北大的听讲学子感到自己未来有希望，因而振奋。

他在讲述了自己如何扶植年轻人，以及表示扶植年轻人诚心诚意时，又谈道"在这方面我们要创造一切条件让年轻人能够出成果，特别要反对马太效应，尤其在中国，我觉得在中国论资排辈的势力还是有的，崇尚名人，什么都要挂一个名人的头衔，鉴定会的时候挂一个什么院士，其实院士根本不懂的，我们打破这种风气是需要努力的。"现场的哪一位年轻人不因为中国有这样愿意大力栽培年轻人的科学家而高兴呢！

现场的笑声和掌声，是演讲者与听众热烈互动的反映，说明演讲者已经充分调动了听众的情绪。这是逻辑严密的书面语文体不能达到的论说效果。

四、以情动人，但抒情不同于抒情散文

演讲稿无疑需要与现场听众有感情交流，但切忌任何夸张的、不切实际的抒情，一般不使用感叹词"啊"。比如：

井冈山的翠竹啊！去吧，去吧，快快地去吧！多少工地，多少工厂矿山，多少高楼大厦，多少城市和农村，都在殷切地等待着你们！（袁鹰《井冈山的翠竹》）

这类在抒情散文里，可以表达浓烈感情的句子，一般并不出现在演讲

稿中。演讲稿要特别注意以真诚打动听众。真诚来源于演说者内在的品德修养,来源于日常生活的点滴感悟,它以朴实的语言形式展现在听众面前。

比如部编本高一下《青蒿素:人类征服疾病的一小步》,屠呦呦接受诺贝尔医学奖,抒发得到奖项的心情,"在儿童时代,我曾经目睹民间中草药治病救人的例子。那时候,我完全没有想到,我的这辈子会和这些神奇的中草药紧密地联系在一起。我也从来没有梦想过今天这样隆重的时刻,我的研究被国际科学界所称颂。"屠呦呦谈到在童年她就目睹中草药治病救人的神奇之处,但她很真诚地说,那时候并没有想过自己的工作跟中草药联系在一起,更没想到在世界大舞台上,得到科学界的认可。

在演说中,屠呦呦列举诸多中医药在新时代发挥新作用的例子。如中药砒霜治疗白血病、中药"千层塔"治疗老年痴呆、从中药提取的芍药苷对心血管疾病有疗效等。最后她抒发自己继续奋斗的情怀,"我的梦想是:在同威胁人类健康与生命的疾病的斗争中,中医药学进一步发挥威力,为维护世界人民的健康和福祉做出新贡献!"

这篇演讲稿阐释了屠呦呦团队如何利用中医药学知识发现青蒿素,并将其制成药物以及不断改良的过程。文章按照研究进展阶段,即时间顺序来组织材料,是一种纵贯式结构。

总之,演讲稿是一种依靠演说者的口语鼓舞、说服听众的文体。开头要有能吸引听众的句子,并注意跟听众之间的人际交流;演讲过程中,也要注意随时与听众交流,并注意使用短句子、使用有力修辞,以有序的议论、真诚的抒情打动听众。结尾还要再次与听众互动,感谢听众的支持。

第三节 记叙、抒情语篇模式的书信

一、写信目的与语篇模式

说话者与听话者处在不同时空,可以通过信件交流。这是电脑网络时代之前,一种非常重要的人际沟通方式。古代士大夫同居于一座城市,往往也并不见面,而是依靠书信表情达意。部编本八下要求阅读名著《傅雷家书》，九上选了雨果的《就英法联军远征中国致巴特勒上尉的信》。

书信常常能产生良好的沟通效果，比如平时不好意思表达的感情，有些不太容易沟通的问题，可以通过书信表达出来。网络时代，虽然已经不需要写作纸质信件，但电子邮件是大家常用的沟通方式。那么了解如何写作书信，对个人写作邮件也能产生很好的启发作用。

不同的交流目的产生不同类型的信件：为了感谢所写的信件称作感谢信；为了表扬某人某事所写的信件称作表扬信；为了求职所写的信件称作求职信；为了沟通亲人情感的信件称作家信等。信件，是处于不同时空的写信人与收信人的感情纽带。它主要的语篇模式是记叙、抒情，若双方讨论某种观点，还有可能是议论。

二、书信的构成

（一）称谓语

除表扬信、感谢信、求职信等专门信件外，书信一般都不要题目。开头先有称谓语。格式：顶格写，其后加冒号。如何称呼对方，取决于双方的职位高低、感情亲疏。

（二）问候语

平辈之间，一般使用陈述式"你好。"或者疑问句"最近还好吗？"长辈，使用陈述式"您好。"或者疑问句"近来您老身体可好？"一般遵循称谓语之后下移一行，空两格的格式。

（三）正　文

正文首段向对方解释写信缘由，显示自己是主动写信一方还是复信一方。格式是问候语之后另起一行，并空两格。正文结束，一般使用"就写到这里吧""期待相见啊""盼你回信啊"等跟收信人进行感情互动的句子。

（四）祝福语

一般使用"此致敬礼"，"即颂夏祺（春安、秋祺、冬安等）"。祝福语一般位于正文后，另起一行，"此致"（即颂）前空两格，"敬礼"（夏祺）另起一行，顶格写。

（五）署名

要确定双方的身份关系，如使用"您的学生××""你的朋友××"。署名位于祝福语之后另起一行的右下方，纸张右对齐偏左位置。

（六）写信日期

要精确到年月日。需另起一行，并右对齐。

（七）信封邮寄地址

第一行写邮政编码，第二行写××省××市××区××街道××门牌号，第三行写收信人姓名。

中国古代书信类型较多，称谓语、问候语、祝福语都很丰富，值得深入研究，以提倡改革新时代文风，追求得体文雅语言。迄今港澳台皆保留不少古代应用文雅言，值得内地（大陆）学习。

三、记叙、议论，都离不开抒情

（一）书信抒情

有些时候，人们当面向别人表达道歉、爱慕、忏悔等感情，往往难以启齿；有时越是关系非常亲密，越不好意思当面讲一些过于抒情的话。书信是一种书面语文体，就很方便表达出来。因为双方处于不同的时空，这一段时间和空间距离，使得有些语言就可以酝酿出来。以部编本要求阅读的《傅雷家书》为例，傅雷平时要求孩子极其严格，以至于他的夫人朱梅馥也受到很大折磨。傅聪一九五四年出国深造，傅雷夫妇送孩子由上海火车站前往北京，再由北京飞往波兰。此时傅雷对自己过于严厉的行为深深忏悔：

昨夜一上床，又把你的童年温了一遍。可怜的孩子，怎么你的童年会跟我的那么相似呢？我也知道你从小受的挫折对于你今日的成就并非没有帮助；但我做爸爸的总是犯了很多很重大的错误。自问一生对朋友对社会没有做什么对不起的事，就是在家里，对你和你妈妈做了不少有亏良心的事，这些都是近一年中常常想到的，不过这几天特别在脑海中盘旋不去，像噩梦一般。可怜过了四十五岁，父性才真正觉醒！

今儿一天精神仍未恢复。人生的关是过不完的，等到过得差不多的时候，又要离开世界了。分析这两天来精神的波动，大半是因为：我从来没爱你像现在这样爱得深切，而正在这爱的最深切的关头，偏偏来了离别！这一关对我，对你妈妈都是从未有过的考验。别忘了妈妈之于你不仅仅是一般的母爱，而尤其因为她为了你花的心血最多，为你受的委屈——当然是我的过失——最多而且最深最痛苦。园丁以血泪灌溉出来的花果迟早得送到人间去让别人享受，可是在离别的关头怎么免得了割舍不得的情绪呢？

跟着你痛苦的童年一起过去的，是我不懂做爸爸的艺术的壮年。幸亏你得天独厚，任凭如何打击都摧毁不了你，因而减少了我一部分罪过。可是结果是一回事，当年的事实又是一回事：尽管我埋葬了自己的过去，却始终埋葬不了自己的错误。孩子，孩子，孩子，我要怎样的拥抱你才能表示我的悔恨与热爱呢！

一九五四年一月十九日晚

最后一句抒情，连用三个"孩子"，表达对孩子的恋恋不舍，还有深深的忏悔之情。这在日常生活中，都是难以启齿的。

（二）书信记叙

书信一般不使用倒叙，按照时间先后，或者事情发展步骤进行记叙。一般也不详细描写，点到为止，主要谈由事件而引起的感情。如朱梅馥写给傅聪的信：

自昨天起我们开始等你的信了，算起日子来，也该有信来了。你真不知道为娘的牵肠挂肚，放怀不开。你走后，忙着为你搬运钢琴的事，今天中午已由旅行社车去，等车皮有空就可装运。接着阴历年底快要到了，我又忙着家务，整天都是些琐碎事儿，可是等到空下来，或是深夜，就老是想着你，同爸爸两人谈你，过去的，现在的，抱着快乐而带点惆怅的心情，忍不住要流下泪来，不能自已。你这次回来的一个半月，真是值得纪念的，因为是我一生中最愉快、最兴奋、最幸福的一个时期。看到你们父子之间的融洽，互相倾诉，毫无顾忌，以前我常常要为之担心的恐惧扫除一空，我只有抱着欢乐静听你们的谈论，我觉得多幸福、多安慰，由痛苦换来的欢乐才是永恒的。虽是我们将来在一起的时候不会多，但是凭了回忆，宝贵的回忆，我也会破涕而笑了。我们之间，除了"爱"之外，没有可说的了。我对你的希望和前途是乐观的，就是有这么一点母子之情割舍不得。只要常常写信来，只要看见你写着"亲爱的爸爸妈妈"，我已满足了。

一九五四年一月三十日晚

  这封信里谈到很多事情，比如等待傅聪的信、搬运钢琴的事、忙年货的事儿、跟孩子父亲聊天的事，重点抒发了看到父子相谈甚欢的欣慰之情。

（三）书信议论

  书信表达观点，一般不使用思辨性议论，而是阐明性议论。如傅雷写给傅聪的信，要求他将事业放在第一位，爱情放在第二位，不要急于确定和某位女性的关系：

  在公共团体中，赶任务而妨碍正常学习是免不了的，这一点我早料到。一切只有你自己用坚定的意志和立场，向领导婉转而有力的去争取。否则出国的准备又能做到多少呢？特别是乐理方面，我一直放心不下。从今以后，处处都要靠你个人的毅力、信念与意志——实践的意志。我不再和你说教条式的话，去年那三封长信把我所想的话都说尽了；你也已经长大成人，用不着我一再叮嘱。但若你缺少勇气的时候，尽管来信告诉我，我可以替你打气。倘若你心绪不好，也老老实实和我谈谈，我可以安慰安慰你，代你解决一些或大或小的烦恼。关于××的事，你早已跟我表明态度，相信你一定会实际做到。你年事尚少，出国在即；眼光、嗜好、趣味，都还要经过许多变化；即使一切条件都极美满，也不能担保你最近三四年中，双方的观点不会改变，从而也没法保证双方的感情不变。最好能让时间来考验。我二十岁出国，出国前后和你妈妈已经订婚，但出国四年中间，对她的看法三番四次的改变，动摇得很厉害。这个实在的例子很可以作你的参考，使你做事可以比我谨慎，少些痛苦——尤其为了你的学习，你的艺术前途！

另外一点我可以告诉你：就是我一生任何时期，闹恋爱最热烈的时候，也没有忘却对学问的忠诚。学问第一，艺术第一，真理第一，爱情第二，这是我至此为止没有变过的原则。你的情形与我不同：少年得志，更要想到"盛名之下，其实难副"，更要战战兢兢，不负国人对你的期望。你对政府的感激，只有用行动来表现才算是真正的感激！我想你心目中的上帝一定也是 Bach [巴赫]、Beethoven [贝多芬]、Chopin [萧邦]等等第一，爱人第二。既然如此，你目前所能支配的精力与时间，只能贡献给你第一个偶像，还轮不到第二个神明。你说是不是？可惜你没有早学好写作的技术，否则过剩的感情就可用写作（乐曲）来发泄，一个艺术家必须能把自己的感情"升华"，才能于人有益。我绝不是看了来信，夸张你的苦闷，因而着急；但我知道你多少是有苦闷的，我随便和你谈谈，也许能帮助你廓清一些心情。

一九五四年三月二十四日上午

傅雷教育傅聪爱情放在第二位的理由是：第一，年纪还小，人生兴趣还不确定，对感情的看法极有可能改变。另外用自己的亲身体验，谈到跟孩子母亲的恋爱过程，也是几番动摇。第二，要永远忠诚于自己的事业，在学业上多多进取，向世界顶尖作曲家学习。第三，艺术家要升华自己的感情，而不是沉溺于个人情绪，才能与人有益。书信中的议论，要不断出现叙事者"我"，即写信人；听话者"你"，即收信人，以便于保持双方交流的态势。

为了避免说得不够委婉，收信人受刺激，说了自己的观点后，傅雷问了一句："你说是不是？"书信的这种交流方式，很容易传递感情。

我们以实例论述了书信这种特殊书面语文体在抒情、记叙、议论方面的特点。有时候一封信就可以力挽狂澜，特别是跟不方便沟通的上级领导，说明工作情况、阐明工作态度时，更为有效。希望读者朋友将这种写作技巧贯彻到电子邮件写作中去，做一个懂礼貌、有涵养、体贴他人的优秀公民。当然，信件可以有适当的长度，电子邮件则尽量短小，太多抒情的话，反而容易使收信人误解写信人的意思。

第四节　记叙语篇模式的新闻

一、新闻种类与语篇模式

根据主要语篇模式将新闻分为两大类：一类是记叙语篇模式为核心，在记叙基础上，加入抒情、描写、议论语篇模式；叙事者为第三人称，如代词"他"。主要功能是进行新闻报道，向人们实时提供一些信息，一般分为消息、通讯、新闻特写、报告文学等。一类是议论语篇模式为核心，主要功能是对当下重要事件信息发表评论。本书主张将新闻人物评论、新闻时事评论、社论等新闻评论归入阐明性或思辨性议论散文之中。

（一）主体为记叙语篇模式

1. 消息类

消息是迅速、简要地报道新近发生的事件的一种新闻体裁。消息的最大特点是时效性强、真实客观。消息是回答事件发生的 5W+1H 的问题，即 when（何时）、where（何地）、who（何人）、what（何事）、why（何故）以及 how（如何），并使用记叙语篇模式且概述方式，叙述某个事件从发生到结束的过程。

一般消息采用倒金字塔结构，如部编本八上《首届诺贝尔奖颁发》，消息全文：① 标题。标题一眼就可以知道事件是关于诺贝尔奖的。② 电头。本消息来源"路透社斯德哥尔摩 1901 年 12 月 10 日电"。③ 导语两句话，第一句写谁主持颁发了首届诺贝尔奖，第二句写根据诺贝尔的遗嘱，奖项颁给哪些领域有突出贡献的人。④ 主体。分三层。第一层逐个介绍首届获得诺贝尔奖得主，分别介绍物理学、化学、生理学、文学、和平奖的贡献者所在国籍、姓名、突出成就。第二层写颁奖结构和颁奖时间以及地点。第三层补充背景信息，介绍诺贝尔奖金的来源。⑤ 结语。第一句话写诺贝尔奖金的管理权归属，第二句话写诺贝尔奖金的评定权归属，以显示奖项评定的公平性。

2. 通讯类

通讯是具体形象地报道有新闻意义的人物、事件的一种文体。从形式上看，消息有比较强的程式化规定，要遵守规定的格式，而通讯比较灵活。从语篇模式看，消息一般只采用概述手法，而通讯则可以记叙、描写、抒情、议论兼而有之，更讲究文采。

（1）写人通讯

以人物为中心的通讯，重在以人物精神气质或贡献类别叙述并描写。如部编本高一上《"探界者"钟扬》，该通讯由引言和"英雄"少年、种子达人、科学队长、"接盘"导师、生命延续五个标题组成。本文是纵贯式结构：第一和第五标题依照时间顺序写；中间三个标题按照钟扬的贡献领域写，最重要的是植物学种子采集研究，然后是科普事业，最后是培养学生。

（2）记事通讯

以事件为中心的通讯，重在详细叙述并描写事件经过。部编本八上《一着惊海天》是一篇关于中国第一艘航母辽宁舰舰载机着陆甲板的通讯。本篇通讯第一结构段，写辽宁舰舰载机着陆甲板进入关键时刻；第二结构段，写辽宁舰舰载机着陆甲板过程；第三结构段，写第一次成功着陆后飞行员的喜悦。本文详细描写了各类工作人员紧张工作的场景；还详细描写了辽宁舰着陆前、即将着陆和着陆后的情景。在描写的基础上抒情，"为了这一梦想成真，古老的中华民族，已经等了近百年；人民海军官兵，已经期盼了半个多世纪。""为了这一着，面对技术封锁，多少人殚精竭虑，青丝变白发；多少人顽强攻关，累倒在试验场；多少人无怨无悔、默默奉献……今天，终于有了一个圆满的结果，能不激动吗？"

3. 新闻特写

特写本来是摄影、电视、电影的一种常用手法，指拍摄人物或事物的某一部分，放大使之占据整个画面，以增强艺术表现力。新闻特写以形象化的描写为主要语篇模式，截取新闻事件中对具有价值、最生动感人、最富有特征的片段和部分详细刻画，从而鲜明地再现典型人物、事件、场景。

新闻特写与通讯最大的区别是：通讯更重视事件全过程，新闻特写是片段；通讯不看重时效性，而新闻特写更有时效性和现场感。

如部编本八上《"飞天"凌空——跳水姑娘吕伟夺魁记》是一篇报道吕伟获得第九届亚运会女子十米跳台跳水冠军精彩瞬间的新闻特写。本篇通讯详细描写了三个精彩瞬间：第一个是轻舒双臂的瞬间，"身体犹如被空气托住了，衬着蓝天白云，酷似敦煌壁画中凌空翔舞的'飞天'。"第二个是身体打开的瞬间，"她从容不迫地展开身体优美的线条：从前伸的手指，一直延续到绷直的足尖。"第三个是入水的瞬间，"几股白色的气泡拥抱了这位自天而降的'仙女'，四面水花悄然不惊。"

4. 报告文学

报告文学是以文学的手法，报告生活中具有典型意义的人物事件或具有普遍意义的重大问题的一种文体。报告文学的特点是：第一具有新闻真实性；第二具有表现手法艺术性。且前者为主要方面，后者为次要方面。

报告文学与通讯的区别是：通讯的写法比较单纯，往往就人写人，就事写事，而报告文学却非常复杂，背景、场面、关系也显得更为宏阔辽远。报告文学可以描写人物心理活动；通讯往往为了保存新闻真实性，而忌讳描写人物心理。

如部编本高一上《喜看稻菽千重浪——记首届国家最高科技奖袁隆平》是一篇报告文学。全文由四个标题构成：曾记否，到中流击水、创新是科学家的灵魂和本质、实事是科学空气、饥饿的威胁在退却。本文按照科学研究进展规律组织材料，从袁隆平最初进入研究到实现人工杂交水稻，再到进一步改良为超级稻的发展步骤写作，采用了纵贯式结构。

（二）主体为议论语篇模式

主体使用议论语篇模式的是新闻评论，指媒体、编辑、记者、评论员等对近期发生的大事发表观点。它体现了这些人各自的立场、利益和关注事件的角度，是这些人行使话语权的表现。这类有阐明性议论，也有思辨性议论，社论和评论员文章就带有政论性质。前面思辨性散文里所介绍的

《实践是检验真理的唯一标准》，就是一篇思辨严谨的评论。①

写作新闻类文章，要先采访，从生活中获得第一手材料。下面介绍一些采访注意事项。

二、新闻采访

新闻就是"他说"，记者的职责只是客观公正地报道发生了什么事，因此写作新闻的前提就是找到知道这件事的人。这就是采访。初学新闻报道要先学习结构性采访，熟练之后，可以用更开放的形式进行采访。

根据新闻报道的核心主题分作两类：一类是事件性主题，其新闻采访的目的是寻找故事在哪里，发生了什么事情，谁对这件事负责，他为什么做这件事，或者说什么原因促使他做这件事，故事经过如何，产生了什么结果？一类是人物性主题，其新闻采访的目的是寻找谁是核心人物，他做了哪些事，有什么影响？

（一）采访前做一些调研

先明确报道的方向是什么（确定新闻报道中心思想，也可以边采访边形成报道主题，事先设计好的报道主题也可以根据采访内容再次调整），什么信息可以直接通过文献研究或者背景调查获得（即先阅读有关书籍、报纸、网络，熟悉与采访对象有关的人脉关系），什么信息通过采访获得，什么信息需要采访对象进一步核实、分析、评论？

（二）切分信息块，形成结构性采访提纲

把事物分解成大脑容易记忆和理解的几个方面，每一个方面就是一个信息块。第一个问题尽量为正式采访做些铺垫，目的是让被采访者放松心情。可以从与采访对象有关的问题入手，比如采访一位教师，可以问"你做教师几年了？"或者根据受访环境提问，如"你办公室的花很漂亮，谁

---

① 新闻评论，本书归入阐明性或思辨性散文之中。我们不赞成将评论分为政论和史论两类，原因是不管写作者评论的是当下重要事件还是评论历史上的事件，都是写作者发表观点的由头。两者只是阐述的事实有区别，一类来源于当下，一类来源于历史。

送的？"这类问题并不能为记者提供非常重要的信息，但可以让受采访者逐渐地进入情境。比如采访教师讲课比赛，那么事件主题和人物主题的采访提纲并不相同。

1. 事件性报道，采访提纲

假如是事件性主题，可以根据信息块设计以下问题：

比赛的状况：多少老师参加？来自哪些年级，哪些学校？比赛时间和地点安排有特殊意义吗？

比赛的规则：现场抽题还是事先有所预备？给予多少现场备课时间？哪些专家负责打分？打分标准有哪些？

比赛结果：获奖者有多少人？来自哪些学校？他们分别以什么题目获得奖项？

比赛意义：组织比赛什么目的？受到锻炼的老师有何心得？

2. 人物性报道，采访提纲

假如是人物主题，可以根据信息块设计以下问题：

人物：他是谁？

人物贡献：他凭借什么在大赛中脱颖而出？他讲课的主要特色是什么？他有什么教学理念？他的这些特色从什么时候开始形成的？除了他获奖的题目，他还在哪些方面实施这些教学理念？他的教学探索，已经取得了哪些成绩？他未来还有哪些研究打算？

人物影响：他的同事、领导、学生、家长对他有何评价？他还获得过哪些重要奖项？

提问时，不要念你的问题，而是以自然的口吻，跟受访者谈话。也不要一次提问几个问题，要一个一个地来。

（三）采访过程中，重点记录

如果采访需要录音，请直接告诉受访者，而不能偷偷录音。

记者要做一个非常认真的倾听者，要记录双方谈话中的重要问题：获取新闻报道可以直接引用的话；具有揭示意义的数据、事实、故事；还要记录采访中观察到的与报道主题有关的细节。

（四）采访后，向受访者感谢

采访结束后，向受访者表示感谢。可以口语致谢，或者发信息或者邮件表示感谢。

三、新闻报道结构

（一）新闻报道的元素

包括：① 新闻要点：标题、导语；② 事件：主要事件、事件结果；③ 背景：当前语境、过去历史（过去发生过类似的事件）；④ 评论：口头反映、未来发展趋势（期望）。

（二）倒金字塔结构

倒金字塔结构适合发表短消息，它由标题、导语、说明、扩充、结尾五部分组成。按照信息的重要性等级排列顺序。

1. 标题、导语

标题，要读者一眼就知道发生了什么事情。导语是新闻报道的重中之重，它不仅体现了记者的新闻敏感度和采写水平，也是公众知情权的体现。导语要写清楚报道谁、什么时间、什么地点、发生了什么。为了避免平铺直叙，记者也往往将最吸引读者眼球的内容率先抛出来，如《文汇报》2003年4月25日发表题目为《〈咬文嚼字〉杂志"咬"向12城市，目标是橱窗、招牌、菜单、商标、广告、风景点导游牌等公共标识中的错别字》，导语部分如下：

记者获悉，《咬文嚼字》杂志这只"语林啄木鸟"近日将"利嘴"伸向了国内12座具有国际影响的大都市，目标就是把这些城市里橱窗、招牌、菜单、商标、广告、风景区导游牌等公共标识中的错字、别字——"咬"出来，并在杂志上进行公布，以净化城市语文。

标题和导语展示了在上海召开的纪念《咬文嚼字》创刊100期专题研讨会中最具有亮点的会议成果。

2. 说　明

对导语进一步解说。记叙事件的主要过程，包括所涉及的人物和单位，曾解决的问题以及还存在的问题。

3. 扩　充

对前面的说明再补充一些细节，增加事件参与者的直接引语。

4. 结　尾

总结全文，将多条线索归纳在一起。一笔带过，忌讳展开。

（三）正金字塔结构

正金字塔结构指按照时间顺序写作，它的特点是具有逻辑性，适合讲故事。一般分为：开端、发展、高潮、结局。如部编本八上《一着惊海天》事件通讯，部编本高中选择性必修上册《别了，"不列颠尼亚"》事件特写，都是按照时间顺序安排全篇结构。人物通讯多数按照时间顺序写，如部编本高中选择性必修上册《县委书记的榜样——焦裕禄》也属于正金字塔结构。[①]

（四）倒金字塔与正金字塔结合

将新闻中最重要的事实按照重要性差异摆在前面几段；然后按照时间顺序记叙。这类结构适合记叙新闻人物。

（五）蒙太奇结构

蒙太奇是一种电影表现手法，其基本特点是镜头之间讲究必要的跳跃和组接。在新闻写作中，指关于人和事的多个不连续实录，利于表达复杂的新闻事件，如《在大海中永生——邓小平同志骨灰撒放记》。

总之，新闻可以分为消息、通讯、新闻特写、报告文学、新闻评论几类。消息有强烈的时效性，主要使用概述式语篇模式；通讯也有时效性，但要求不严格，在记叙语篇模式基础上，可以插入描写、抒情，甚至议论语篇模式；新闻特写要截取有典型意义的片段进行报道，采用描写语篇模

---

① 前文为跟其他记叙类文体保持称谓一致，称纵贯式结构。

式，报告文学则适宜报道复杂、辽阔社会背景下的事件和人物。新闻评论则主体使用议论语篇模式，本书将其归入议论类散文中。

第五节 议论语篇模式的学术论文

一、一般学术论文的写作步骤

（一）选题

"写论文第一个的步骤，就是挑选一个作者有兴趣、愿意并且值得花时间去研究的题目。"（宋楚瑜，2014：3）

对所选题目，应该有适当的准备，学术论文自然最需要储备相关的专业知识。比如语言学论文，如果要论述的是语音问题，那么要有现代语音学的知识；如果是词汇问题，要有词汇学和语法学知识；如果是语法问题，要有普通语言学知识和语法学知识，等等。

题目一定要实际，切忌空泛。初学者最容易上手的题目一定要小，做的时候，要尽显细致考察之功夫，也就是说，小题大做，对于初学者最合适。不宜选太过陈旧，或者研究成果汗牛充栋的题目，因为初学者的知识储备量有限、学术鉴赏能力有限，很容易在资料太过丰富的时候，迷失自己。也不宜选过于新颖的题目，在可兹参考的资料过少的情况下，初学者往往难以开展工作。也不适宜选择争议性的题目，因为初学者的知识储备还有限，无法写出学理清晰的观点。

（二）阅读相关文章

题目确定以后，阅读一两篇这方面的权威文章，以便于获得所研究问题的背景知识。语言学题目，首先查阅《中国大百科全书》（语言文字卷），了解相关专业领域核心知识。然后根据题目设计2~3个关键词，查阅学校期刊网。对阅读的文章要注意评价其学术价值：① 判断这个作品与个人研究是否直接相关；② 审查作者的观点是否公正客观；③ 注意文章所陈述的事实是否超过一般常理，提出的观点有无证据，论证是否符合逻辑，支持观点的材料是否可靠，引用资料是否符合学术规范？

（三）拟定论文大纲

拟定论文大纲主要有以下三个目的：① 帮助搜集材料，并加以组织；② 提供搜集材料的范围；③ 提供搜集材料的线索。大纲一定要提出问题，即思考所论述的问题是什么，为什么想讨论这个问题，打算使用什么理论，沿着什么步骤讨论这个问题？大纲要杜绝无意义词语，如"本节想……""下章要……"等。

写作过程中，要根据后面的阅读和研究情况，就论文大纲随时调整，以便于使论证更加严密，更加符合逻辑。

（四）搜集参考书、编制书目

拟定大纲之后，搜集相关方向的研究成果。首先找学校的图书馆，按照图书分类号，寻找自己想要的资料，要善于利用各类工具书，这类书籍比较权威，缺点是所引用成果发表时间较早，因此也相对滞后。每部书籍要记录以下信息：① 书名、作者、出版社、出版地、出版时间、版次；② 该书目录；③ 该书核心观点，所在页码；④ 该书与自己所写主题相关的观点，所在页码；⑤ 本人对该书的评价。其次依靠图书馆的电子资料，寻找最近五年之内发表的成果，包括CNKI期刊网、超星图书、万方数据库、读秀图书、硕士博士论文库。每篇论文要记录以下信息：① 论文题目，作者；② 发表于什么杂志，哪一年哪一期，该文的起止页码；如果是硕士或博士论文，要记录哪个学校哪一年答辩的论文；③ 论文摘要；④ 论文与自己所写主题相关的观点；⑤ 本人对该文的评价。这个步骤一定要注意：不要将原文的观点与本人的观点相混淆，一定要使本人处于评论已有研究成果的位置。

所有引用原文的资料，都必须标注页码，论文则标注期刊名、发表年限、起止页码。

（五）文献综述

在阅读参考文献基础上，写作研究现状综述，详细说明该问题已经研究了哪些内容，还有哪些问题尚未解决。

（六）撰写初稿

根据已有的资料，撰写初稿。首先再一次核对主题，要全文论证都围绕着该主题。其次检查大纲中，确认还有哪些子目缺少充足资料，需要继续补充。

前言要有一些引人入胜的语言，但不能抒情，必须建立在目前需要解决的棘手问题基础之上，这样就能引发读者阅读的兴趣。在说明论文的研究动机之后，论述所研究问题的性质，定义要清晰。简要介绍研究这一问题的过程，以及文章总体框架中每一部分的写作内容。

文献综述之时，一定要指出目前尚未解决的问题，吸引读者继续读下去。

正文一定要丰富，但切忌偏离主题。可以使用不同的理论，深入剖析要解决的问题，最后给出方案，得到有创造性的结论。

（七）修改初稿

先修正文章骨架部分，比如所使用的理论有没有问题，概念是否清晰，专业术语一定要严谨。如果研究现状中，学者观点有差异，则需要交代本文遵循的概念内涵。

此外，要判断对事实证据分析是否符合专业规范，比如语言学分析词汇，就得使用词汇学理论，分析虚词或者句式，就得使用语法学理论。

然后修改文章细节部分，语言通顺吗？标点有问题吗？摘要有自涵性（即包含了全文的核心内容，且不出现"本文"等字样）吗？关键词设置合适吗？文献标识码（该文在图书分类中的编码）对吗？综述文献叙述完整吗？英文摘要有术语错误吗？英文关键词跟汉语部分对应吗？参考文献都列齐了吗？参考文献排列是否中英文分列，符合论文规范（可以查阅期刊投稿指南）？

下面就语言学论文，再具体说明写作步骤。

二、本科生如何写作语言学论文

（一）选题

高中生或者本科学生，可以就自己喜欢的问题，进行深入思考。但这个时段学生的学术能力还比较薄弱，题目太大，所需要的资料量和学术功底要求就高，因此建议从一些很细小的题目下手。怎么算小呢，就语言学说，一个词语的形成过程，一个虚词的用法，一种句法结构的方言调查，某时段一类文体某类语法特点考察，这些角度都可以写文章，只要深入挖掘，都可以有新发现。如何发现可写的问题呢？从语料出发最容易发现问题。比如读一本白话小说，从小说中找有别于现代汉语的特点；再比如录一段自己跟父母说的方言，转写成汉字，观察方言里有别于普通话的特点，等等。

（二）研究现状综述

有了选题之后，去找已经有哪些人研究了哪些成果，目前的研究中，有哪些问题尚没有解决。搜索这些资料，可以根据自己的研究题目，设计2~3个关键词，在中文期刊网 CNKI 上查询。将查询的文章下载下来，一一阅读，并注意文章引用的文献是否与自己的论题有关，若是相关，也需要一并下载阅读。边阅读边摘录文章的主要观点。全部材料阅读完之后，将材料按照研究者关注的问题分类，然后再按照研究方法分类，再按照研究观点分类。分三次类别之后，基本可以说清楚目前作者想要关注的这个问题，大家采取了什么方法研究了哪些方面的问题，并且能在呈现别人的观点时，对他们研究中比较可取的地方加以评论。评述完之后，还要说明当前还有哪些问题没有研究，显示作者选择做这个题目的价值。

阅读论文一定要注意保持文献原貌，如果是原文观点，务必使用引号，即便是间接引用，也得注意不可以与作者个人观点相混淆。

（三）分析自己的语料

选定一个题目，说明我们已经阅读并意识到一种语言现象。根据题目，再次搜集补充材料，根据题目的具体内容，设计关键词，查询某些数据库，如北大 CCL 语料库。如果研究一个词的形成过程，那么在北大 CCL 语料库输入这个词，查看查询结果，按照时间排列自己的语料。来源于上古的语料集中在一起，如《论语》《左传》《史记》；来源于中古的材料集中在一起，如《汉书》《三国志》《南史》《北史》《世说新语》；来源于近代的材料集中在一起，如《旧唐书》《新唐书》、唐诗、宋词、元曲、明清小说；民国和当代的材料集中在一起。

引用任何古代典籍语料，要注意核对原文古籍版本，以便于纠正电子版中的错误。古籍常常有后代整理版本，要注意所论述的语言现象在哪个版本中出现，代表何种年代、何种语言。比如论述元代戏剧语言，《元刊杂剧三十种》是元代的著作，大致能代表元代北京话；《元曲选》是明代整理的元代戏剧，其中有一些明代南方官话成分。蒋绍愚和徐昌华所译日本学者太田辰夫《中国语历史文法》里，有个"引用书目"附录，写作者可参考利用。

按照时代先后分析自己的语料，确定它何时何种语言结构中，是词组；何时何种语言结构中，成为合成词；何时产生新的引申意义。如果是语法功能词，则论述它最初是什么语法意义，出现在什么语法结构里；何时产生新的语法意义，在什么语法结构里产生这种意义，此后向什么结构发生扩展；新产生的语法意义在句子顺序上跟最初该词在句子里的位置有无变化，若有变化，表现在哪些句法位置上。

分析语料，是一种很精细的大脑活动，需要认真鉴别每一类情况，也需要一定的专业功底。假如面对语料无从下手，那么证明作者对这部分专业知识还比较陌生。建议先弥补自己在专业知识方面的不足之处，再着手分析语料。

（四）将语料分类，展开描述

分析语料过程中，作者已经对语料做了分类。在形成文章时，要按照一定的研究目的描述语料库中该词的用法。

（五）采用新的研究方法，深入研究

一般来说，做完描述，只是完成第一步研究任务。要采用一些新的研究方法，才能将自己的问题推向深入。为此，可以使用历史语言比较法，将同时期的语料，分成南北方言类；还可以结合现实方言，推断语言历史演变链条。调查方言要具有方言地理意识，选取若干有代表性的地点调查取证。比如江淮官话，洪巢片可以选取南京、扬州、合肥为代表，泰如片可以选择泰州、南通为代表，黄孝片可以选取黄冈、孝感为代表。将语言现象在方言地理上的差异，与历史文献语言结合起来，推测相关语言现象演变轨迹。使用这种方法，要特别注意加强自己对语音的敏感性，要懂国际音标记音，将方言里没有对应汉字的语音记录下来；另外还需要有一点音韵学底子，明白方言发音与哪个汉字对应。或者利用文体学知识，分成不同文体，在同一种文体内，再比较不同时期的语料，以便于证明不同文体对语言现象的制约作用以及对语言发展的贡献。使用这种方法，要对文体学比较了解，对语料的语体特点也要较为敏感。这样有了一定的语言学理论为支撑，又经过周密调查，对该问题的认识就会比较深入了。

（六）结　语

深入研究之后发现的新问题就是论文的核心内容，也就具有了创新价值。最后一部分总结全文。再次归纳自己发现了什么问题。进一步指出还有哪些问题值得研究和关注。

（七）参考文献

最后一部分是作者在研究过程中使用的文献。使用期刊，要标注哪本杂志哪一年哪一期；使用专著要标注作者、出版地、出版社、出版年限、引文页码。

三、学术论文写作注意事项

（一）忌讳无病呻吟

学术论文要解决现实问题，或是辨识矛盾、澄清认识，或是演绎归纳、揭示规律，或是调查研究、化解社会危机等。忌讳写了很长，却什么问题也没有解决。比如语言学文章不能证明这种语言现象是什么，为什么如此，这样的文章就没有任何创新价值。

（二）忌讳夸大事实

实事求是，有多少材料，说多少话。忌讳证据不足而下研究结论。本科生能描写清楚一种语言现象，就算最大的成功。不必过于强求解释所描写的语言现象，因为解释需要比较大的知识量，而本科生学习时间还比较短，对相关专业知识了解还不够深入。因此最好仔细观察自己的语料，发现别人没有注意到的特点，就算是创新。

（三）忌讳使用自创术语

学术论文，是作者与学术界同行交流的一种方式，不是写给任意读者的。因此所有专业术语必须符合规范，不能另外创设一套术语。对于初学者而言，对专业术语的熟悉程度，反映了他本人的专业修养，马虎不得。这不是说学者不能创立自己的学术术语，不可否认，有些学术思想是以术语命名的。

（四）忌讳使用非议论语篇模式

学术论文全文都是议论语篇模式，不能出现叙事者人称代词，如"我"。用来证明论点的论据，即便是作者亲自实践所得，也只能以"笔者"等人称名词代替。

参考文献

李希光，等，2011. 新闻采访写作教程[M]. 北京：清华大学出版社.
丁柏铨，2009. 新闻采访与写作[M]. 修订版. 北京：高等教育出版社.
宋楚瑜，2014. 如何写学术论文[M]. 北京：北京大学出版社.

结 语

一、文体学服务于写作

我们在绪论里介绍了文体学可以用于指代阅读和写作，本书为了方便教师写作教学而作，因此这里仅谈文体写作。首先要将写作的重要性提高到丰富和发展汉语文化的高度上来认识，写作不是为了成为作家，每个写作者都必须敬畏文化。

（一）写作是文化活动

1. 语言本身是文化

母语是作家创作的凭借，"母语对作家文学风格的形成至关重要，作家不但无法轻易地超越这个语言空间，而且只有借助于它，才能捕捉住并表达出对事物的独特感受。"（李荣启，2005：317）语言塑造了我们的思想，也改变我们对现实世界的认识。历代作家都非常注意汉字高低起伏的声调和词语音节节奏产生的美感，汉语这一特点是写作近体诗甚至现代诗歌的前提。老舍写戏也很重视汉语句子平仄，他（2019：130-131）说："调动平仄，在我们的诗词发展上起过不小的作用。我们今天既用散文写戏，自然就容易忽略这一端，只顾写话，而忘了注意声调之美。其实，即使写散文，平仄的排列也还该考究。'张三李四'好听，'张三王八'就不好听。前者是二平二仄，有起有落；后者是四字皆平，缺乏抑扬。四个字尚且如此，那么连说几句就更该好好安排一下。'张三去了，李四也去了，王五也去了，会开成了'，这样一顺边的句子大概不如'张三、李四、王五都去参加，会开成了'简单好听。前者有一顺边的四个'了'，后者'加'是平声，'了'是仄声，扬抑有致。"

2. 作者精神共同体是文化

文体是作家精神共同体形成的。它的作用是提供后人模仿的范本，并保证文学精神代代相传。作家都要认真阅读前人作品，在学习前人的基础上，创新发明，超越前人。

比如李白处处称道曹植、庾信、谢朓等作家，他说"蓬莱文章建安骨，中间小谢又清发"，每一个写作诗歌的作家，首先要考虑诗歌语言形式，要押韵，要讲究平仄，学习前人的艺术成就。诗歌意象所包含的审美意义具有前后继承性，比如"冰心"这个意象最早见于西晋陆机《汉高祖功臣颂》中，功臣周苛宁死也不投敌，陆机盛赞"周苛慷慨，心若怀冰"。最初是一个比喻的修辞格，"冰"指自然界的固态水。对陆机这一新鲜的表达非常倾心的读者很多，"冰心"这个意象在六朝已经有"品行高洁"的意思了，如鲍照《代白头吟》："直如朱丝绳，清如玉壶冰。"唐代王昌龄的名句"一片冰心在玉壶"表达的侧重点是说作者品行高洁，洛阳亲友不必挂念。这也充分证明了文体是作家精神共同体的产物。

3. 文体兴衰是文化

中国是诗歌的国度，那是因为历代作家都将诗歌作为最恰当的表达感情的方式。诗歌还衍生出了词、曲，曲还衍生出了戏剧，甚至明清的小说中也必须有诗歌的身影。

中国小说文体不发达，宋元讲史小说是民间艺人发展起来的，明清之前，文人多不为"小说"；明清之后，文人多匿名作"小说"。因为这种文体，跟《庄子·外物篇》"饰小说以干县令，其于大达亦远矣"这种认识有联系，"小说"被认为是"小道之说"，不登大雅之堂。班固《汉书·艺文志》说它："街头巷语，道听途说之所造也。"从清末梁启超倡议提高小说的文体地位，中国才在民国时期出现小说文学的大爆发，产生了诸多传世之作。

4. 审美情趣是文化

本书之所以称名为"汉语文体学概论"，目标是只研究汉语作品。[①]汉语翻译外来作品，则不是我们的研究对象，因为翻译作品本身已经带有外

[①] 本书目的使语文教师了解不同文体不同写作方法，为语文教师作文教学提供帮助。因此本书也不论述中国古代作品，无论是白话作品还是文言作品。只在举例不方便时，使用古代作品说明事理。

来民族的审美文化色彩。比如《鲁宾孙漂流记》中有一个情节：鲁滨孙漂流到海岛上，过着孤独的生活。他为自己列了一个表格，"按照商业簿记中借方和贷方的格式"，整理自己的思绪。这样的情节，一定发生在资本经济很发达的西方，在农业经济发达的东方，则不会出现此类情节。

在中国大地上所产生的"温柔敦厚"审美理想，也不会出现在西方。因为它是农业社会的产物，是文教文化滋润的结果。

5. 篇章结构是文化

邢福义（2019：296）认为："各种语言的特殊段落发展方式，是受不同文化的特殊思维方法决定的。"汉语篇章结构是汉语思维方式的表现形式之一，随着国家文化思潮变化而有所发展。就议论类散文而言，邢福义（2019：296）说："英语族人习惯于发现性思维，思维进程沿着事物的发生顺序和逻辑顺序递进，因此便有直线型的表述。汉族习惯于'环形'思维，先总揽全貌，得到结论，然后再反复证明这一结论，因此有螺旋形的表述。"随着西学逐渐成为学术主流，汉语在议论上的篇章结构模式已经跟英语一样，采用直线型纵贯式结构。

再如"五四"时期，汉语思辨性散文常常模仿西洋篇章结构采用绪论、正文、结论三段展开，正文罗列种种符号，层层叠加以显示各层之间逻辑关系。但这类文章常常为了逻辑形式，却不解决什么实际问题，被毛泽东讥讽为"甲、乙、丙、丁，开中药铺"。新中国成立以后，只有学术论文还采用这类篇章结构，这跟整个国家强调建设中国本土文化的社会思潮紧密相连。

下面总结本书所论述的常见文体。

(二) 文学文体

1. 诗 歌

我们认为诗歌是这样一种文体：具有音律化语言、主观化的感情、值得玩味的情趣。可以分出抒情诗、哲理诗两大类，其中抒情诗歌还有更下位的文体：直抒胸臆、借景抒情、托物言志、叙事抒情。诗歌抒情的核心是抓住引发感情的意象进行刻画和描写。关于如何捕捉意象，我们认为：灵感铸造意象、情趣生成意象、章法成就意象。多组意象叠加，可以生成意境。本书将诗歌意境分为：含蓄、明快、凄怆、雄壮、空灵五类。我们认为诗歌锤炼语言可以从以下几个方面入手：运用相似想象、类比想象、顺势想象、跨时间想象、跨空间想象、对比想象、反常想象，以想象创造诗歌本身；运用超常搭配、警言名句、和谐韵脚、繁复修辞，以创意语言铸就诗歌灵魂。

2. 散　　文

各类题材都可以纳入散文写作范围。按照写作内容及语篇模式差异分为：记事散文（含记叙完整事件和借助事件抒情两类）、写人散文、写景散文、状物散文、托物言志（象征手法）散文、心理描写散文、直抒胸臆散文、描述性议论散文、阐明性议论散文、思辨性议论散文十类。

记事散文要记叙清楚事件的六大要素：时间、地点、人物、原因、过程、结果。在记叙抒情散文中，并不需要六大要素平均用力。有些按照时间顺叙，有些则要倒叙，还有些以插叙为宜；有些逆叙；还有些是泛时性写意式的叙述。用哪种方式叙述，取决于所要表现的主题。事件描写要凸显细节；注意详略剪裁得体；事件过程也不要平铺直叙，要有波澜；复杂事件要设置叙事线索。

写人散文要记叙清楚人物的性格特点。叙事要选择人称视角，第一人称只能写自己及与自己朝夕相伴的朋友、家人、老师等；第三人称可以反映社会宏大事件之中的人物。对人物的刻画，无非两种方式：一种是观察他的语言、行为、神情等直接描写他；一种是借助其他的外物，如环境或者他人来刻画，这就是侧面烘托。在文章涉及描写两人格局之时，互相映衬的两者，可以是正衬关系；也可以是反衬关系。无论是哪一种手法，目的都是突出自己要表现的核心人物。

写景散文要描写出景物的特点，描写是写景散文的主要语篇模式。为了将景物写得丰满一些，可以描写不同时间的同一景物；穿插故事，增加文化底蕴；将景物附上人的心情；将景物与人的精神相连。

状物散文要描写出物体的特点，显示物体本身的审美价值；或者显示物体与人之间的互相依赖关系。为了显示物体存在的价值，作者可以将物与人的精神相结合；或者与时代精神风貌相结合；与历史文化联系。

　　托物言志（象征手法）散文，将物象的特点与人的特点结合起来，使物象性质发生转移，让读者产生由物象到人的联想，是成功使用象征手法的关键。一般来说，可以使用两种方法：一种是刻画物象时，注意选用描写人物使用的词语，使物象带有人的性质；一种是交错描写物象和人物，不断强化物象与人物之间的联系。

　　心理描写散文很不容易写好。如果全篇没有曲折的情节，全部是心理活动，将给读者造成冗长感。为此，作者应借助一个简单事件，采用正面描写与侧面烘托（常借助自然环境描写）结合的方法，甚至插叙其他情节，以避免冗长的心理活动描写。

　　直抒胸臆散文要注意抒情有韵致。如果整篇都直抒胸臆，把感情暴露得如霹雳一样，就很容易刺伤读者的愉悦情绪。因此直抒胸臆要特别注意抒情婉转，以引发读者的审美愉快心情，这就是通常所说的韵致。韵致表现在两个方面，第一，使用含蓄的语言；第二，为读者留下思考余地，即艺术空白。

　　描述性议论散文就是通过描述一种存在或不存在的事物，蕴含哲理。这类散文不用推理方式，但仍需要依赖概念（语言上表现为词语）、判断（语言上表现为命题），表示观点。当然作为散文的下位文体，它还特别需要诗情。

　　阐明性议论散文是借助一个事件，直接表达作者的评价和观点，至于这个事件如何发生，其经历过程，并不是作者要关注的问题。这类文章也可以从多个角度评价人物或者从多方面阐述事理。

　　思辨性议论散文有一个论点（允许有分论点），它只被证明而不去证明别的观点。从证明论点的方式上说，可以分为两大类：第一，立论类，就是证明自己的观点；第二，驳论类，就是反驳别人的观点，当然批驳的同时也树立自己的观点。立论对观点的证明过程，也是使用推理的过程，作者可以采用直接推理、演绎推理、归纳推理、类比推理，使用对比论证、比喻论证、概念内涵界定等方法来组织文章。驳论类文章可以驳斥论据、论点，在驳斥过程中，可以边破边立，也可以先破后立。

这十类之中，前七类都是抒情散文，可见抒情是散文的主要写作目的，因此散文跟诗歌一样也需要借助意象展开抒情。意象来源于自然景物、绘画雕塑、人工建筑等。从对比角度，将散文意境分为四类八种：含蓄与明快、壮丽与苍凉、绚丽与冲淡、深邃与空灵。我们认为散文锤炼语言应从以下几个方面入手：运用对比想象、跨时空想象、类比想象，使想象纵横；描摹细致、对话简洁，使散文细节突出；描写有诗意、哲理有韵味，使散文语言有妙趣。

3. 小　说

小说构思首先要确定题材选择范围，并提炼主题。小说家要使主人公摊上大事，将其放置于矛盾冲突之中，他使尽浑身解数，与众多人物发生联系，就为了解决冲突，由此将可以构建起跌宕起伏的情节。常见的矛盾冲突包括：自然界与人的冲突、个人内心世界的冲突、个人追求与社会规约的冲突、反派人物与理想社会的冲突。接下来确定小说的叙事结构和叙事视角，或者说，确定作者与自己的故事人物之间的关系。作者可以采用：全聚焦第一人称叙事、全聚焦第三人称叙事；内聚焦第一人称叙事、内聚焦第三人称叙事；全聚焦和内聚焦混合叙事；外聚焦第三人称叙事。选定叙事结构和叙事视角，运笔之时，作者要描写一个场景，让主人公或者小说中的人物置身其中，展示主人公的社会及家庭关系，随着人物出场逐渐补充与他有关的背景故事，并将背景信息利用闪回等手段揉入小说情节脉络之中。作者开头就为全篇叙事定下了感情基调，选择什么样的叙事语调跟小说主题有密切联系。小说叙事线索有单线型、复线型（包括平行复线、主次复线、明暗复线）、环线型（包括连环型、并列型）、辐射型四类。叙事线索的语义类型包括：对立冲突、真假转换、追求实现、追求难遂四类。小说叙事情节上的技巧包括：叙事时间艺术技巧（含详略得当、倒叙期待、闪回闪前、蒙太奇组接、对比反差、波折丛生）；叙事逻辑艺术技巧（含悬念释疑、伏笔呼应）；叙事情趣艺术手法（包括含蓄叙事、诗意叙事两类）。

小说人物关系设置：小说的主要人物总是有所追求，他或者求真理、求爱情、求名誉、求地位、求金钱等。那么围绕他的追求目标，就存在帮助他和阻扰他的人，以此构建起刺激他行动的人物网络。主人公情感路线设置：主人公行动结构包括他的目标，即他想做什么；动机，即他为什么这么做；路径，即他利用主客观条件、通过什么方法去实现目标。尽量写出每一次目标、动机和路径的差异，以产生不同的叙事意义，深入刻画主人公丰富的性格特点。我们将人物感情弧线分为三种类型：灵魂升华型、灵魂迷失型、人格成长型。为了生动刻画人物，作家要正面描写人物肖像、动作、神态、语言、心理；通过环境描写、其他人的反应等侧面描写人物。还可以使用欲扬先抑手法，也可以通过小说次要人物映衬，从主要人物与次要人物关系，分为：主从型、对立型。前者是主要人物与次要人物有共同的追求，形成主次关系；后者是次要人物跟主要人物追求不一致，形成对立关系。按照小说的核心内容，可以将小说分为：以情节为中心、以人物为中心、以心理为中心、以情调为中心四类。对于作家而言，终其一生，就是为了创作出带有个人风格的作品，而语言将决定小说的艺术风格。因此，小说语言就是作家最终要追求的目标。

4. 戏　　剧

戏剧是综合的舞台艺术，它包括剧本、演员表演、音乐、舞台美术等因素。本书仅讨论了话剧创作。剧本通常可以被明确地分为两个层次，这种区分在印刷排版中就已经体现出来了：一层是发生在戏剧角色之间的对话，另一层是不以对话形式在舞台上表现的文字部分。前者称为第一文本；后者称为第二文本。第一文本通常包括：对话、独白、自语、旁白。第二文本指示舞台效果，主要有两类：指涉戏剧角色和环境。戏剧冲突是戏剧的命脉，主要表现为两大类型：第一，人的内心矛盾，即性格冲突；第二，人与人之间的矛盾，即社会冲突。剧作家从戏剧冲突出发，就是从戏剧最紧张的场面出发，他在这里要认真分析自己创造的人物所面临的困境，提炼戏剧主题，根据主题选择材料。从故事出发比从人物或者某种概念出发，更容易写成戏剧。但戏剧的叙事系统远远复杂于小说。第一文本叙事，包括情节之内的角色叙事、由情节之外的角色引进叙事两类；第二文本叙事，包括舞台指示环境中的叙事、舞台指示人物中的叙事。除此之外，还有贯穿全剧的意象叙事。戏剧叙述结构，以情节为中心常常分为三幕，即便是四幕或者五幕，也是三幕剧的扩展。以人物为中心，可以分为开放型、闭锁型、人物展览型结构。

剧作家尤其需要注意剧中人物在所发生故事的此种情境下（表现为戏剧之中的场面），按照他本人的性格逻辑，会做什么、说什么。其中一个人物采取行动，其他跟他有关的人物又如何行动。作者不能对他描写的人物直接评论，这是剧作家跟小说家非常明显的差异。作者只能通过剧中人物自我评价，或者通过剧中其他人物评价。剧作家还可以通过剧中次要人物正衬或者反衬主要人物。剧作家不仅要关心人物说了什么，还要关心没说出来，在人物心里的语言，或者说心理动作。这就是潜台词。我们认为可以从外在的语言标识以及内在的戏剧冲突寻找潜台词。剧本的第二文本也可以塑造人物：环境方面的舞台指示可以为故事的发生地点提供真实的空间，还可以烘托人物心情，也可以成为塑造人物的凭借；人物动作、装扮、表情、手势、对话元语言因素等方面的舞台指示，是戏剧人物塑造的重要部分。塑造人物是戏剧的核心任务，因此剧作家一定要在人物动作和语言上下功夫。

（三）实用文体

1. 科技说明文

科技说明文的文体规范包括：使用科技词语；通过数据显示科学性；说明要全面以充分显示作者的客观立场；说明顺序符合人们认知规律。科技说明文写作禁忌：忌讳使用人称代词叙述、忌讳以口语词替代科技词汇。科技说明文多使用"总—分—总"的篇章结构，这是一种横向式结构。如果事物并不能被轻易认识，则常常使用纵贯式结构，即按照逻辑顺序进行说明。

2. 演讲稿

演讲稿是口语语体的文体。它必须具有口语的典型特征，即句子短小。

当然，演讲稿跟一般随口说的口语还不一样，它是一种规范性很强的口语。为了用语言打动听众，演讲稿还必须注意句子修辞有力、词语声音铿锵、音节和谐。又因为演讲稿是说给听众的，因此它还常常有跟听众现场互动的语言。

演讲稿是口语语体，又需要讲理，这样它跟书面语语体的议论就存在一些差异。首先它忌讳像书面语那样使用长句子，其次连接分句的关联词语很明显比书面语少，它在议论上最明显的特征是：思辨色彩没有书面语缜密。调动听众情绪，胜过缜密逻辑。演讲稿无疑需要与现场听众有感情交流，但切忌任何夸张的、不切实际的抒情，一般不使用感叹词"啊"。

3. 书　信

不同的交流目的产生不同类型的信件。信件，是处于不同时空的写信人与收信人的感情纽带。它主要的语篇模式是记叙、抒情，若双方讨论某种观点，还有可能是议论。书信包含：称谓语、问候语、正文、祝福语、署名、写信日期、信封邮寄地址。书信无论是记叙还是议论，都离不开抒情。

4. 新　闻

新闻文体在记叙语篇模式基础上，往往加入抒情、描写、议论语篇模式；叙事者为第三人称，如代词"他"。主要功能是进行新闻报道，向人们实时提供一些信息，一般分为消息、通讯、新闻特写、报告文学等。消息有强烈的时效性，主要使用概述式语篇模式；通讯也有时效性，但要求不严格，在记叙语篇模式基础上，可以插入描写、抒情，甚至议论语篇模式。新闻特写要截取有典型意义的片段进行报道，则采用描写语篇模式。报告文学则适宜报道复杂、辽阔社会背景下的事件和人物。

新闻就是"他说"，记者的职责只是客观公正地报道发生了什么事，因此写作新闻的前提就是找到知道这件事的人。这就是采访。初学新闻报道要先学习结构性采访，熟练之后，可以用更开放的形式进行采访。

根据新闻报道的核心主题分作两类：事件性主题和人物性主题。

新闻报道一般包括：① 新闻要点：标题、导语；② 事件：主要事件、事件结果；③ 背景：当前语境、过去历史（过去发生过类似的事件）；④

评论：口头反应、未来发展趋势（期望）。倒金字塔结构适合发表短消息，它由标题、导语、说明、扩充、结尾五部分组成，按照信息重要性等级排列顺序。正金字塔结构指按照时间顺序写作，它的特点是具有逻辑性，适合讲故事。一般分为：开端、发展、高潮、结局。也可以使用正金字塔和倒金字塔相结合的方式安排叙事。

为了方便教师掌握写作评价标准，我们分主题与题材、结构、语言三个方面论述，充分帮助教师在理解文体写作规范和写作方法的基础上，了解如何评判学生习作优劣。

二、主题与题材

（一）文章主题（立意）

主题，就是作品的中心思想，是作者对现实生活的认识、评价，是对写作内容表现出来的思想认识和褒贬评价。它反映了作者写作动机、写作目的。

王立（1995：50）观察中国文学史主题认为，"集中体现了中国文人心态的稳定性、艺术表现的传承性"。他归纳出十大文学主题：惜时、相思、出处、怀古、悲秋、春恨、游仙、思乡、黍离、生死。其中相思指思亲念友；出处指士大夫宦海沉浮，在归隐及入世之间寻找灵魂栖身之处；游仙就是以个体存在为前提，表现超越凡尘俗世的追求；黍离就是对国家的忧患思虑。十大主题反映了中国文人对于自然、社会、他人、自我关照的恒定性和在不同时代历久弥新的思考。

文章中心思想来源于时代，来源于作者认识。作者认识来源于生活，一个学生如何认识社会、体验人生，成为文章立意的核心问题，教师可以引导学生从对立矛盾中形成认识。这么做，理据就是所有文学主题都是在社会矛盾中，凸显作者的思想认识、价值体系。

联合国教科文组织《德洛尔宣言》（1996）倡导"终身发展教育"理念，要求青少年"学会学习、学会做人、学会合作、学会生存"。人类教育应该追求以下共同核心价值：合作、自由、快乐、诚实、谦虚、爱心、和平、尊重、责任、简朴、包容、团结。这十二个关键词可以作为文章主题，不管学生处于什么年龄段，生活在何处，他们都要对这些话题，抒发自己的感情、表达自己的观点！十二大主题涉及自我、他人、社会等，教师可以将每一个主题，扩充为矛盾对立结构，如：合作与孤立、自由与专制、快乐与伤悲、诚实与虚伪、谦虚与傲慢、爱心与冷漠、和平与战争、尊重与轻蔑、责任与逃避、简朴与奢侈、包容与刻薄、团结与争斗，在正反对比中，帮助学生树立正确的价值观，首先"端正"写作态度，然后才能取得文章中心立意高远的成效。有些关键词，可以涉及很多对象，比如尊重，可以自尊、尊重他人、尊重自然、尊重大众公共空间等；和平，可以是世界文化和谐共存愿景，可以是个人内心静谧情绪；爱心，可以是对自己、对他人、对自然、对家乡、对社区、对国家、对目标、对事业等的感情；责任，可以是对自己、对他人、对集体、对文化等的义务。教师可以采用此类扩充方法，尽量能在学生下笔之前，帮助他们打开写作思路。

当然，由于学生年龄心智水平差异和生活文化环境差异，他掌握的用来体现文章中心思想的文体类型以及题材选择也是受到局限的。

（二）题　材

题材，是用来表现主题的材料，是文章内容的具体呈现，在作品中表现为人物、事件、场景等。

题材也要来源于生活。生活如稠密的树叶一样，几乎每天都一样，要发现生活中的真善美，学生得有一颗善于体谅他人的心灵。因此教师要密切注意学生遇到的生活情感问题，从观察生活入手，在尊重真实生活基础上，思考自然、他人、社会、自我，引导他们的思想向着合乎理性、合乎社会规范的角度发展。

教师应向学生交代，题材选择要注意思想意义。比如可以写美食增进同学了解、促进友谊，却尽量不要写美食能满足个人口腹之欲。可以写一个人为了参加重大活动而重视梳洗打扮，却尽量不要写为了日常活动而装扮。总之，写在作文里的每一句话，都因为文章中心而存在。作文里讲的"真实"来源于生活，却不等于生活本身，它是艺术化的真实。

学生所生活的区域环境，制约着学生的见闻，也会对文章立意形成一定影响。比如出生在城市的学生，让他写怀念故乡，写乡村风光，估计难度不小。乡镇的学生让他写智慧化城市见闻，估计也难以下笔。生活在少数民族地区的学生让他写端午风俗，估计也不容易。没有牧区生活经验的学生，让他写怎么挤牛奶，也是无从下笔。

但是每个人的人生都丰富多彩，故事每天都在身边发生，就看哪位小作者灵敏，能捕捉到自己对生活的感悟。

三、结　构

结构，就是文章构造形式，即文章内容的组织形式。一篇文章先写什么，后写什么，沿着什么顺序写作，就是结构关注的核心问题。一篇文章有了主题，就等于有了头脑；有了题材，等于有了血肉；有了结构，就等于有了骨架。结构跟文体有一定的关系，选择什么文体写作，有一些常用的较为成熟的框架。[①]

（一）记叙类散文

1. 以人物为中心

（1）线索纵贯式结构

以人物为中心，常常需要写几件事，要注意设置一条线索，使文章前后贯穿。作文选《我的妈妈》以妈妈善于变化的眼神为线索，写出了妈妈的温柔、严厉、鼓励，塑造了一位平凡但善于教育子女的好妈妈形象。

（2）横式结构

所谓横式结构，是指根据材料不同性质安排层次。比如多个人物都要出场的话，可以分小标题，突出每个人的性格特征。作文选《我的一家子》写了爸爸的幽默，妈妈的耐心，我的活泼，使用了三个小标题"幽默风趣的爸爸""爱生如子的妈妈""古怪精灵的我"，整篇文章总—分—总结构完

---

① 本节关于文章结构名称取自刘锡庆主编《写作学辞典》，河北教育出版社，1989年。正文不一一注解出处。

整，中间以不同人物分类安排层次，便于从不同侧面表现"可爱一家人"的主题，虽然文章容量大，但有条不紊，是一篇不错的记叙文。

2. 以事件为中心，突出变化过程

在记叙文中按照时间先后、事件经过或认识过程的顺序安排层次的纵式结构，称作"层进式"，也叫纵式结构。描写一件事情，突出整个事件的变化过程，以及整个过程中个人的心理变化过程。作文选《我的骑车经历》写了自己学会骑车经历的三个阶段：险、奇、秀，事件过程描写详细。突出了自己由惊恐到奇怪到耍酷的心理变化过程。作文选《打雪仗》写打雪仗时，对方占据地形优势，攻击猛烈；"我"急中生智，带领几个主力，包抄到对方后方；占据有利地形后，猛烈反击，对方勇士狼狈不堪，挂起了免战牌。该文事件记叙详略得当，是一篇比较好的文章。

事件具有阶段性，也具有曲折性。美学家皇甫修文（2015：96）认为："组成曲折的基本质素是阻延和转折的对立统一。阻延造成欣赏的期待、焦灼和疑虑，转折带给欣赏者的是对立面转化后的惊奇和喜悦；阻延铺垫蓄势，引而不发，转折则绝处逢生，别具幽情。二者在对立统一中发展变化，显示着不尽的曲意，酿就一种抑扬顿挫、迂徐往复的美。"作文选《我和父母的"战斗"》写"我"为了喜欢的漫画书，跟父母斗智斗勇，极致描写了阻延情节的复杂多变：趁着父母不在家，偷看漫画书，被父母发现收缴，"暗度陈仓"计策失败；谎称要写作业关上房门，偷看漫画书，被父母发现收缴，"浑水摸鱼"计策失败；称从同学那里借来漫画书，被父母催促，还给同学，看来"明目张胆"计策也不好使。故事情节安排曲折，很容易吸引读者。如果能合理安排父母态度有所和缓，对作者阅读漫画给予一定理解和支持，显示事件转折之处，就非常完美了。因为皇甫修文（2015：97）说"曲折所遵循的艺术辩证法是反常合道"。这篇文章只记叙了"反常"，还未归于"合道"。为了体现"合道"，文中所记叙的曲折还需要有详有略，不是每一次曲折都详尽记叙。上面所提到的三篇记事类作文都使用了层进式结构。

由此可见，以事件为中心的记叙抒情散文，基本都是按照时间顺序写作。但如果我们为了突出事件最终的结果，可以采取倒叙的手法。那么整篇文章的焦点将转移到为什么发生了这样的事，即事件原因上。比如部编本四上《为中华之崛起而读书》一文就是如此。

3. 景物为中心，突出空间顺序

景物描写为中心，可以按照空间顺序安排层次，这种结构便于从不同侧面或角度来表现主题，名为"横式结构"。部编本四下《记金华的双龙洞》，是一篇游览类记叙抒情散文[①]，描写了"我"游览双龙洞外洞和内洞的所见、所感，抒发了对祖国山河的热爱之情。文章按照游览的顺序写作。先简要写进山前所看到的景色：映山红、油桐，最奇异的特点是沙土也是粉红色。一个过渡段落"入山大约五公里就来到双龙洞口"，起到承上启下作用。接着写洞口外围景观，外洞主要特点是宽敞。从外洞进入内洞，需要经过一条孔隙，作者重点描写了在这条狭窄孔隙中所感，"左右和上方的山石似乎都在朝我挤压过来"。到了内洞，重点游览石钟乳和石笋，描写了所见双龙"一条黄龙，一条青龙"。最后再次从孔隙中乘船出了洞。

4. 以心理为中心，突出变化过程

（1）纵式结构

部编本六下《那个星期天》，写作者从期盼到幻灭的悲哀心情，表达了对时光易逝的遗憾之情。一开始作者的心情一片大好，"到底是让我盼来了"，"到底"这个语气副词，表示经过很长时间终于出现某种结果，可见作者之高兴。他还描写了那个"春天的早晨，阳光明媚"，这是借助外界景物描写心情的手法。接着写妈妈要买完菜才带"我"去，接下来"我"的心情转为"无聊"，用各种不太有意义的活动，消磨那一点时光：跳房子、扒蚁穴、翻画报，他以景物描写"院子很大，空空落落"显示了个人心境的空虚感。"我"午间睡过了头，妈妈还要洗完衣服再走，"我"的心情开始低落："我看着盆里的衣服和盆外的衣服，我看着太阳，看着光线，我一

[①] 游览类记叙文，描写重点在景物和作者心情上，这很容易跟介绍景点类的说明文混淆。在作文选中这类文体混杂情况比较常见，详见本书第一章第三节"警惕语篇模式的混用"。

声不吭。"这是一种焦虑并无奈的情绪。然后他再次将景物与自己的心境糅合在一起描写道："我感觉到周围的光线渐渐暗下去，渐渐地凉下去沉郁下去，越来越远越来越缥缈，我一声不吭……"最后，作者描写了自己的绝望心情，"依偎在母亲怀里，闭上眼睛不再看太阳，光线正无可挽回地消逝，一派荒凉。"他也在结尾点明了文章主题，感叹时光易逝，"我现在还能感觉到那光线漫长而急遽的变化，孤独而惆怅的黄昏到来，并且听得见母亲咔嚓咔嚓搓衣服的声音，那声音永无休止就像时光的脚步。" 这一篇是以时间为线索的纵式结构散文。

（2）轮辐式结构

以心理为描写内容，还可以以人物的某种思想感情或心理状态为中心，以人物的意识流动为顺序来安排各层次，每个层次都从中心点辐射出去，并由中心点收拢过来。此为轮辐式结构。如部编本高一上《我与地坛》就是这类结构的散文。

（二）抒情类散文

抒情散文常常以内在的思想和感情发展变化为线索布局全文。思想和感情的发展变化，可以划分为一个个单元、段落，这些单元、段落之间具有相对独立性，相互之间不具有先后顺序或因果关系，而是一个事物的不同方面，是并列关系。此为环式横向结构。如部编本七上《春》，不以时间或空间为顺序安排材料，而主要从小草、树、风、雨、人等不同方面来描绘万物复苏的美好春天，抒发了作者欣喜昂扬的思想感情。

（三）议论思辨类散文

第三章第三节讨论思辨性议论文论证结构时，已做了充分论述，此处省略。

（四）科技说明文

科技说明文常常采用总分式结构，即文章的几个部分之间是总说和分说的关系，总说是为了概括或总结全文，分说是为了展开内容，逐项介绍有关问题。如部编本八上《苏州园林》先总体概括"苏州园林是我国各地园林的标本",然后分说:假山、池沼之美;树木修剪之美;花墙和廊子之美;局部细节之美;园林细节最精美的地方,即门窗图案设计和雕镂琢磨工艺之美;颜色匹配之。最后再次总说:"可以说的当然不止以上这些。"

(五)新闻

新闻使用倒金字塔结构,即按照重要性递减原则安排新闻中的各项事实。开头安放最重要、最鲜艳、最吸引读者的事实,这就是新闻的导语。接下去的部分安放次重要的事实,是对导语的补充和说明。最后一部分安放最不重要的事实。比如部编本八上《我三十万大军胜利南渡长江》,最重要的信息是"英勇的人民解放军二十一日已有大约三十万人渡过长江"。然后用三句话对导语进一步解释,第一句交代事件的开始时间,发生地点。第二句交代战事结果,国民党长江防线纷纷溃退。第三句交代整个渡江过程持续时间,截至发稿时间已经取得的进展。最后一部分是结语,含蓄地表达了人民解放军必定全线胜利的信心。

每类文体都有一些相对成熟的结构框架,小说、戏剧、学术论文等文体也有很多结构模式,请读者参照本书相关章节,这里不再一一赘述。

四、语 言

文章有了主题、题材、结构,再以语言润色,就可以有血有肉,生动形象了。小作者的文笔就好像魔法师手中的魔棒一样,能让一切都鲜活起来!但是不同的语篇模式,对语言的要求有区别。因此文采,即文章的辞采,在每类语篇模式为主而产生的文体里也存在差异。

(一)记叙类文采表现

记叙类抒情散文,要在朴素的事件记叙中,倾注作者的感情。感人至深的细节,就是文章最有文采的地方。所谓细节就是作品中具体生动描绘人物、事件、社会环境和自然环境的最小单位,它是构成情节的基础单位,在刻画人物性格、烘托人物心情、推动情节发展、描绘典型环境以及深化主题等方面都有着不可忽视的作用。

部编本五上《慈母情深》写幼年爱好文学的"我"想买一本长篇小说——《青年近卫军》，找妈妈要钱，虽然妈妈挣钱很辛苦，工作条件也很简陋，她却慷慨给"我"钱，"我"给妈妈买了水果罐头，妈妈再次为"我"买书凑钱，"我"终于心愿得偿。文章表现了朴素的母亲支持孩子的坚强品格。

文章细致刻画了母亲工作的环境：

空间非常低矮，低矮得使人感到压抑。不足二百平米的厂房，四壁潮湿颓败。七八十台缝纫机一行行排列着，七八十个都不算年轻的女人忙碌在自己的缝纫机旁。因为光线阴暗，每个女人的头上方都吊着一只灯泡。正是酷暑炎夏，窗不能开，七八十个女人的身体和七八十中灯泡所散发的热量，使我感到犹如身在蒸笼。

空间压抑、潮湿、酷热，光线昏暗。在这样恶劣的工作环境中，作者多次描写母亲的外貌。第一次描写她弯曲的脊背，"极其瘦弱的脊背弯曲着，头凑到缝纫机板上"。第二次描写她的眼睛，"褐色的口罩上方，一对眼神疲惫的眼睛"。第三次描写她数毛票的手，"龟裂的手指"。第四次再次描写她弯曲的脊背，"弯曲了背，立刻又将头俯在缝纫机板上了"。四次外貌细节刻画了劳作的母亲弱小而坚强，辛苦而勤奋，贫穷而心存梦想的品格。这些细节描写让读者如同看到当时的情境，与作者共同为伟大的母亲抛洒热泪。

（二）描写类文采表现

描写语篇模式常穿插于记叙之中，以细致刻画、真实再现、自然抒情为基本特点，主要用于描写景物、物象、场景、人物、心理等。以借景抒情类散文为例，恰当运用多种修辞格表现事物特征，是这类文章最有文采的地方。部编本高一上《荷塘月色》写"我"心里很不宁静，在荷塘月色里找到了自己的宁静。月下荷塘景致是全文最具文采的部分，我们摘取其中的一段：

曲曲折折的荷塘上面，弥望的是田田的叶子。叶子出水很高，像亭亭的舞女的裙。层层的叶子中间，零星地点缀着些白花，有袅娜地开着的，有羞涩的打着朵儿的；正如一粒粒的明珠，又如碧天里的星星，又如刚出浴的美人。微风过处，送来缕缕清香，仿佛远处高楼上渺茫的歌声似的。

这时候叶子与花也有一丝的颤动,像闪电般,霎时传过荷塘的那边去了。叶子本是肩并肩密密的挨着,这便宛然有了一道凝碧的波痕。叶子底下是脉脉的流水,遮住了,不能见一些颜色;而叶子却更见风致了。

汉语叠音词具有很强的性状描写意义,如"曲曲折折""田田""亭亭""层层""缕缕""密密""脉脉"七个,描写出了荷塘形状曲折、叶子稠密、荷花茎杆挺拔、清香飘洒、流水静默的情状。

作家使用拟人等手段将自己的感觉变形,"有袅娜地开着的,有羞涩的打着朵儿的",将"花儿"当作人写,不仅体态美,而且神情含蓄。比喻手段取事物之间的相似度,造成感觉错位,如"叶子"比作"舞女的裙","白花"比作"星星"和"明珠","风"比作"闪电",分别写出了事物姿态美妙、光芒四射、迅速的特征。作家使用通感修辞手法,将自己的感觉幻觉化,如将"清香"写成"远处高楼上渺茫的歌声",是嗅觉与听觉的联动。丰富的修辞手法能激发读者的审美知觉,使读者进入愉悦的欣赏状态。

(三)抒情类文采表现

抒情语篇模式为主体产生的散文属于直抒胸臆类,多数以意识流心绪为中心。这类文章并不在意真实而详细地描写外界现实,而是详细描写外界事物引发的内心情绪。将心灵感觉化作有形物象描写出来,是这类文章文采斐然之处。部编本八下《安塞腰鼓》全文以时间为线索,抒发安塞腰鼓表演前——表演中——表演后作者的感受,赞扬了安塞腰鼓的蓬勃气势,黄土高原的雄浑壮丽。整篇文章洋溢着热血沸腾的情绪,下面摘取片段:

一捶起来就发狠了,忘情了,没命了!百十个斜背响鼓的后生,如百十块被强震不断击起的石头,狂舞在你的面前。骤雨一样,是急促的鼓点;旋风一样,是飞扬的流苏;乱蛙一样,是蹦跳的脚步;火花一样,是闪射的瞳仁;斗虎一样,是强健的风姿。黄土高原上,爆出一场多么壮阔、多么豪放、多么火烈的舞蹈哇——安塞腰鼓!

这腰鼓,使冰冷的空气立即变得燥热了,使恬静的阳光立即变得飞溅了,使困倦的世界立即变得亢奋了。

锤击腰鼓的小伙子,如同石头一样强壮;鼓点如同骤雨;流苏如同旋风;舞步如同乱蛙;瞳仁如同火花;舞姿如同猛虎。作者的心情不仅在描写中沸腾,他还感觉到"冰冷的空气"也变得燥热,"恬静的阳光"也变得飞溅,整个"困倦的世界"都亢奋了。

(四)议论类文采表现

议论语篇模式依靠概念、判断、推理表达观点。可以见于抒情散文,表达感情;也可以表达作者的哲学思考。这些都不是议论语篇模式的核心功能。它最为核心的功能是:为了使读者信服,表达符合逻辑的推理。如部编本九上《怀疑与学问》中的一段:

怀疑不仅是消极方面辨伪去妄的必须步骤,① 就是积极方面建设新学说、启迪新发明的基本条件。② 对于别人的话都不打折扣的承认,③ 那是思想上的懒惰。④ 这样的脑筋永远是被动的,⑤ 永远不能治学。⑥ 只有常常怀疑、常常发问的脑筋才有问题,⑦ 有问题才想求解答。⑧ 在不断的发问和求解中,⑨ 一切学问才会发展起来。⑩

这个句群共五个复句,含有十个分句,逻辑关系如下:

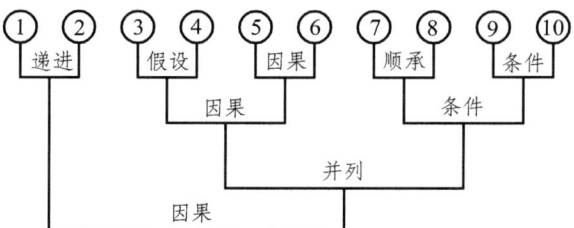

①其实是承接上文的过渡句,①②是递进关系,提出了一个观点,怀疑是启迪新发明的条件。③至⑥是从反面论证,不怀疑会产生的结果,是一个直接推理。⑦至⑪是从正面论证产生的结果,也是一个直接推理。正反结果形成一个对比结构,一起对①②提出的观点,给予证明。

(五)说明类文采表现

说明语篇模式应用于百科知识领域,要详细向读者介绍某类知识。因此这类文章的文采表现在所介绍的内容科学可信,如部编本四下《飞向蓝天的恐龙》中的一段:

地球上的第一种恐龙大约出现在两亿三千万年前，它和狗一般大小，两条后腿粗壮有力，能够支撑起整个身体。数千万年后，它的后代繁衍成一个形态各异的庞大家族。有些恐龙像它们的祖先一样两足奔跑，有些恐龙则用四足行走。有些恐龙身长几十米，重达数十吨；有些恐龙则身材小巧，体重不足几公斤。

这一段介绍了地球上恐龙物种产生和演变过程。"恐龙大约出现在两亿三千万年前"，说明文必须有科学可靠的数据，这里之所以用"大约"这个副词，原因是对史前生物的研究还有分歧，观点还不统一。用"大约"这个词，则可以避免学术争议。

前文所论足以证明"文采斐然"这个词也是同文体联系在一起的：不同的文体，有不同的语言风格。西方 style 从词源上说来源于希腊语 stile，在希腊论著中就是指语言风格。古希腊的演说家德米特里厄斯所著《论文体》(On Style)，将语言风格分为四种：平明(plain style)、庄严(stately style)、精练(polished style)、强力(powerful style)。style 这个概念在西方有多种理解，刘世生、朱瑞青（2006：4-5）列举了 21 种，并说"这些远非全貌"。正如研究者所指出的那样，由于对概念的理解众说纷纭，文体学各派研究难以聚焦，西方文体学发展至今也未形成完整体系。童庆炳在其所著《文体与文体的创造》一书中，多次将译者译文"文体"更动为"风格"。这是有道理的。但西方学界从外在语言标志寻找风格的做法，值得引入汉语，以研究承载文章风格的语言形式有哪些，克服汉语文献记载审美风格多心灵感悟，少理性分析的问题。

在理解写作评价参项的基础上，我们建议教师从句群写作，逐渐扩展到整体篇章，以便于用解剖的方式使学生较快理解文章组织规则，因为句群本身带有章法性质。本书主张科技说明文和议论散文句群分析到分句（小句），以便于清晰理解句群逻辑顺序、章法顺承类型，希望能帮助中小学语文教师掌握科技说明文的写作顺序以及议论散文的论证结构。我们认为记叙散文可以以句子（单句或复句，书面语上有句号标识）为单位，观察文章重点段落的句群组织特点，进而观察整篇文章时间和空间逻辑顺序，首尾照应及中间过渡段落（或过渡句）特点。希望这些想法有利于帮助中小学语文教师在"读""写"结合教学方面，深入探索。语文教师应该帮助学生分析他写的这个句群几句话之间是什么关系，围绕中心立意了吗，连贯吗，符合思维规律吗？从核心句群扩展到自然段，形成两个以上（至少一个）核心自然段之后，再扩展到篇章，观察记叙文如何逐步进入叙事核心，议论文如何逐步进入观点论证，说明文如何逐步进入说明核心，抒情、描写也如法炮制。然后观察文章如何收尾，从而形成有起承转合性质的结构段；各结构段之间如何衔接，从而形成完整篇章。教师有责任，也有能力在教学实践中总结各类文体、各种主题文章的章法顺承类型、语篇衔接规律，从而切实帮助中小学生提高母语运用能力。

参考文献

皇甫修文，2015. 文体诗学[M]. 北京：光明日报出版社.

老舍，2019. 对话浅论[C]//老舍谈写作. 南昌：百花洲文艺出版社：128-133.

李荣启，2005. 文学语言学[M]. 北京：人民出版社.

刘世生，朱瑞青，2006. 文体学概论[M]. 北京：北京大学出版社.

王立，1995. 中国文学主题学——母题与心态史论丛[M]. 郑州：中州古籍出版社.

邢福义，2019. 邢福义文集. 第八卷[M]. 武汉：华中师范大学出版社.

后 记

　　我所在的高校是师范院校，培养中小学语文教师为我们的教育教学目标。最近几年我发现自己所带的本科生，对议论语篇模式越来越把握不准，毕业论文开始出现叙事和抒情文字，甚至插入播音主持口语语体。然后又有高中语文教师告诉我，中学生已经不懂文体规范，学生写不出符合文体要求的文章。我已经写了一部以文体学理论为基础谈部编语文教材文本解读的著作，在那部著作结语里我提出语文教师应该探索"读""写"结合的教学模式，以提高学生的学习效率。索性就接着写一部面向中小学语文写作教学用的文体学概论，以便于帮助语文教师辨识各类文体，理解不同文体的写作方法。

　　每一部著作结尾之际，我都知道自己应该写什么。这一次，却并不知道写什么才好。国内文体学著作均出自外语学界，而且并不谈文体分类标准、文体规范、文体结构、写作内容、写作方法等。我曾做过六年中学语文教师，就说一点儿我做语文教师的经验吧。那个时候，我还没有读过语言学书籍，但每个中文系学生都阅读了大量文学作品，并重视在阅读赏析时自觉运用文艺美学理论。我们理解每一类文体都有不同的审美规范，只要确定教材选文的文体特点，就能顺利讲授文章了。这不是什么稀罕事儿，我读中小学的时候，所有语文老师都懂文体学，虽然谁也没有见过任何成文的理论体系。这种认识，从他们的阅读经验中来，也从当时从事语文教学的专家如叶圣陶、朱德熙、吕叔湘等诸位先生思想中来。

　　最难的是写作教学，绝大多数教师只能讲述一下文章审题立意，接着谈一下文章结构，再多讲一点儿，就是谈一下段落衔接了。但写作是将内语言外化出文章的结果，这一切就像是暗箱操作，我们没法介入到学生构思运笔阶段。只能等把学生作文收上来之后，再次利用自己的阅读经验，先评阅中心立意，中心明确吗？选材合适吗？接着看文章结构，起承转合结构合理吗？该衔接的地方都衔接了吗？前后有照应吗？最后看一下语言，有文采的地方，打一个个红圈圈，不通顺的地方，画一条条红杠杠。没有这样的批阅，我们就没法上作文评阅课。

　　那时候，我已经意识到在学生构思运笔之前，我对作文的讲解，很容易影响到他们。可是究竟怎么做对学生的引导是最好的呢？我没有继续探索下去，就读语言学研究生去了。幸亏我读了语言学研究生，现在才能将我学习到的语言学理论与文学理论结合起来构建了文体学理论，将阅读所讲的文体与写作所讲的文体完全统一起来。但要彻底解决我当年的疑惑还有待于未来汉语篇章语言学的大力发展。

　　任何一种理论都来源于实践，也必将在实践中得到丰富和发展。汉语文体学理论来源于当代语言作品，综合了语言学、文艺美学、写作学知识。为了便于中小学语文教师教学，我特意使用了部编本的小学至高中教材选文，只在创作型文体诗歌、散文、小说、戏剧中，选取了现当代名家作品。希望运用文体学理论指导学生写作的教师或者学习写作的学生，在实践中不断丰富它、发展它！

　　我们面临一个智能化的时代，未来计算机写作可能胜过大多数普通群众，那么作家将真正成为塑造人类灵魂的大师，因为真正的文学是创造，是作家个人人格的外化。被设定程序的机器，最多能写作，却不能成长为文学家，创作出流传万世的精神产品！

　　2021年11月30日，就在拙作初稿完成后记之时，《国务院办公厅关于全面加强新时代语言文字工作的意见》公布于众，每个语言学教师都欢欣雀跃，希望自己的研究能适应国家所需。如果拙作能对广大中小学语文教师、中小学生、汉语国际教育教师及学生有所帮助，曾经灰暗的日子将变得无比灿烂！

2021年11月初稿 于淮安
2022年4月定稿